Fisman/Sullivan
Die Anatomie der Organisation

Verlag Hans Huber
Sachbuch Psychologie

Ray Fisman / Tim Sullivan

Die Anatomie der Organisation

Warum wir zusammen besser sind

Aus dem amerikanischen Englischen von Felix Kurz

Verlag Hans Huber

Lektorat: Tino Heeg
Herstellung: Jörg Kleine Büning
Umschlaggestaltung: Anzinger | Wüschner | Rasp, München
Druckvorstufe: punktgenau gmbh, Bühl
Druck und buchbinderische Verarbeitung:
AALEXX Buchproduktion GmbH, Großburgwedel
Printed in Germany

Bibliografische Information der Deutschen Nationalbibliothek
Die Deutsche Nationalbibliothek verzeichnet diese Publikation in der Deutschen Nationalbibliografie; detaillierte bibliografische Daten sind im Internet über http://dnb.d-nb.de abrufbar.

Anregungen und Zuschriften bitte an:
Verlag Hans Huber
Lektorat Psychologie
Länggass-Strasse 76
CH-3000 Bern 9
verlag@hanshuber.com
www.verlag-hanshuber.com

Die Originalausgabe erschien unter dem Titel *The Org: The Underlying Logic of the Office*
Copyright © 2013 by Tim Sullivan and Ray Fisman
Published by Twelve, Hachette Book Group, New York, USA

1. Auflage 2014
© 2014 by Verlag Hans Huber, Hogrefe AG, Bern
ISBN 978-3-456-85408-3

Inhalt

Einleitung: Eine Maschine, die mehr schaffen soll 9
Die geringstmögliche Dysfunktion 10
Es geht immer um Kompromisse 12
Prinzipal trifft Agent 13
Roboter – die perfekten Arbeiter? 16
Eine Maschine, die mehr schaffen soll 17

Kapitel 1: Der Außenseiter 19
Aufstieg und Fall des HP Way 22
Weshalb gibt es Unternehmen? 24
Das große Abenteuer des Ronald Coase 27
Die Kosten von Transaktionen 33

Kapitel 2: Aufgaben und Anreize 37
Der Polizeibeamte beim Multitasking 39
Einfache Regeln 42
Teamarbeit bei der Polizei 44
Unsichtbare Polizeiarbeit 48
Die Definition der Aufgaben 50
Auf der Suche nach dem besonderen Mitarbeiter 54
Teure Signale 56
Mir tut es mehr weh als dir 58
Zur Theorie der notwendigen Desillusionierung von Beschäftigten .. 62

Kapitel 3: Die Organisation als Puzzlespiel 65
Der große Balanceakt der Organisation 66
Die Ausführung des Missionsbefehls 68
Das komplizierte Unternehmen der Seelenrettung 70
Lohnanreize für Seelsorger 73
Die Nachteile des Schafdiebstahls 76

Pass dich an oder stirb:
Die Umstrukturierung von Procter & Gamble 78
Von der M-Form zur Matrix 79
Alles muss zueinander passen 83

Kapitel 4: Lob der Innovationsblockade 85

Die zwingende Notwendigkeit von Koordination 87
Krieg ohne Planung 91
Innovationsblockade auf die harte Art 94
Die Kosten der Nichtkonformität 96
Innovative Bürokratien 99
Das «Skunk Works»-Modell 101
Mit Innovationen experimentieren 105
Der Mittelweg der US Army 108

Kapitel 5: Wozu das Management gut ist 115

Ein Experiment über gutes Management 116
Vorher/Nachher 118
Management in einer Welt ohne Manager 119
Die Ursprünge des Managements 122
Die Wissenschaft des Schaufelns 126
Die Schattenseiten des Managements (I):
Beförderung in die Inkompetenz 129
Die Schattenseiten des Managements (II):
Führungskräfte versus Geführte 132
Besseres Management kann Leben retten 134

Kapitel 6: Die Perspektive des Chefs 137

Ein Tag im Leben eines Vorstandschefs 138
Der Terminkalender des Vorstandschefs 139
Warum Sitzungen unverzichtbar sind 141
Warum Unternehmenschefs unverzichtbar sind 144
Der persönliche Führungsstil 146
Der Marktwert des Vorstandschefs 149
Der Boss des Bosses 152
Eine steigende Flut hebt alle Gehälter 155

Die Logik unbeabsichtigter Folgen 157
Ein Anreiz dafür, die eigene Entlassung zu befördern 160
«Das könnte ich auch!» 162

Kapitel 7: Die Ökonomie der Unternehmenskultur 165

Was ist eigentlich Kultur? 166
Die ökonomische Wissenschaft der Kultur 167
Wenn Kulturen kollidieren 169
Wie man gute Kulturen pflegt 171
Lehren aus dem Atomkrieg 172
Rache ist süß 175
Wie man mehr bekommt, als man bezahlt hat 177
Team geht vor Individuum 180
Wandel durch Führung 182
Der Preis des Wandels 184

Kapitel 8: Katastrophe und Veränderung 187

Katastrophale Organisation 191
Echte Männer tippen nicht 192
Das Versagen der Geheimdienste 194
Nationale Sicherheit ohne Koordination 196
Die Organisation der Terrorismusbekämpfung 201
Andererseits 205
Ein FBI mit doppeltem Auftrag? 208

Schluss: Die Organisation der Zukunft 213

Noch einmal zum Wesen der Organisation 215
Utopia II: Eine allmähliche Evolution 216
Informationstechnologien im Café 218
Flacher – aber größer 220
Netzwerke bei DEC 223
Al-Qaida, die vollkommene Organisation 225

Danksagung 229

Anmerkungen 231

Einleitung

Eine Maschine, die mehr schaffen soll

Laut einer Untersuchung von 2008 verwendeten amerikanische berufstätige Eltern im Alter von 25 bis 54 Jahren in diesem Jahr mehr als ein Drittel des Tages, fast neun Stunden, auf Erwerbsarbeit und «damit verbundene Tätigkeiten». Wir verbringen so viel Zeit mit Arbeit wie mit Essen und Schlafen zusammen – und mehr Zeit mit unseren Kollegen als mit unseren Familien.

Wir verbringen sogar so viel Zeit mit unseren Kollegen, dass sie uns manchmal als Ersatz für unsere Partner dienen. Im Amerikanischen hat sich die Bezeichnung «Arbeitsgatte» *(work spouse)* für Kollegen eingebürgert, mit denen man eine zwar nur platonische, aber ähnlich vertraute Beziehung wie mit dem Ehepartner führt. Dank der Abwesenheit familiärer und finanzieller Konflikte können solche Beziehungen sogar besser funktionieren. In einer Umfrage gaben 65 Prozent der Teilnehmer an, einen «Bürogatten» oder eine «Bürogattin» zu haben.

Das sind nur die neuesten Daten über einen weltweiten Trend zu mehr Arbeit. Seit den frühen 1980er-Jahren dehnen sich unsere Arbeitszeiten aus, und mit der Erfindung von E-Mail und Smartphone ist der Vormarsch der Arbeit in unser Privatleben nahezu vollendet: Der Angestellte kann das Büro verlassen, aber das Büro verlässt nie den Angestellten.[1]

Trotz oder vielleicht gerade wegen der langen Arbeitszeiten fällt es den meisten Beschäftigten schwer, aus ihrem Alltag im Betrieb schlau zu werden. Viele geben es irgendwann auf – er ist einfach zu absurd. Wir gleiten in Zynismus ab und behelfen uns mit sarkastischen Bemerkungen und Bürowitzen, die den immer gleichen Grundmustern folgen: Es geht um Manager, die keine Ahnung haben, was ihre direkten Untergebenen treiben, um das Unvermögen, Zielvorgaben zu übermitteln, ja überhaupt klare Ziele zu *haben*, die völlige Missachtung von Daten und Belegen, falsche Anreize und Gutsherrenmentalität, eingeschliffene Routine im Angesicht neuer Herausforderungen, sinnlose Memos aus den oberen Etagen und die Kluft zwischen den Verlautbarungen der Personalabteilung und den Erfahrungen des gemeinen Angestellten in seiner Bürozelle. Die Liste, so sagt man, ließe sich fortsetzen.

Nicht, dass man sich solche Witze nicht ausdenken könnte – aber das braucht man gar nicht. Fragen Sie einfach einen Freund. Sprechen Sie einen beliebigen Berufspendler an. Lesen Sie Scott Adams Cartoon *Dilbert*, der vor allem aus den Erlebnisberichten von Lesern schöpft. Der Büroalltag strotzt derart vor Absurditäten, dass er Satirikern immer wieder reichhaltiges Material bietet.

Doch was tun, wenn die Wirklichkeit die Satire verblassen lässt? Das ist die existenzielle Frage, die moderne Unternehmen aufwerfen.

Viele veranlasst dieses starke Unbehagen zum Zynismus, andere zum Handeln. Die Karriere- und Marketing-Bloggerin Pamela Slim zum Beispiel erklärt in ihrem Buch *Escape from Cubicle Nation*, wie man dem «Gefängnis der Firma» entflieht und ein erfolgreicher Unternehmer wird (der sich dann natürlich nicht mehr mit den Problemen des Betriebsalltags abplagen muss). Slim ist nicht die einzige solche Autorin: Ähnliche Ratgeber für den Aufstieg finden sich in den Buchhandlungen zuhauf.

Doch bevor Sie sich über das System empören oder daran machen, es ins Lot zu bringen, empfiehlt es sich vielleicht herauszufinden, wie es überhaupt so weit gekommen ist. Darum geht es in diesem Buch. Wir bieten eine Erklärung dafür, wie und warum Firmen so funktionieren, wie sie es tun – wie die einzelnen Teile ineinandergreifen, wie Regeln gemacht werden und was passiert, wenn Sie diese Regeln ändern oder etwas umgestalten. Wir wollen die Frustration und das Durcheinander erhellen, die den Alltag in der Bürozelle häufig begleiten, die ernüchternden Abwägungen und Kompromisse nachzeichnen, von denen der Weg von der Heimwerkstatt zum Weltmarktgiganten gesäumt ist, und die Logik des Büroalltags aufzeigen.

Wenn Sie danach klarer begreifen, wie Unternehmen funktionieren, können Sie sich einem besser begründeten Zynismus überlassen.

Die geringstmögliche Dysfunktion

Wir sind keine Organisationsmechaniker. Experten, die Ihnen erklären, wie Sie Ihre Firma besser organisieren, welche taktischen Hebel Sie umlegen müssen und durch welche exakten Schritte Sie Ihre Beschäftigten dazu bewegen, produktiver, pflichtbewusster, engagierter und vertrauenswürdiger zu werden, gibt es zur Genüge. Genauso wenig wollen wir Sie darüber aufklären, dass alles, was Sie bislang über Unternehmen gedacht haben, falsch wäre – denn das ist es nicht.

Stattdessen wollen wir die innere Mechanik des Unternehmens erklären, wobei wir uns der Werkzeuge der Organisationsökonomie bedienen. Jahrzehntelang haben Ökonomen – von denen man meinen sollte, dass sie etwas über die Arbeitswelt zu sagen haben – den Arbeitsplatz oder das Unternehmen als eine Blackbox behandelt. In ihren Modellen ging auf der einen Seite etwas hinein (Inputs) und auf der anderen kam etwas heraus (Outputs). Diese Inputs und Outputs konnten auch präziser bezeichnet werden: «Arbeit», «Kapital» und vielleicht sogar «Technologie» gingen in die Herstellung von «Produkten» ein (ein Platzhalter für jegliches Industriegut).[2] Dann brachten die Firmen die Outputs auf den Markt, die Verbraucher kauften sie und die Ökonomen erfassten alles mit Nachfragekurven, um den zukünftigen Umfang der Produktion zu bestimmen. So stellte man sich die Industriewirtschaft um die Mitte des 20. Jahrhunderts vor. Die realen Vorgänge innerhalb der Blackbox der Firma – sei es ein auf der *Fortune 500*-Liste verzeichneter Industriegigant oder ein Kleinstunternehmen – lagen weitgehend außerhalb des Blickfelds der Wirtschaftswissenschaft.

Dann jedoch kam die Organisationsökonomie auf. Sie ist zwar schon älteren Ursprungs, wurde aber erst ab der Mitte der 1980er-Jahre näher ausgearbeitet (also zufälligerweise zur selben Zeit, als unsere Arbeitstage allmählich länger wurden). Um zu erklären, warum Unternehmen in einer bestimmten Weise verfasst sind, wie sie funktionieren und wie man sie verbessern könnte, konstruierten die Organisationsökonomen mathematische Modelle – eine endlose Algebra, die gerade für diejenigen unverständlich bleiben musste, deren Erfahrungen sie darstellen sollte. Doch hinter den griechischen Symbolen und dem esoterischen Wirtschaftsjargon der Organisationsökonomen verbergen sich einige logische Prinzipien, die uns dabei helfen können, uns einen Reim auf unsere Erfahrungen zu machen. Die Wirtschaftswissenschaft bietet zwar kein vollständiges Bild des Unternehmens – zu dem auch Psychologie, Soziologie und andere Disziplinen einiges beizutragen haben –, aber die logische Struktur, die Architektur unserer Arbeitswelt kann sie sehr gut darstellen.

Wenn Ökonomen die Firma betrachten, sehen sie nicht das Dysfunktionale an ihr – zumindest ist das nicht *alles*, was sie sehen. Vielmehr erkennen sie eine Reihe von Kompromissen, die aus dem Austarieren von zahlreichen konkurrierenden Interessen und Zielen resultieren. Diese Kompromisse sind der Grund für das scheinbar Dysfunktionale in unserem Arbeitsalltag – die Kostenseite der zahlreichen Kosten-Nutzen-Abwägungen. So kann die Organisationsökonomie erklären, warum das Büro von heute zwar alles andere als perfekt, aber nichtsdestoweniger die am wenigsten dysfunktionale aller möglichen Welten ist, so ernüchternd dieser Befund auch sein mag.

Es geht immer um Kompromisse

Nehmen wir den Fall des Herrn X, ehemals Webdesigner in der Abteilung für Nutzerfreundlichkeit bei American Airlines. Im Frühjahr 2009 empörte sich Dustin Curtis, selbst Webdesigner sowie Blogger, in einem offenen Brief an die Fluggesellschaft ausgiebig über deren furchtbar schlechte Webseite und fügte gleich ein paar Beispiele für eine besser gestaltete Internetpräsenz bei (die ihn nach eigener Auskunft nur ein paar Stunden gekostet hatten). Curtis' Webseiten waren, zumindest aus Kundenperspektive, erheblich besser als die von AA. Er schloss seinen Brief mit dem Appell, das Unternehmen möge sich einmal «vorstellen, was ein komplettes, wirklich kompetentes Design-Team leisten könnte».

Daraufhin schrieb Herr X eine E-Mail an Curtis, die dieser mit dessen Einverständnis und unter Auslassung von Angaben, die Aufschluss über die Identität des Verfassers erlaubt hätten (etwa des wirklichen Namens von Herrn X), auf seine Homepage stellte. «Sie haben recht. (…) Sie haben vollkommen recht. Aber …», begann Herr X, um sodann die verschiedenen Kompromisse zu schildern, mit denen das Design-Team von AA.com zurechtkommen musste. «Das Problem beim Design von AA.com», so Herr X, «liegt weniger in unserer Kompetenz (oder Inkompetenz, wie Sie in Ihrem Beitrag meinten) als in der Unternehmenskultur und den Abläufen bei American Airlines.»

Herr X erklärte, für die Webseite seien zweihundert Personen zuständig, unterteilt in diverse Gruppen wie «Qualitätssicherung, Produktplanung, Geschäftsanalyse, Code-Entwicklung, Seitenfunktionen, Projektplanung und User Experience» und viele andere, die bei der Gestaltung der Webseite jeweils eigene Interessen verfolgten. Neue Funktionen müssten zwar von der Abteilung für Nutzerfreundlichkeit, den Experten für das Erlebnis der Kunden, genehmigt werden, Inhalte könnten aber viele andere Mitarbeiter «durchdrücken», ohne dass ihnen dabei jemand hineinredete.

«Die Seite einfach neu zu gestalten» sei nicht das Problem, erklärte Herr X – das sei «ein Kinderspiel». Das Problem bestehe vielmehr in konkurrierenden Interessen: «AA.com ist ein riesiges Projekt mit vielen Tentakeln, die viele Interessen berühren.» Trotzdem beendete er sein Schreiben optimistisch: «Selbst ein Großunternehmen kann sich ändern. Das erfordert nur eine andere Herangehensweise als in kleineren Firmen. Aber es wird geschehen, weil es notwendig ist, und das wissen wir auch. Und wir werden weiter dranbleiben, auch wenn die meisten von uns viel lieber alles hinschmeißen und von vorne anfangen würden.»

Der Optimismus von Herrn X war unbegründet. AA konnte ihn durch eine Auswertung von E-Mail-Daten seines Teams identifizieren und entließ ihn mit der Begründung, dass er vertrauliche Informationen preisgegeben habe. Drei Jahre später hatte sich die Webseite von AA, auch dank der Anstrengungen seiner ehemaligen Kollegen, verbessert, was allerdings nicht reichte, um das Unternehmen zu retten – Ende 2011 meldete die Fluggesellschaft Konkurs an.[3]

Curtis – und offenbar auch Herr X, wären ihm nicht durch sein Unternehmen die Hände gebunden gewesen – hätte zumindest im Hinblick auf Ästhetik und Nutzerfreundlichkeit eine bessere Webseite erstellen können, als AA sie hatte. Die Entwürfe, die Curtis seinem offenen Brief beifügte, bestechen in der Tat durch Klarheit, Schlichtheit und Eleganz. Allerdings wäre er gewiss nicht in der Lage gewesen, jemanden von A nach B zu fliegen, Treibstoffpreise auszuhandeln, internationale Flugpläne zu erstellen, Arbeitskonflikte zu regeln oder Triebwerke zu warten. Das scheint er zum Glück auch nicht vorzuhaben – hätte er dies aber, dann müsste er ein Unternehmen aufbauen, das American Airlines verdächtig ähnlich sähe.

Prinzipal trifft Agent

Die Herausforderungen, vor denen viele Organisationen stehen, erwachsen aus einem recht einfachen Problem: Wie bewegt man Menschen dazu, das zu tun, was man von ihnen erwartet? Kluge Chefs haben im Lauf von Jahrtausenden gelernt, dass sie in puncto Mitarbeitermotivation bekommen, was sie bezahlen. Es geht immer um Anreize. Bei deren Gestaltung die richtigen Abwägungen zu treffen – und herauszufinden, was man eigentlich bezahlt –, ist die Kunst und Wissenschaft, die sich hinter jedem erfolgreichen Boss und Unternehmen verbirgt. Um ihre Mitarbeiter zu härterem Arbeiten anzutreiben, schaffen Eigentümer und Manager starke Anreize in Form von Leistungslöhnen, aber die können auch zum Beispiel ein Motiv dafür bieten, möglichst schnell faule Kredite an den Mann zu bringen (die Immobilienkrise lässt grüßen).

Wenn Sie der Eigentümer oder Geschäftsführer eines Unternehmens sind und nicht alle Beschäftigten rund um die Uhr im Auge behalten können, wie stellen Sie dann sicher, dass Ihre Manager so viel Gewinn wie möglich erwirtschaften und an Sie weiterleiten? Und wenn Sie einer dieser Manager sind, wie stellen Sie dann sicher, dass Ihre Mitarbeiter das tun, was sie tun sollen? Dieses Problem zieht sich durch sämtliche Ebenen und Abteilungen des Unternehmens: Es soll mehr gearbeitet und weniger abgeschöpft werden.

Wirtschaftswissenschaftler nennen dies das «Prinzipal-Agent-Problem»: Wie lassen sich die Interessen von Auftraggebern und Ausführenden aufeinander abstimmen? Das beginnt bei den Eigentümern eines Unternehmens (den Prinzipalen), die Gewinne erzielen wollen, und dem zu diesem Zweck eingestellten Geschäftsführer (dem Agenten). Dieser wiederum muss seine eigenen Agenten – die Abteilungsleiter – motivieren, und so fort, sodass sich durch das gesamte Organisationsdiagramm bis hinab zur Filialleiterin und den Verkäuferinnen eine Kette von Prinzipal-Agenten-Beziehungen ergibt.

Die naheliegendste Form der Mitarbeitermotivierung ist der Lohn. Kurz nachdem Henry Ford in seiner Automobilfabrik in Highland Park, Michigan, das erste Fließband eingeführt hatte, stellte er fest, dass die Produktivität der Arbeiter trotz Gewöhnung an die neuen Abläufe und zunehmender Erfahrung weitgehend stagnierte. Der Grund dafür: Sie hassten die langweilige, monotone Arbeit.

Fords innovative Lösung des Problems sorgte für gewaltiges Aufsehen: Im Januar 1912 führte er den Fünf-Dollar-Tag ein, eine radikale Maßnahme, die andere Unternehmer nachhaltig irritierte. Ford erkannte an, dass der bisherige Tageslohn von 2,30 Dollar nur den ortsüblichen Fabriklöhnen entsprach, obwohl die Fließbandarbeit in seinem Werk viel anstrengender war. Indem er den Lohn für eine Achtstundenschicht mehr als verdoppelte, spornte er seine Arbeiter dazu an, die tägliche Plackerei mit Eifer zu absolvieren, wie öde und lästig sie auch sein mochte – der Lohn war einfach zu gut, um ihn sich entgehen zu lassen. Später erklärte Ford sogar: «Für einen

Achtstundentag fünf Dollar zu zahlen, war eine der besten Kostensenkungsmaßnahmen, die wir je ergriffen haben.» Die Produktivität stieg und die Abwanderung erfahrener Arbeiter ging zurück (auch wenn sie 1916, als andere Firmen mit Fords Löhnen gleichzogen, wieder zunahm).

Fords Entdeckung wird von Ökonomen als «Effizienzlohn» bezeichnet: Löhne über dem marktüblichen Niveau fördern zusammen mit der Drohung einer Entlassung die Motivation ganz erheblich. Außerdem erkannte Ford, dass eine so großzügig entlohnte Belegschaft der Überwachung bedurfte. Mit viel Aufwand versuchte er Arbeiter auszusieben, die nicht über die erforderliche Charakterstärke verfügten, um den mit einem derart sagenhaften Lohn einhergehenden Versuchungen zu widerstehen – dem Alkoholismus und ähnlichen Quellen moralischer Verderbnis. Deshalb stellte die «Soziologische Abteilung» des Unternehmens zweihundert Detektive ein, die sämtliche Aspekte des Privatlebens der Arbeiter ausspionierten.

Doch wer überwachte die Überwacher? Auch die Detektive wurden ansehnlich entlohnt. Wer gewährleistete, dass sie «Sparsamkeit, Sauberkeit, Abstinenz, Familienwerte und allgemein gute Sitten» an den Tag legten, so wie es von den Bandarbeitern erwartet wurde? Auch hier muss jedes Unternehmen eine Abwägung treffen. Abteilungen und Stellen zur Kontrolle von Arbeitnehmern vermehren sich wie von selbst, und im Handumdrehen erinnert das Unternehmen an die Werbung für das Shampoo Fabergé: Eine Frau ist so begeistert von dem Produkt, dass sie zwei Freundinnen davon erzählt, die erzählen es wiederum zwei Freundinnen, diese ebenfalls, «und so weiter und so weiter ...», während sich ihr Gesicht auf dem Bildschirm endlos vervielfältigt.[4]

Wer schon einmal eine Spesenabrechnung erstellt hat, der weiß, wie aufwendig Kontrolle sein kann. Der Angestellte kann sich auf diesem Weg betriebsbezogene Ausgaben etwa für den Flug zu einer Konferenz, ein Geschäftsessen oder die Taxifahrt zu einer Veranstaltung erstatten lassen. Ein verbreitetes Verfahren – unterschiedliche Unternehmen haben unterschiedliche Methoden – besteht darin, dass er die Ausgaben vorstreckt und später ein Formular ausfüllt (oder von einem Mitarbeiter ausfüllen lässt), um sein Geld zurückzubekommen. So werden mit viel Aufwand Fotokopien angefertigt, Belege zusammengestellt, die diversen Transaktionen erläutert – wer war anwesend und worüber wurde gesprochen? – und Kostenstellen zugeordnet. Bis der Angestellte schließlich sein Geld erhält, scheint die Firma 10 000 Dollar für ein Kontrollsystem ausgegeben zu haben, um einen Betrag von 20 Dollar abzurechnen.

Roboter – die perfekten Arbeiter?

Aus Sicht von Ford wäre der perfekte Arbeiter vermutlich ein Roboter gewesen. Roboter trinken und bummeln nicht, sie machen keine Pausen, laden keine Kunden zu teuren Geschäftsessen ein und erfordern keine Überwachung – nur gewisse Wartungsausgaben. (Natürlich bräuchte man dann entsprechende Wartungsarbeiter und müsste sich wieder mit Anreizen und Kontrolle befassen, aber wir schweifen ab.) Das Problem ist, dass Roboter keine Innovationen hervorbringen. Sie verrichten nur unermüdlich die immer gleichen Aufgaben. Der Verbrennungsmotor wurde nicht von Robotern erfunden. Ebenso wenig wie Gmail.

Gmail verdankt sich der Tatsache, dass Google keine geistlosen Automaten beschäftigt. Google stellt hochintelligente Menschen ein, die hoch komplizierte technische Probleme lösen sollen, und lässt ihnen einen beträchtlichen Teil der Arbeitszeit, 20 Prozent bzw. einen Tag in der Woche, zur freien Verfügung – im Vertrauen darauf, dass sie etwas Interessantes, genauer: etwas Profitables entwickeln werden. Das Unternehmen widersetzt sich somit dem Trend zu einer lückenlosen Kontrolle von Mitarbeitern. Und das hat sich ausgezahlt: Rund 50 Prozent der neuen Google-Produkte, darunter AdSense und Gmail, sind durch die Praxis entstanden, Mitarbeitern freie Zeit für eigenständiges kreatives Arbeiten zu geben.[5]

Doch auch Google bezahlt im Guten wie im Schlechten (oder beides) für das, was es bekommt. Die Anwerbung intelligenter und kreativer Mitarbeiter, die die Herausforderungen des Geschäfts von Google reizvoll finden, kostet zweifellos viel Zeit, Geld und Aufwand. Um sie zu halten und für ihre Zufriedenheit zu sorgen, sind ebenfalls Ausgaben notwendig. Googles Campus-Anlagen sind luxuriöse Arbeitsstätten. Zu ihrer legendären Ausstattung, die Maßstäbe für die ohnehin schon großzügigen Unternehmen in Silicon Valley gesetzt hat, zählen unter anderem Restaurants, Snackbars, Massagesalons, 500 Dollar für Take-away-Essen, wenn ein Mitarbeiter ein Baby hat, Sporträume, Sprachkurse, Waschsalons, Pendelbusse und Motorroller. Nicht nur werden Effizienzgesichtspunkte im Namen der Innovation geopfert, innovative Menschen haben auch ihren Preis.

Googles Mitarbeiter werden sogar immer teurer, was vor allem den Abwerbeversuchen der anderen IT-Unternehmen in Silicon Valley geschuldet ist. Und trotz aller Zulagen verzeichnet Google tatsächlich Abgänge. Grund dafür sind vor allem finanzielle Verlockungen: Ein qualifizierter Informatiker, der frühzeitig bei einer vielversprechenden, aber noch nicht börsennotierten Firma anheuert, wird in der Regel zumindest teilweise mit Aktienoptionen bezahlt, die gute Aussichten haben, später viel wert zu sein. Facebooks Unternehmenswert zum Beispiel liegt derzeit trotz eines schwachen Börsengangs bei rund 40 Milliarden Dollar. Selbst ein winziger Bruchteil dieser Summe ist eine üppige Entlohnung.

Als Facebook die ersten Talente bei Google ins Visier nahm, ließ Google sie ohne Gegenangebot ziehen: Wer nur des Geldes wegen das großartigste Unternehmen der Welt verlassen wollte, der sollte ruhig gehen. Diese Abgänge waren aber durchaus schmerzhaft, da sie die Produktivität senkten und Projekte zum Stillstand brachten. Um den Aderlass zu stoppen, begann Google stattliche Gegenangebote zu machen. Aber selbst das half nicht immer. Im Herbst 2010 soll das Unternehmen zum Beispiel einen gut bezahlten Informatiker an Facebook verloren haben, obwohl sein Gegenangebot unter anderem eine Gehaltssteigerung von 15 Prozent und einen Bonus von 500 000 Dollar umfasste. Kürzlich bot Google in einer Abwerbeschlacht einem seiner wichtigsten Informatiker, der sich bereits bei Yahoo und Apple mit etlichen Erfolgen hervorgetan hatte, Belegschaftsaktien im Wert von 3,5 Millionen Dollar. (Er blieb, ließ jedoch Informationen über seinen Bonus an die Presse durchsickern, wurde identifiziert und gefeuert.)[6]

Problem einfach, wenngleich teuer, gelöst: Man braucht nur viel Geld, um bei diesem Spiel mitzuhalten.

Aber damit ist die Geschichte noch nicht zu Ende. Erinnern wir uns: Man bekommt, was man bezahlt. Google gab Geld aus, um seine Mitarbeiter zu halten, und erreichte dies häufig auch, gab damit aber zugleich der gesamten Belegschaft ein klares Signal: Wer eine ordentliche Gehaltssteigerung will, soll sich ein Angebot von Facebook besorgen, wir bieten dann dagegen. Insofern förderte Google mit seinen Ausgaben auch Abwerbeversuche und Treulosigkeit.[7]

Eine Maschine, die mehr schaffen soll

Der Drang zur Unternehmensgründung zeugt im besten Sinne von unserem Optimismus: Einige ähnlich gesinnte Menschen entschließen sich, gemeinsam auf ein Ziel hinzuarbeiten. Unternehmen zu gestalten, ist jedoch schwierig, und schließlich stehen wir vor einer Kluft zwischen Erwartungen («Wir werden spitze sein und einiges schaffen!») und Realität («Es ist ein Wunder, dass wir hier überhaupt etwas schaffen!»). Doch in einem ganz grundlegenden Sinn ist ein Unternehmen tatsächlich eine Maschine, die mehr schafft – sie schafft Dinge, zu denen wir allein außerstande wären oder für die wir andere bezahlen müssten. Angesichts der vielen Kompromisse und Dysfunktionen vergisst man dies jedoch leicht. Wenn Sie das Wesen von Unternehmen besser verstehen, sollten Sie in der Lage sein, die entmutigende Kluft zwischen Erwartungen und Realität zu überbrücken und vielleicht sogar zu verringern.

Kapitel 1
Der Außenseiter

Scott Urban führt eine spartanische Existenz. In der einen Ecke seiner Einzimmerwohnung stehen ein Bett und ein kleiner Schreibtisch, in der anderen ein paar alte Fahrräder. In der Mitte des Raums befindet sich eine CNC-Fräse, ein wuchtiges Holzverarbeitungsgerät, mit dem Urban massive Blöcke aus exotischem Holz in grob gefräste Brillenrahmen verwandelt. Danach bringt er mit den Werkzeugen, die an einer Wand des Zimmers hängen, die mühsame Maßfertigung seiner Brillenfassungen in Handarbeit zum Abschluss. Die Wohnung, die Werkzeuge, eine Webseite sowie Scott Urban selbst sind bereits das ganze Unternehmen – Urban Spectacles.

Urbans Handarbeit hat ihren Preis. Das Magazin *Wired* stellte sein Modell «Roasted Rack of Lamb» mit der Bemerkung vor, es sei «perfekt geeignet für den Unternehmer, der einen Vertrag mit Google unterzeichnet». Doch wer 1000 Dollar für eine Brille (ohne Gläser) für übertreut hält, dem würde Urban einen falschen Vergleichsmaßstab attestieren. Er sieht sich als Handwerker und Künstler, als einen Helden im Made-in-China-Zeitalter, in dem niedrige Produktionskosten den Markt für Brillen wie für alle anderen Güter regieren. (In einem Video, das zeitweilig auf seiner Webseite stand, wiederholt eine Stimme aus dem Off endlos den Satz: «Wenn ich an die Brillen von heute denke, möchte ich irgendwo gegentreten», während Urban vom Football bis zum Holzstuhl gegen immer größere Gegenstände tritt.)

Andere Brillen sind für Urban der falsche Maßstab für einen Preisvergleich. Wie jeder Kunstgewerbler findet er, man solle sein Handwerk achten und Brillen als funktionale Kunst verstehen. Ein Brillenpaar kann ihn vom Entwurf bis zur Fertigstellung ohne Weiteres ein halbes Jahr kosten, und die Jahresproduktion von Urban Spectacles übersteigt nie ein paar Dutzend Fassungen.

Urban hatte nie geplant, seinen Lebensunterhalt mit dem Design und Verkauf hochwertiger Brillen zu bestreiten. In den Sommerferien jobbte er auf dem Bau und lernte gelegentlich etwas über Werkzeugmaschinen und Holzverarbeitung. Nach dem College arbeitete er tagsüber für einen Kunstmessenveranstalter und danach bis spät in die Nacht an seinen eigenen Holzprojekten. Die erste Fassung fertigte er an, nachdem er beim Versuch, Breakdance zu lernen (ein weiteres Projekt), seine Brille zerbrochen hatte. Es war ein klassisches Plastikgestell aus den 1960er-Jahren gewesen, das er von seinem Vater geerbt hatte, und seinen hölzernen Nachbau nannte er «Dadda». Das Modell findet sich bis heute im Katalog von Urban Spectacles.

Als er seine Brillen auf Handwerksmärkten zu verkaufen begann und begeisterte Kunden ihn weiterempfahlen, verbrachte Urban immer mehr Zeit an der Holzfräse und immer weniger mit der Organisation von Kunstmessen, bis er schließlich überhaupt keinen Arbeitgeber mehr brauchte.

Urban hat erreicht, was für viele ein unerfüllter Wunschtraum bleibt – er kann sich ausschließlich seinem Kunsthandwerk widmen. Das ist finanziell oft schwierig, erlaubt es ihm aber, seine kreative Seite auszuleben. Zu Urbans skurrilen Schöpfungen zählen die «Beyecycle»-Brille aus alten Fahrradteilen, die «Beergoggles» aus Bierflaschen und das Modell «Elton J. Head», aus dessen Fassung zwei kleine Klaviere hervorragen, geschnitzt aus Elfenbein, Knochen und Kristallglas. Urban Spectacles hat es in die Nachrichten von Al Jazeera und auf die Modelaufstege von New York und Rio geschafft, in die bekannte Fernsehsendung *MasterChef*, in der eines seiner Modelle das rundliche Gesicht von Starkoch Graham Elliot zieren durfte, auf die Trend-Webseite coolhuntings.com und in Designzeitschriften von *EyeCare Professional* über *House Beautiful* bis zum erwähnten Magazin *Wired*.[8]

So sieht Erfolg aus – unter selbst gewählten Bedingungen und ohne jeden Chef. Seitdem Urban seinen Kunstmessejob an den Nagel gehängt hat, besteht seine Existenz in einem Einmannbetrieb von makelloser Schlichtheit. In den Sommerferien kommen Kunststudenten als Praktikanten hinzu, aber Urban tritt niemandem als Manager gegenüber und umgekehrt. In gewissem Sinn sind seine Chefs die Kunden, doch die Nachfrage nach Urbans Brillen ist so groß, dass er sie «feuern» kann, wenn sie anstrengend werden. Urban führt ein flexibles und freies, wenngleich eigenbrötlerisches Leben.

Doch nicht alles in Urbans unternehmerisch-künstlerischem Utopia ist zufriedenstellend. Zwar genießt er die Mischung aus unternehmerischem Minimalismus und künstlerischer Freiheit, finanziell kann er sich aber kaum über Wasser halten. 1000 Dollar mag als ein stattlicher Preis für eine

Brille erscheinen, ergibt bei 30 bis 40 Fassungen jedoch ein mageres Jahreseinkommen, zumal davon 10 000 Dollar Materialkosten und weitere 10 000 bis 12 000 Dollar für andere «lebensnotwendige Dinge» abzuziehen sind, nämlich «für Miete, Essen, Nebenkosten und Bier», wie Urban erläutert. Er kommt gerade so über die Runden.

Urban Spectacles könnte zweifellos wachsen. Die Wartezeiten für Urbans Brillen zeugen von der Diskrepanz zwischen der Nachfrage und seinen Herstellungskapazitäten. Dass Kunden bereit sind, mehrere Monate auf eine Fassung zu warten, ist ein gutes Zeichen dafür, dass er mehr verkaufen oder die Preise erhöhen könnte. Für den Markthunger nach Urbans Produkten – wenigstens in einem bestimmten Segment – gibt es auch andere Anzeichen. Das New Yorker Luxuskaufhaus Barney zum Beispiel nahm kurz nach dem ersten Medienbericht über Urban Spectacles eine Brillenfassung von Takahiro Miyashita aus Quittenholz ins Sortiment auf.[9] Urban hält sie für ein eindeutig minderwertiges Produkt und obendrein für eine Kopie eines seiner Modelle.

Warum macht Urban nicht den Schritt zu einem größeren Unternehmen? Darüber hat er im Lauf der Jahre durchaus nachgedacht. Er könnte eine Produktlinie maschinell gefertigter, standardisierter Fassungen für das Sortiment gewöhnlicher Optiker entwickeln, so wie Oscar de la Renta Sommerkleider für 50 Dollar über Amazon vertreiben lässt, während er auf der Pariser Modemesse weiterhin mit aufwendig verzierter Abendgarderobe vertreten ist.

Für eine Expansion gäbe es auch andere gute Gründe. Mangels Buchhaltungs-, Verpackungs- und Marketingabteilung muss Urban unterschiedlichste Verwaltungsaufgaben erledigen, die er lieber vermeiden würde – allerlei Unsinn, der Designern in gesichtslosen Großunternehmen erspart bleibt, wenngleich sie dafür anderen Unsinn und andere Zwänge des Betriebsalltags ertragen müssen.

Warum also die Entscheidung, ein Kleinunternehmen zu bleiben? Was bereitet Urban solche Angst, wenn er durch seine Urban-Spectacles-Brille auf das Amerika der Konzerne blickt? Seine – vielfach begründeten – Ängste lassen sich am besten verstehen, wenn wir uns die Geschichte eines anderen Start-up-Unternehmens ansehen, die nicht in einem Keller, sondern in einer Garage in der Addison Avenue im kalifornischen Palo Alto beginnt. Die Garage diente zwei Männern namens Bill Hewlett und Dave Packard als Werkstatt und wurde inzwischen von der kalifornischen Regierung mit dem dazugehörigen Haus zur «Wiege des Silicon Valley» erklärt.

Aufstieg und Fall des HP Way

Wie Scott Urban genossen anfangs auch die Gründer von Hewlett & Packard die kreativen und technischen Herausforderungen ihrer Arbeit. Zu ihren ersten Auftragsarbeiten in den späten 1930er- und frühen 1940er-Jahren zählten Prototypen für ein Harmonika-Stimmgerät sowie ein «Trainingsgerät», das mit elektrischen Impulsen Muskelgewebe aktivierte (getestet an der entgegenkommenden Frau des Unternehmers, der es in Auftrag gegeben hatte). Und genau wie Urban machten Hewlett und Packard in der ersten Zeit alles selbst. Die beiden an der Stanford University ausgebildeten Ingenieure entwarfen, bauten und verpackten ihre Produkte. Sie legten auch die Preise fest, verfassten die Werbetexte und fegten die Werkstatt.[10] Doch als die Nachfrage nach ihrem ersten erfolgreichen Produkt, einem Tongenerator, zunahm, stellten sie anders als Urban einen Mitarbeiter ein, der ihnen beim Fegen, Verpacken und anderen Aufgaben half.

Gleichzeitig teilten die beiden viele von Urbans Bedenken und Ängsten, was das Hinauswachsen über ein Zwei-Mann-Unternehmen betraf. Sie waren von Anfang an darauf bedacht, die Vertrautheit und Kultur eines kleinen Start-ups zu wahren, das, wie es in einer Unternehmensgeschichte heißt, «in puncto Erfindungen, Qualität und Anpassungsvermögen fortwährend beinahe Wunder vollbrachte». Hewlett und Packard behandelten ihre Mitarbeiter wie eine Familie und bemühten sich um einen Führungsstil, der nicht mit dem «natürlichen Bedürfnis der Mitarbeiter, ihre Arbeit gut zu machen», in Konflikt geriet. Die Bezeichnung dafür war «Führen durch Ziele» – das Management gibt gewisse Richtlinien vor und vertraut im Übrigen auf das Urteilsvermögen und die Fähigkeit der Beschäftigten, das «Richtige» zu tun.[11]

Dieser Führungsstil, später als HP Way bekannt, rückte weniger die Produkte in den Mittelpunkt als die Menschen, die ein Unternehmen letztlich ausmachen. «Im Kern besagte dieser für die damalige Zeit radikale Gedanke», so Peter Burrows in *Business Week*, «dass die wichtigste Ressource eines Unternehmens die Intelligenz seiner Mitarbeiter ist.» Zum HP Way gehörte auch eine Gewinnbeteiligung, die die Belegschaft enger an die Unternehmensziele band. Zusammen mit der Tatsache, dass sich die Firmengründer von Mitarbeitern mit ihren Vornamen anreden ließen, gab dies HP ein menschliches Klima und sorgte dafür, dass das Unternehmen bei Umfragen über die beliebtesten Arbeitgeber stets auf den vordersten Plätzen landete.[12]

Hewlett und Packard machten aus ihrem Start-up einen Konzern, der bis 1992 auf 100 000 Mitarbeiter anwuchs. In jenem Jahr berichtete die *New York Times*, das Unternehmen befinde sich «in anhaltenden Schwierigkeiten, die auch auf ein Übermaß an Bürokratie zurückzuführen sind». Noch unter den Gründern begann der HP Way erste Risse zu bekommen, bevor er schließlich von der Last eines immer größeren Apparats zerdrückt wurde. Ein Unternehmen dieser Größe ohne Kontrollmechanismen zu führen, war (und ist) schlichtweg unmöglich.[13]

Im Jahr 2011 hatte sich HP gegenüber 1992 stark verändert und war von den Idealen des HP Way erst recht weit entfernt. Mit mehr als 300 000 Mitarbeitern war HP nun das elftgrößte Unternehmen der USA. Der Aufbau dieses Imperiums erforderte offenbar die bewusste Entscheidung, den HP Way aufzugeben und sich der Wirklichkeit zu stellen: Die Belegschaft konnte nicht mehr durch das «Führen durch Ziele» gesteuert und motiviert werden, die Investoren erwarteten eine höhere Rendite, und das weitverzweigte Firmenimperium bedurfte finanzieller Kontrolle.

Wie die Mitarbeiter diesen Wandel erlebt haben, lässt sich auf der Webseite glassdoor.com nachlesen, auf der sich Beschäftigte über ihre gegenwärtigen und früheren Arbeitgeber auslassen dürfen. Mit einer Durchschnittsbewertung von 2,5 von 5 Punkten landet HP dort auf Platz 94 von 112 Computerherstellern.

Die Zusammenfassungen der «aufschlussreichsten» Mitarbeiterkommentare vom April 2011 lassen keinen Zweifel daran, wie Beschäftigte HP sehen: «Mitarbeiter werden wie Nummern behandelt.» «Man bekommt seinen Lohn, aber mehr auch nicht.» «Nicht mehr auf der Höhe des Marktes.» «Enttäuschend.» «Vergiftetes Klima.» Selbst die positivste Äußerung auf der ersten Kommentarseite, die eine schwache Anerkennung enthält, ist letztlich vernichtend: «Für neue Mitarbeiter o.k., langfristig nicht gut.» Die darauf folgenden ausführlicheren Kommentare strafen alles Lügen, wofür Bill Hewlett, Dave Packard und ihre Garage in der Addison Avenue einmal standen, und zeugen von den Schwierigkeiten, im HP-Konzern des 21. Jahrhunderts den HP Way aufrechtzuerhalten: «Das Führungspersonal ist nicht glaubwürdig und weckt kein Vertrauen.» «Völliger Mangel an Mitarbeiterengagement.» «Mangel an Innovation und Innovatoren.»

Wie es in einem Reuters-Artikel von 2010 hieß: «Bill Hewlett und Dave Packard wären schwerlich erfreut.»[14]

Trotz der liebevollen Restaurierung der HP-Garage und fortdauernder Lippenbekenntnisse zum HP Way scheint es bei Hewlett & Packard heute letztlich nur noch um den Gewinn zu gehen. Mitarbeiterfreundliche Regelungen wie Telearbeit, Gleitzeit, Freiräume für eigene Projekte und maximale Sicherheit am Arbeitsplatz müssen heutzutage den «Markttest» bestehen: Steigern sie die Produktivität ausreichend, um die Ausgaben zu rechtfertigen? Stehen Gewinne und Mitarbeiterinteressen im Konflikt miteinander, wird zugunsten der Gewinne entschieden – so etwa 2005, als der neue Vorstandsvorsitzende, sehr zur Freude der Investoren an der Wall Street, den Abbau Tausender Stellen anordnete. Das Magazin *Information Week* stimmte damals in einem Leitartikel ein «Lob der 9000 Entlassungen» durch HP-Chef Mark Hurd an.[15]

Nach dem von Investoren gefeierten Stellenabbau trat Hurd zurück, als Untersuchungen wegen eines Vorwurfs sexueller Belästigung Unregelmäßigkeiten in seinem Spesenkonto zutage gefördert hatten, und der Aktienkurs von HP brach um fast zehn Prozent ein. Der Vorstand machte sich auf die schwierige Suche nach einem Nachfolger und war zugleich mit breiter Kritik konfrontiert. Die Wahl fiel schließlich auf Leo Apotheker, einen Außenstehenden, der elf Monate später entlassen wurde, nachdem er für einen Rückzug aus dem Kerngeschäft, der Computerherstellung, plädiert hatte. Und die neueste Retterin des Unternehmens, die Vorstandsvorsitzende Meg Whitman, kündigte 2012 eine weitere Entlassungswelle an – diesmal geht es um 27 000 Stellen.

Das ist es, was Scott Urban so ängstigt.

Weshalb gibt es Unternehmen?

Wenn Unternehmen so beängstigend sind, und das nicht nur für Scott Urban, warum gibt es sie dann überhaupt? «Weil sie produktiver sind», ist leicht gesagt, aber ob das überhaupt stimmt, ist angesichts vielfältiger Belege für ihre Fehlfunktionen keineswegs klar.

Um die Frage zu beantworten, müssen wir zunächst einen kurzen Abstecher in das idyllische Edinburgh des 18. Jahrhunderts unternehmen, die Hauptstadt Schottlands und Wiege von Adam Smith und der Idee des Marktes. Smiths wichtigster oder zumindest für sein Andenken prägendster Beitrag zur Wirtschaftswissenschaft war seine brillante Beschreibung des Zauberwerks der Preise, die im scheinbaren Durcheinander der Marktwirtschaft gewissermaßen den Verkehr lenken. Er verglich sie mit einer «unsichtbaren Hand», die jeden Einzelnen zu Entscheidungen bewegt, deren Gesamtergebnis so ausfällt, als habe ein allwissender und allmächtiger Planer im besten Interesse der Gesellschaft die Geschicke gelenkt.

Um eine konkrete Vorstellung davon zu bekommen, was Smith mit der Metapher der unsichtbaren Hand meinte, müssen Sie nur an Ihren letzten Einkauf im Lebensmittelgeschäft denken, der ja zweifellos eine Markttransaktion darstellt. Wenn man die Regale entlanggeht und Waren in seinen Einkaufskorb legt, orientiert man sich an den Preisschildern und seinen Plänen fürs Abendessen. Experimente sind dabei eher selten: Man probiert zwar gelegentlich etwas Neues, meistens aber nur dasselbe Produkt, beispielsweise Erdnussbutter oder Marmelade, von einem anderen Hersteller. Beim Lebensmitteleinkauf ist relativ klar, was man bekommt, und – zumindest in den meisten Ländern – auch klar festgelegt, was man dafür bezahlt. Auf Märkten «entscheiden» die Preise darüber, wie Erdnussbutter, Marmelade und alle sonstigen Güter verteilt werden.

Smith gelangte zu seinem Schluss, indem er die Preisbestimmung auf gut funktionierenden Märkten nachvollzog. Ihm dienten Stecknadelfabriken, Brauer und Bäcker als Beispiele, aber bleiben wir bei unserem Lebensmittelgeschäft. Ein Glas Erdnussbutter von Skippy's kostet 3,99 Dollar, und zu diesem Preis legen es tagtäglich Tausende Verbraucher in ihren Einkaufskorb. Skippy's gehört zu Unilever, ein Konzern, der die Welt zu diesem Preis nur zu gern mit Erdnussbutter versorgt. (2009 lag Unilevers Gesamtgewinn bei fast 9 Milliarden Dollar.) Der Markt befindet sich im Gleichgewicht: Es gibt weder einen Überschuss an Erdnussbutter noch eine unbefriedigte Nachfrage. Wäre der Preis höher, würden sich bei Unilever unverkaufte Gläser stapeln und das Unternehmen wäre schließlich zu Preissenkungen gezwungen. Wäre er niedriger, käme es zu einer globalen Verknappung von Erdnussbutter und schließlich zu Preiserhöhungen.

Smiths profunde Erkenntnis über die unsichtbare Hand lautete, dass alle diese Vorgänge dem Wohl der Gesellschaft dienen. Nehmen wir an, die allgemeinen Vorlieben änderten sich und es würde mehr Marmelade und weniger Erdnussbutter nachgefragt. In den Lagerhäusern würde sich unverkaufte Erdnussbutter aufstauen und bei Marmelade käme es zu Engpässen. Der Marmeladehersteller Smucker's würde seine Produktion ausweiten, Skippy's müsste Arbeiter entlassen, und schon bald wäre wieder alles im Lot und jedes Sandwich enthielte das neue Optimum von Marmelade und Erdnussbutter. Das Zauberwerk des Marktes besteht darin, dass Milliarden einzelner Entscheidungen zusammengenommen die Wirtschaft dazu bewegen, die «richtigen» Mengen von Erdnussbutter, Marmelade und allen sonstigen Gütern herzustellen.

Fasziniert von diesen Erkenntnissen arbeiteten Ökonomen daran, die Lücken in Smiths Marktmodell zu schließen.[16] Das Unternehmen selbst blieb unterdessen eine Blackbox, in die auf der einen Seite Inputs wie Gläser und Erdnüsse eingingen und auf der anderen fertige Verbrauchsgüter wie Erdnussbutter herauskamen.

Ein Grund dafür könnte sein, dass die Abläufe in einem Unternehmen verglichen mit den vertrackten Marktvorgängen sehr einfach scheinen. In Unternehmen entscheiden nicht Preise, sondern Menschen. Derjenige, der Entscheidungen treffen darf, wird Chef genannt. Oft «entscheiden» Regeln – etwa über Löhne, den morgendlichen Arbeitsbeginn oder Zeitpunkt und Länge von Pausen. Aber wer bestimmt (und ändert) die Regeln? Natürlich der Chef.

Doch wer einmal das in jedem modernen Unternehmen herrschende Durcheinander von Weisungsbefugnissen, Regeln und Ausnahmen erlebt hat, der hat vielleicht ein etwas anderes Bild, als es die Blackbox der Ökonomen nahelegt. Da der Vorstandschef eines Fortune-500-Unternehmens aus Zeitgründen nicht alles selbst entscheiden kann, bleibt manches seinen Stellvertretern überlassen. Er muss entscheiden, welche Entscheidungen er selbst trifft und welche er delegiert. Diese wiederum müssen entscheiden, was an die Manager auf unteren Ebenen delegiert wird, und so geht es die gesamte Unternehmenshierarchie hinab weiter. Allein die Entscheidung, wer entscheidet, kann sehr kompliziert sein. Wenn wir schließlich bei den Produktionsarbeitern angelangt sind, bleibt dort nicht mehr viel zu entscheiden – für sie gelten etliche Regeln. Doch auch diese Regeln müssen aufgestellt werden, was für einen der Vorgesetzten wiederum komplizierte Entscheidungen bedeutet. Das Problem besteht nicht darin, dass das Innenleben des Unternehmens zu simpel gewesen wäre (und ist) – es ist vielmehr zu kompliziert für die Modelle, mit denen Ökonomen früher die Welt zu begreifen versuchten.

Was ein gegebenes Unternehmen tun sollte – wie es über seine Produkte oder Lieferanten entscheidet – oder warum es überhaupt existiert, sind Fragen, mit denen sich die klassische Wirtschaftstheorie nie wirklich befasst hat. Doch nachdem sie das komplizierte Innenleben des Unternehmens 150 Jahre lang ignoriert hatte, nutzte ein 21-jähriger britischer Austauschstudent sein Reisestipendium in Amerika dazu, bei Ford, U.S. Steel und anderen Industriegiganten einen Blick in die Blackbox zu werfen.

Ronald Coase ist der Mann, der uns bei der Beantwortung der Frage helfen wird, warum es Unternehmen gibt.

Das große Abenteuer des Ronald Coase

Coase wurde 1910 geboren, als es in der Welt der Wirtschaftswissenschaft noch keine Unternehmen gab. Seine Eltern beschrieb er als belesen, aber viel stärker an Sport als an Wissenschaft interessiert. Sein Vater war Bezirksmeister im Rasenbowling. Coase selbst neigte eher zur geistigen Betätigung. Er erinnerte sich später daran, wie er als Kind gegen sich selbst Schach spielte, indem er abwechselnd für beide Seiten zog. Er las viel und lieh sich «wahllos Bücher aus der Stadtbibliothek» aus. Mit 11 Jahren wurde er zu einem Phrenologen geschickt (eine 1920 bereits im Niedergang befindliche Pseudowissenschaft), der Coase' Schädelform untersuchte, um sein geistiges Potenzial zu ermitteln. (Auf Fotos ist an der Form von Coase' Kopf nichts Auffälliges zu erkennen.)

Nach einer medizinischen Untersuchung und Gesprächen mit Coase gelangte der Phrenologe zu dem Urteil: «Du bist sehr intelligent, und auch wenn du vielleicht zur Unterschätzung deiner Fähigkeiten neigst, weißt du das auch.» Er riet Coase zu einem Studium im Bereich Geschäftsbankwesen oder Buchführung und schlug ihm Gartenbau und Geflügelzucht als geeignete Hobbys vor.

Zum Studium von Wirtschaftswissenschaften und Handelswesen gelangte Coase schließlich durch Zufall beziehungsweise per Ausschlussverfahren. Latein, Voraussetzung für ein geisteswissenschaftliches Studium, hatte er nie gelernt und «Mathematik gefiel mir nicht», womit Naturwissenschaften ebenfalls ausschieden. Als einzige Option an der Killburn Grammar School blieb ein Studium des Handelswesens, das er 1929 an der London School of Economics fortsetzte, nachdem er die dortige Immatrikulationsprüfung bestanden hatte (die ihm ein klares Indiz für die niedrigen akademischen Standards im damaligen Großbritannien zu sein schien).

Vielleicht war es ein Glücksfall, dass Coase an der LSE nie eine Vorlesung über Wirtschaftswissenschaft besuchte. Stattdessen wählte er Studienschwerpunkte, die für den aufstrebenden englischen Geschäftsmann der damaligen Zeit wichtig waren, und besuchte Seminare über Handelsrecht, Transportwesen und «die wirtschaftliche Entwicklung der überseeischen Besitzungen, Indiens und der abhängigen Tropengebiete». Seine Einführung in die moderne Wirtschaftswissenschaft erhielt er von Arnold Plant, ein ehemaliger Manager, der nun als erster Professor an der LSE das neue Fachgebiet der Unternehmensverwaltung betreute.

Plant, ein studierter Ökonom, offenbarte Coase die Glanzleistungen der unsichtbaren Hand. Dass es Geschäftsleute gab, wusste er natürlich, zumal er seine Karriere selbst als Manager in einer Technikfirma begonnen hatte, aber ihr Handeln war in seinem Verständnis weitgehend durch die Nachfrage der Verbraucher bestimmt. Plant brachte Coase auch von seinen anfänglichen sozialistischen Neigungen ab, indem er ihn von den Übeln staatlicher Monopole, die stets Sonderinteressen dienten, und den «Vorzügen einer vom Preissystem gesteuerten Wirtschaft» überzeugte. Plants Theorie des Managements lief darauf hinaus, dass die Vorgänge in der Blackbox durch eine Reihe mechanischer Räder und Triebkräfte bestimmt werden.

Coase legte seine Abschlussprüfung bereits nach zwei Jahren ab, und da er somit noch etwas Zeit herumbringen musste, um die vorgeschriebene Studiendauer von drei Jahren zu erfüllen, beschloss er in die Vereinigten Staaten zu reisen und herauszufinden, warum Industriezweige und Unternehmen auf eine bestimmte Art und Weise organisiert waren. Ausgestattet mit dem Empfehlungsschreiben eines hochrangigen Mitarbeiters der Bank of England, das an mehrere Geschäftsleute adressiert war, traf er im Herbst 1931 in Amerika ein.

Coase besichtigte das riesige Kraftwerk von General Electric in Schenectady, reiste nach Detroit, um sich die Automobilproduktion von Ford und General Motors anzusehen, und erreichte nach einem Zwischenhalt bei den Stahlwerken in Gary, Indiana, schließlich die Zentrale von Sears, Roebuck and Company in Chicago. Er sprach mit Managern, Prokuristen, Buchhaltern und manchmal sogar mit den Chefs. Er las viel und querbeet – Wirtschaftszeitschriften, Berichte der Behörde für Wettbewerbs- und Verbraucherschutz und sogar die Gelben Seiten, die ihm die faszinierende Erkenntnis vermittelten, «wie viele spezialisierte Firmen in vermeintlich einheitlichen Industriezweigen existieren und was für interessante Verbindungen von Geschäftsfeldern es gibt, zum Beispiel Gesellschaften für Kohle und Eis».

Mit einem Verständnis von Unternehmensorganisation, das sich direkter Beobachtung und einer eingehenden Lektüre des Chicagoer Telefonbuchs verdankte, kehrte Coase 1931 nach London zurück, um eine Erklärung dafür zu finden, warum ein und dieselbe Gesellschaft Kohle und Eis herstellte, manche Chemieunternehmen ihre Erzeugnisse direkt an den Endverbraucher verkauften, andere dagegen Zwischenhändler einspannten, und warum die einen zu solchen Giganten heranwuchsen, wie er sie in Amerika gesehen hatte, während andere kleine Familienbetriebe blieben.

Es dauerte fünf Jahre, bis Coase aus diesen Überlegungen 1937 einen Essay destilliert hatte, der dazu beitrug, dass er sechzig Jahre später den Wirtschaftsnobelpreis gewann. «The Nature of the Firm» hob mit einer höflichen Ermahnung seiner Kollegen an, die es so lange versäumt hatten, die Vorgänge innerhalb von Unternehmen zu erklären. «Bei der Entwicklung ihrer Theorien haben die Wirtschaftswissenschaftler oftmals davon abgesehen, die Grundlagen zu prüfen, auf denen sie errichtet werden.» Um zu verstehen, was zwischen Unternehmen und Kunden vor sich gehe, müsse man die Unternehmen selbst begreifen, anstatt sie sich – in den Worten Dennis Robertsons, eines früheren Ökonomen – als «Inseln einer bewussten Macht im Ozean bewusstloser Kooperation, gleichsam wie Butterklümpchen in einem Eimer Buttermilch» vorzustellen. (Das Farmleben war für zahlreiche frühe Ökonomen prägend. Wenn die Familienfarm von Preisen und Erträgen abhängt, denkt man zwangsläufig viel über Märkte nach. Tatsächlich wuchsen viele führende Ökonomen in Landwirtschaftsregionen auf, so etwa John Kenneth Galbraith, der Google-Chefökonom Hal Varian und der Nobelpreisträger Vernon Smith.)

Wie «entscheidet» die Gesellschaft, was innerhalb des Unternehmens bleibt – und somit unter die Aufsicht des Chefs fällt – und was auf dem Markt ge- und verkauft wird? Die Antwort der Wirtschaftswissenschaft lautet: nach Maßgabe der Effizienzmaximierung. Der Wettbewerb um die Kunden wird je nachdem, wo sich das meiste aus den verfügbaren knappen Ressourcen machen lässt, das Unternehmen oder den Markt zum Zug kommen lassen. Aus Sicht des Geschäftsmanns ist diese Wahl eine Frage der Kosten. Deren Kalkulation kann jedoch wesentlich schwieriger sein, als man meinen könnte.

Bis zur Veröffentlichung von «The Nature of the Firm» lautete die Generallinie der wirtschaftswissenschaftlichen Zunft, dass die Grenzen des Unternehmens technisch bestimmt seien. Ein handwerklicher Hersteller von Holzbrillen wie Scott Urban muss alle Arbeitsschritte mühsam von Hand erledigen. Verdoppelt er die Größe seines Unternehmens, indem er einen Mitarbeiter anstellt, dann werden sie zusammen nur doppelt so viele Brillengestelle produzieren. Die Stahlgießereien und Automobilfabriken hingegen, die Coase auf seiner Erkundungsreise durch die amerikanische

Industrie besichtigte, benötigten gewaltige Maschinen und Heere von Arbeitern, um die Räder der Produktion am Laufen zu halten. Zehn aneinandergereihte Gießereien werden niemals so viel Stahl produzieren wie eine einzige zehnmal so große Riesengießerei. In der Stahlproduktion gibt es Skaleneffekte, in der handwerklichen Brillenfertigung dagegen nicht.

Das hilft uns aber nicht bei der Beantwortung der Frage, ob Scott Urban die Gläser für seine Brillen einkaufen sollte oder ein Modelabel an der Übernahme von Urban Spectacles interessiert sein könnte, durch die Urban seine Autonomie verlieren würde, aber ein regelmäßiges Einkommen hätte. Und es erklärt auch nicht, warum Unternehmen durch die Erschließung neuer Geschäftsfelder allenthalben Mittelsmänner ausschalten, nur um ein paar Jahre später durch Ausgründungen, die zielgerichteter arbeiten sollen, neue Mittelsmänner zu schaffen.

Dass Unternehmen so unterschiedliche Entscheidungen treffen und zwischen kostensparender Produktion im eigenen Haus und kostensenkenden Auslagerungen schwanken, liegt unter anderem daran, dass es für beide Optionen Argumente gibt. Warum sollte sich Urban auf Brillengestelle beschränken und anderen Unternehmen, die Sand und Metalle abbauen, oder den Zwischenhändlern, die ihm Gläser und Schrauben verkaufen, Gewinnmargen überlassen? Doch die Logik des Marktes ist unfehlbar: Adam Smiths Heilsbotschaft lautete, dass der Markt am effizientesten und ökonomisch gesehen daher stets im Recht ist.

Coase' grundlegender Beitrag zur Wirtschaftswissenschaft bestand in der Erklärung dafür, wann und warum Unternehmen effizienter sind als Märkte. Dabei ging er von der offenkundig richtigen Behauptung aus, dass GE und Ford für die Herstellung ihrer Turbinen und Autos selbst Eisenminen besitzen würden, wäre dies billiger als der Einkauf der entsprechenden Inputs bei einem Marktanbieter wie U.S. Steel. Auch Scott Urban würde vielleicht Brillengläser herstellen, wenn dies billiger wäre, als sie bei seinem Lieferanten Donny Q. zu bestellen. Doch nicht für diese naheliegende Erkenntnis überreichte das Nobelpreiskomitee Coase später einen Scheck über eine Million Dollar, sondern für seine Erörterung der Frage, was die Kosten von Markttransaktionen im Gegensatz zu denen von Abläufen innerhalb eines Betriebs bestimmt. Coase' Erklärungsrahmen ermöglicht es uns zu bestimmen, ob der Markt oder das Unternehmen günstiger ist.

In der makellosen Welt der unsichtbaren Hand Adam Smiths verursacht es kaum Kosten, sich an den Marktpreisen zu orientieren: Alle strömen auf den örtlichen Markt, die Preise werden bekannt gegeben, die

Händler tauschen ihre Waren gegen das Geld der Verbraucher, und wir bekommen so viele Sandwichs, Brillengläser und Metallbleche, wie wir wollen. Viele Märkte für Rohmaterialien funktionieren im Grunde tatsächlich so: Die Anbieter von Kupfer, Weizen und Bauchfleisch «treffen sich» an der Chicagoer Handelsbörse, es werden die Preise bekannt gegeben und Verträge über den Kauf von Waren unterzeichnet.[17] Auch auf den Holzmarkt, der Scott Urban mit dem Rohstoff für seine Brillenfassungen versorgt, trifft diese Beschreibung weitgehend zu. Als Vermittler zwischen den Anbietern und Urban tritt lediglich ein Holzhändler auf, der die Preise festlegt und den Tausch von Holz gegen Geld vereinfacht.

Was Smiths Darstellung jedoch unter anderem entgeht, sind die wirklichen Kosten von Geschäften auf offenen Märkten. Dieser Faktor – von Coase «Transaktionskosten» genannt – findet auch in den mathematischen Modellen keinen Platz, mit denen Smiths Anhänger zu zeigen versucht haben, warum die unsichtbare Hand des Markts der lenkenden Hand des Chefs überlegen sei. Für Coase' Theorie der Firma ist er dagegen von zentraler Bedeutung. Sobald man realisiert, wie teuer Marktransaktionen sein können, beginnt man zu begreifen, warum es ökonomisch gesehen sinnvoll sein kann, unterschiedliche Aufgaben unter das Dach eines einzigen Unternehmens zu bringen.

In seinem zwanzig Seiten langen Essay skizzierte Coase, welche Transaktionskosten er meinte. Neben dem Preis des eigentlichen Produkts – beispielsweise 399,99 Dollar für ein iPhone – bringt der Markt noch andere Kosten mit sich. Auch die Ermittlung der Preise und die zeitaufwendige Suche nach dem günstigsten Anbieter verursachen zum Beispiel Kosten. Und dabei unterstellen wir noch, dass ein iPhone wie das andere ist. (Wer meint, das Internet habe die Kosten solcher Suchen auf null gesenkt, täuscht sich. Bis heute haben viele Bücher auf Amazon einen anderen Preis als bei anderen Internetanbietern, und eine Untersuchung über Flugpreise hat gezeigt, dass die Preisunterschiede zwischen Anbietern derselben Routen durch das Internet kaum kleiner geworden sind. Solche Preisdifferenzen existieren bis heute, weil es trotz Google und Expedia noch immer zeitaufwendig ist, das günstigste Buch oder Flugticket zu finden und zu erstehen.)[18]

Da der Erfolg von Apples iPhone jedoch eine Palette ähnlicher Produkte nach sich gezogen hat, muss man nicht nur den günstigsten Einzelhändler finden, sondern auch die diversen Angebote von Android und Microsoft testen, um das geeignete Gerät zu finden. Für Firmen sind Markttransaktionen mit denselben Kosten verbunden – sie müssen nach geeigneten Produkten suchen und Preise vergleichen. Scott Urban muss sich zwischen einer ganzen Reihe von CNC-Fräsen entscheiden. GM kann seine Benzinpumpen bei Mitsubishi oder Delphi einkaufen oder es mit einem der aufstrebenden chinesischen Herstellern versuchen. Apple ist immer auf der Suche nach günstigeren, besseren Anbietern von iPhone-Komponenten. Und für Unternehmen, die ganze Containerladungen Benzinpumpen oder Halbleiter kaufen, ist die Ermittlung des «Preises» des Produkts wesentlich komplizierter.

Für den gewöhnlichen Verbraucher steht der Preis eines iPhones im Prinzip fest, sobald er ein Angebot entdeckt hat – genau wie der Preis eines Sandwichs im Lebensmittelgeschäft. Und ein iPhone ist wie das andere. Der «Vertrag» zwischen Anbieter und Käufer beinhaltet einen einfachen Tausch von Ware gegen Geld, etwas Kundenservice inklusive. Der ist zwar manchmal miserabel, aber man bekommt, was man bezahlt hat.

Ein Vertrag zwischen Apple und einem seiner zahllosen Zulieferer beläuft sich dagegen schnell auf tausend Seiten voller Bestimmungen und Haftungsregelungen, die die Pflichten beider Parteien festlegen. Für Apple wäre es zu kostspielig, ständig neue Zulieferer auf dem Markt zu suchen, und für die Zulieferer wäre es zu kostspielig, sich ständig um neue Aufträge für ihre Fabriken zu bemühen. Der Vertrag soll den Apple-Zulieferern eine konstante Auftragslage und feste Einnahmen sichern und Apple eine verlässliche Zufuhr von iPhones. Welches Auftragsvolumen kann Apple monatlich zusagen? Und welche maximale Fehlerquote gewährleistet der Zulieferer im Gegenzug? Wie wirkt es sich auf den von Apple zu zahlenden Preis aus, wenn sich der Preis von Lithium verdoppelt? Oder halbiert? Bei jedem Zuliefererwechsel muss sich Apple zudem auch intern umstellen, indem es seine Arbeiter entsprechend anleitet und die übrigen Zulieferketten an die neuen Geschäftspartner anpasst.

Mit einem Mal zeigt sich, dass Geschäfte auf dem offenen Markt mit viel mehr Kosten als nur dem Einkaufspreis verbunden sind.

Coase' Konzeption zufolge gibt es auf dem Markt wesentlich mehr Reibungen und Konflikte als in der ursprünglichen Vision von Adam Smith. Sie bietet eine bessere Erklärung dafür, warum Unternehmen existieren und warum wir nicht alles auf dem offenen Markt erwerben, und erlaubt es uns nachzuvollziehen, wo Unternehmen ihre Grenze zum Markt ziehen. Es sind die hohen Transaktionskosten von Marktgeschäften, die der Unternehmensform Auftrieb geben. Coase' wesentliche Erkenntnis – dass die

Kosten einer Transaktion im eigenen Unternehmen mit denen einer Markttransaktion verglichen werden müssen – wurde dann auch zur Grundlage für moderne ökonomische Theorien darüber, was Unternehmen tun.

Die Kosten von Transaktionen

Wenn Coase bewiesen hat, dass Geschäfte auf dem Markt außergewöhnlich und unerwartet teuer sein können, warum wird dann nicht *alles* unter das Dach des Unternehmens gebracht? Warum arbeiten wir nicht alle für eine einzige große Firma? Auch auf diese Frage hatte Coase eine Antwort, wobei er seinem Verständnis der damals eine Blütezeit erlebenden Sowjetunion folgte, eine der vielen Anregungen für seine Gedanken über die Entscheidung zwischen Markt und Unternehmen.

Nach der bolschewistischen Revolution von 1917 machten die Russen 75 Jahre lang die Erfahrung, wie das Leben in einer einzigen großen Firma ist. Laut Lenin sollte die sowjetische Wirtschaft wie eine riesige Fabrik funktionieren und das größte Unternehmen in der Menschheitsgeschichte werden. Was daraus wurde, ist allgemein bekannt.

Doch als Coase seine Theorien entwickelte, ahnte noch niemand, dass das sowjetische System in sich zusammenbrechen würde. Das Grauen des stalinistischen Gulag existierte noch nicht. Sowjetrussland wurde in den 1930er-Jahren zwar auf dem Rücken eines versklavten Proletariats zum Industriestaat, das mit 18-stündigen Arbeitstagen Produktionsvorgaben erfüllen musste, um seine mageren Essensrationen nicht zu verspielen, doch darüber drangen nur wenige Einzelheiten ins Ausland. Viele Staatschefs (und Ökonomen) zeigten sich beeindruckt vom sowjetischen Modell des einen großen Unternehmens und seinen Erfolgen bei einer kapitalintensiven Industrialisierung auf großer Stufenleiter. Unter anderem deshalb waren viele der Ökonomen und Theoretiker, die Coase durch seine Reisen und Studien kennenlernte, fasziniert vom Gedanken eines von aufgeklärten Planern gelenkten Staates, die die Wirtschaft mit der Präzision einer Schweizer Armbanduhr steuern würden. Und wer könnten diese Planer sein? Natürlich die Ökonomen.

Das sowjetische Modell des einen großen Unternehmens war ein wirtschaftliches Desaster. Unter der Leitung der Planer und Bosse im Kreml brachte es ein hochwertiges Arsenal an Nuklearraketen hervor, war jedoch außerstande, die Ladenregale mit Brot oder Schuhen zu füllen, obwohl die Russen durchaus bereit gewesen wären, für solche lebensnotwendigen Dinge Geld auszugeben. Wäre das Modell des einen großen Unternehmens im recht zügellosen Kapitalismus der Vereinigten Staaten zu mehr in der Lage, würden wir alle längst für ein aufgeblähtes Konglomerat arbeiten, das jeden eigenständigen Konkurrenten unterbietet. Stattdessen sehen wir in Amerika, was bereits Coase den Gelben Seiten entnahm: Firmen jeder Größe und Art konkurrieren um Marktanteile.

Coase erkannte, dass man berücksichtigen muss, wie sich mit jeder Produktionserweiterung die Unternehmens- und Marktkosten verändern. Die Marktkosten bleiben bei zunehmender Produktion weitgehend konstant. Die Preise signalisieren allen Firmen in der Produktionskette, vom Bergbauunternehmen bis zum Hersteller von Plastikgehäusen, was und wie viel sie zu produzieren haben. Und sie signalisieren dem Industriezweig insgesamt, ob er wachsen oder schrumpfen sollte. Darin besteht die Anmut und Eleganz der unsichtbaren Hand.

Doch innerhalb eines Unternehmens, so entdeckte Coase, bedeuten Produktionserweiterungen nicht einfach eine Art Selbstreplikation. Mehr Produktion erfordert mehr Arbeiter, die geführt werden müssen, und folglich mehr Manager. An einem bestimmten Punkt kommen die Grenzen des menschlichen Auffassungsvermögens ins Spiel – der Chef kann nur Abläufe bis zu einer gewissen Größe im Auge behalten. Schließlich werden die Organisationskosten zu hoch und bestimmte Aufgaben werden wieder auf den Markt ausgelagert.

Nimmt man beide Gedanken zusammen, ergibt sich eine wirtschaftliche Harmonie zwischen Unternehmen und Markt. Wenn Firmen ihre Produktion steigern oder in neue Bereiche expandieren, bleibt die zusätzliche Arbeit so lange innerhalb des Unternehmens, bis die ausufernden Kosten von Management und Koordination die Kosten und Kopfschmerzen überwiegen, die die Verhandlungen mit Zulieferern verursachen. Dann übernimmt der Markt. Dieser Balanceakt war Coase' große Entdeckung.

«The Nature of the Firm» bietet eine ökonomische Erklärung dafür, warum Unternehmen existieren und wir nicht alles auf dem offenen Markt erwerben, und eine gute Faustregel darüber, wie Firmen ihre Grenzen zum Markt ziehen. Wie viele bedeutsame Gedanken können auch die Argumente in Coase' Essay geradezu selbstverständlich erscheinen – aber erst, nachdem sie einmal formuliert worden sind. Vielleicht erscheint seine Theorie deshalb so simpel, weil sie uns einen Rahmen für das Verständnis einer Welt von Unternehmen bietet, mit der wir vertraut sind und die uns trotzdem immer wieder beschäftigt. Auch diesseits des Eisernen Vorhangs haben Menschen, zum Beispiel im Umgang mit der Kfz-Behörde, leidvolle Erfahrungen mit Planern wie aus dem Politbüro gemacht und die bürokratischen Apparate erlebt, die aus vielfach abgestuften Unternehmenshierarchien hervorgehen. Um sich vorzustellen, dass die Kosten einer solchen bürokratischen Verwaltung aus dem Ruder laufen können, braucht es nicht viel Fantasie.

Coase bot Ökonomen einen überfälligen Einblick in die Blackbox der Unternehmen, die auf einem Markt, der weit weniger vollkommen ist, als die Ökonomen zuvor meinten, miteinander Handel treiben. Trotzdem blieb sein 1937 in der britischen Zeitschrift *Economica* veröffentlichter Essay jahrzehntelang weitgehend unbeachtet.[19] (Es war seine zweite Publikation in der Zeitschrift. Seine Studie von 1935, «Die Produktion von Schinken und der Schweinezyklus in Großbritannien», hatte einen nicht ganz so nachhaltigen Einfluss.) Einige Jahrzehnte später jedoch griff eine neue Generation von Ökonomen Coase' Erkenntnisse auf. Ab der Mitte der 1970er-Jahre entwickelten sie Theorien darüber, was Manager tun, wie Unternehmen organisiert sind und warum die Produktion unter dem Dach eines einzigen Unternehmens zwangsläufig ausfernde Kosten erzeugt, wodurch Coase' grobe Skizze detailreich ergänzt wurde.

Was Scott Urban betrifft: Trotz der Ineffizienz seiner Brillenherstellung scheint er an einer Expansion nicht wirklich interessiert zu sein. Urban geht es um die Perfektionierung eines Kunsthandwerks, nicht um die Maximierung von Effizienz. Dass er alleine arbeitet, scheint ihn nicht zu stören. Als er von den überall im Land entstehenden «Hacker Spaces» erfuhr, in denen ähnlich gesinnte Technik-Freaks, Strickerinnen und Handwerker gemeinsam an ihren Projekten arbeiten, meinte er: «Nette Idee, aber nicht wirklich mein Stil. Einsiedlerhöhlen sind mir lieber.» Alleine oder mit einem Praktikanten zu arbeiten, reicht ihm; an Unternehmenstheorien ist er allenfalls als ein unbeteiligter Außenseiter interessiert. Den meisten von uns aber können Coase' Erkenntnisse und die darauf aufbauenden Arbeiten das Verständnis jener Unternehmen erleichtern, die einen so erheblichen Teil unseres Lebens bestimmen.

Kapitel 2

Aufgaben und Anreize

Am 29. Oktober 1999 saß Peter Moskos im Büro des Polizeipräsidenten von Baltimore, wo er eine Entscheidung treffen musste, die sein Leben verändern würde: Er konnte eine Ausbildung in der Polizeianwärterklasse 99-5 beginnen oder als Versager an die soziologische Fakultät der Harvard University zurückkehren.

Moskos war der geborene Soziologe. Sein Vater Charles, ein namhafter Militärsoziologe, war vor allem als Erfinder der «Don't Ask, Don't Tell»-Regelung unter Präsident Clinton bekannt. Nach einem hervorragenden Abschluss als Soziologe in Princeton wurde er in den renommierten Promotionsstudiengang der Harvard University aufgenommen (Ablehnungsquote: 95 Prozent) und plante eine Studie über die Polizei. Moskos wollte in die Fußstapfen anderer Soziologen treten und am Alltagsleben derer teilhaben, die er studierte – in seinem Fall der Polizisten, die den Krieg gegen die Drogen führen.[20]

Pfadfinder oder Hollywood-Stars lässt die Polizei gelegentlich im Streifenwagen mitfahren. Doch Moskos ist kein Pfadfinder und gewiss kein Matt Damon. Nirgends fand er mit seinem Vorhaben Gehör. Warum sollte er auch? Welcher Polizeipräsident lässt schon einen Soziologen von der Eliteuniversität ins Haus, bei dem es sich vielleicht um einen erzliberalen Gutmenschen handelt, der nur alte Wunden aufkratzt, im Müll schnüffelt und die gut versteckten Leichen im Keller findet?

Doch nach Monaten der Frustration bekam Moskos in Baltimore schließlich seine große Chance.

Ein ranghoher Polizeibeamter und Freund von Moskos' Vater wandte sich mit dem Vorschlag an Baltimores Polizeipräsidenten Thomas Frazier, dem klar war, dass man ihn bald absetzen würde. Es standen Bürgermeisterwahlen bevor, und mit nur einer Ausnahme hatten alle aussichtsreichen Kandidaten erklärt, dass die Polizei eine neue Führung brauchte. Ein Polizeipräsident, der wusste, dass er in ein paar Monaten nicht mehr im Amt sein würde, musste sich nicht weiter darum kümmern, welchen Schaden Moskos' Hospitanz anrichten könnte. Und so erlaubte er ihm, die Anwärterklasse 99-5 bei der Ausbildung zu beobachten und sie danach auf Streife zu begleiten.

Fraziers Nachfolger Ronald L. Daniel jedoch, der jegliche Folgen von Moskos' Arbeit zu tragen haben würde, zeigte sich weniger liberal.[21] Als er über die Lage informiert wurde, zitierte er Moskos in sein Büro. Allerdings ließ er ihn nicht gleich die Koffer packen, sondern gab ihm die Wahl: Bleiben, erklärte er, dürfe Moskos nur, wenn er die Einstellungsvoraussetzungen erfülle und bereit sei, tatsächlich Polizist zu werden – keine Ausflüge im Streifenwagen, kein Beobachterstatus, kein Zurücklehnen, während andere die Arbeit machten. Als Vollzeitbeamter würde Moskos einen beinahe einzigartigen Einblick in die Polizeiarbeit gewinnen, müsste aber zugleich sein Leben beim Einsatz in Ost-Baltimore, einer von hoher Kriminalität geplagten Gegend, aufs Spiel setzen.

Ohne irgendetwas über den Harvard-Doktoranden zu wissen, der ihm gegenübersaß, war sich Polizeipräsident Daniel offenbar sicher, dass Moskos das Angebot nur dann annehmen würde, wenn er nicht der Typ war, der Schwierigkeiten machen würde. Beim Streifendienst geht es schließlich vor allem darum, Zwangsmittel – oftmals der härteren Art – einzusetzen, was ein sentimentaler, Kriminellen gegenüber nachsichtiger Harvard-Akademiker niemals ertragen könnte. Beobachten ist das eine; Mitmachen etwas ganz anderes. Aus der Distanz kritisiert es sich viel leichter denn als Beteiligter. Anhand von Moskos' Reaktion auf sein Angebot konnte Daniel vermutlich die Absichten des Soziologen ermessen und abschätzen, ob er sich auf die Seite seiner Kollegen bei der Polizei oder die seiner Kommilitonen stellen würde. Indem sich Moskos zum Polizeidienst in Ost-Baltimore bereit erklärte, gab er dem Polizeipräsidenten eine glaubwürdige Versicherung, dass er keinen Ärger verursachen würde.

Moskos' Einstellungsgespräch bei Daniel mag sehr untypisch scheinen, doch sein Weg zur Polizei von Baltimore ist lediglich eine Variante des üblichen Auswahlverfahrens von Mitarbeitern – eine Herausforderung, vor der jeder Manager steht: Er muss sicherstellen, dass die richtige Person für einen bestimmten Job ausgewählt wird.

Die Jobs, die innerhalb des Unternehmens verbleiben, sind die schwierigen: schwierig zu messen, schwierig zu definieren und schwierig zu erledigen. Wären sie einfach, könnte man sie auslagern und der Markt mit seinem Zauberwerk der Preise würde dafür sorgen, dass sie auch erledigt werden. Innerhalb des Unternehmens behält der Chef nur mit Mühe den Überblick darüber, was erledigt wird – oder vielleicht besser: was *nicht* erledigt wird. Manager und Vorgesetzte können nicht überall gleichzeitig sein, und sobald sie aus Sichtweite sind, können sich die Mitarbeiter wieder ihrem Schwatz auf dem Flur widmen, im Internet surfen oder Computerspiele spielen.

Die Architekten von Unternehmen stehen folglich vor einem gewaltigen Bündel von Herausforderungen: Sie müssen sicherstellen, dass Aufgaben, die sich Kontrolle wie Anreizen entziehen, trotzdem erledigt werden. Das beginnt bereits, wie Peter Moskos feststellen konnte, bevor wir überhaupt in das Unternehmen aufgenommen werden, schon während des Einstellungsgesprächs. Das Unternehmen muss eine Stelle definieren, die richtige Person dafür auswählen und überlegen, wie sie diese Person dazu bekommt, die Arbeit zu machen.

Die Polizei von Baltimore hat die wenig beneidenswerte Aufgabe, die Straßen einer Stadt zu säubern, die bei praktisch allen Gewaltverbrechen ein ständiger Favorit für den Spitzenplatz in der Statistik ist – ihr Kosename lautet «Bodymore, Murdaland», und hier spielt auch die viel gefeierte Krimiserie *The Wire* – und deren allgemeine Krise in einem maroden Schulwesen, der maroden Wirtschaft und dem größten Drogenproblem in ganz Amerika deutlich wird. Das macht sie zu einem hervorragenden Modell, an dem sich die Schwierigkeiten der Mitarbeitermotivierung erläutern lassen und das es uns beinahe als ein Wunder begreiflich macht, wenn überhaupt etwas funktioniert. Um Einblick in die Logik und die Mechanismen des Büros zu bekommen, verfolgen wir die schmutzige Arbeit, die die Polizei während der Schicht von Mitternacht bis 8 Uhr morgens in Ost-Baltimore erledigen muss. Die Lehren aus Moskos' Erfahrungen bei der Polizei – vom Einstellungsgespräch über die ihm zugewiesenen Aufgaben bis zur Kontrolle und Auswertung seiner Leistung durch die Vorgesetzten – bieten auch Aufschluss über die höchst unvollkommenen Unternehmen, in denen die meisten von uns ihre Zeit verbringen.[22]

Der Polizeibeamte beim Multitasking

Multitasking gilt weithin als ein Symptom des Informationszeitalters, dessen Ablenkungen durch Smartphones, E-Mail, Live-Börsenticker und Internet so unwiderstehlich sind, dass wir uns keiner Aufgabe länger als ein paar Sekunden widmen können. Wenn Ökonomen von Multitasking sprechen, meinen sie aber einfach Jobs mit mehreren Komponenten – also fast alle. Multitasking erschwert die Motivierung und Bewertung von Arbeitnehmern: Bei einer Leistungsevaluation werden sie sich den Aufgaben widmen, die bewertet werden, und alles andere vernachlässigen. Wenn sich das Management nur für die erfassbaren Aufgaben interessiert, werden auch nur diese erledigt.

Bezahlt man Mitarbeiter im Kundenservice nach der Zahl der entgegengenommenen Anrufe und nicht nach Stunden, werden Kundenanfragen zügig beantwortet. Bezahlt man die Fahrer im Winterdienst nach geräumten Metern und nicht nach Stunden – wie die Stadt Boston es seit 2009 tut –, dann werden sie den Schnee auf wundersame Weise schneller beseitigen. Doch leider kommt es im Kundenservice wie beim Schneeräumen nicht nur auf das Tempo, sondern auch auf die Qualität an. So kann das Ergebnis im ersten Fall in Scharen verärgerter Kunden bestehen, deren Reklamationen zwar zügig, aber mit unverhohlenem Desinteresse entgegengenommen werden. Im zweiten Fall kann es passieren, dass die Fahrer ihre Räumfahrzeuge hastig durch die schneebedeckten Straßen manövrieren und vereiste Stellen oder andere schwer zu beseitigende Verkehrshindernisse kurzerhand umfahren.

Durch Kontrollen und Stichproben vor Ort lässt sich die Qualität der Arbeit von Kundendienstmitarbeitern und selbst von Fahrern im Winterdienst allerdings relativ einfach steuern. Deshalb beginnen viele Anrufe beim Kundenservice mit dem Hinweis: «Aus Gründen der Qualitätssicherung und zu Fortbildungszwecken wird das folgende Gespräche möglicherweise aufgezeichnet.»

Doch genau wie Polizeibeamte jonglieren die meisten von uns mit wesentlich mehr Aufgaben als Fahrer im Winterdienst oder Kundendienstmitarbeiter – und genau das macht es so schwierig für die Polizei, zu entscheiden, welche Anweisungen sie ihren Beamten erteilen soll, von der nötigen Motivierung ganz zu schweigen.

Angenommen, man würde Polizisten für die Aufklärung von Straftaten bezahlen – oder besser noch dafür, sie gar nicht erst zuzulassen. Ein nützliches Klassifikationssystem dafür bietet die einheitliche Kriminalitätsstatistik des FBI, die Straftaten zunächst in zwei Kategorien unterteilt. Kategorie 1 ist weiter unterteilt in Eigentumsdelikte und Gewaltverbrechen, die wiederum jeweils vier Unterkategorien haben – schwere Körperverletzung, Vergewaltigung, Mord und Raub gelten als Gewaltverbrechen, Brandstiftung, Einbruch, Diebstahl und Fahrzeugdiebstahl als Eigentumsdelikte. Einbrüche werden nochmals in drei Kategorien unterteilt.

Und so geht es weiter, und dabei sind wir noch gar nicht bei den rund zwanzig Straftaten der Kategorie 2 angelangt, die von scheinbar harmlosen Delikten wie Landstreicherei bis zu Vergehen reichen, die für Tausende von Menschen tragische Folgen haben. (Bernard Madoffs milliardenschwerer Investitionsbetrug, durch den mehrere Tausend Privatpersonen sowie karitative Organisationen ihre Ersparnisse verloren, fiel in Kategorie 2.)

Berechnete man nach einem komplexen Schlüssel die Prämien für Polizeibeamte unter Berücksichtigung all dieser Kategorien, wären sie wahrscheinlich genauso unmotiviert wie ohne jeglichen Leistungslohn und außerdem viel verunsicherter darüber, was sie nun eigentlich tun sollen.

Natürlich könnte man sich auf die schweren Verbrechen konzentrieren. Würden Polizisten für die Senkung der Mordrate bezahlt, gäbe es sicherlich weniger Tote in Baltimore – was man bezahlt, bekommt man auch fast immer.[23] Aber umgekehrt heißt das leider, dass man *nicht* bekommt, was man *nicht* bezahlt. Nähme man kleinere Einbrüche nicht in die Liste der Straftaten auf, deren Aufklärung prämiert wird, würden sich die Einbrecher entsprechend verhalten: Bei einem Grenzwert von 1000 Dollar zum Beispiel wäre ihnen schnell klar, dass die Polizei sie in Ruhe lässt, solange sie sich mit einer Beute von 999 Dollar begnügen.

Auch wenn man kleinere Einbrüche nicht ausklammerte, ergäben sich gewaltige Probleme. Bei einer differenzierten Entlohnung je nach Art der Straftat wäre es schier unmöglich, die jeweiligen Prämien für die Festnahme von Dieben, Mördern oder Landstreichern «richtig» auszutarieren. Gäbe es dagegen für jede aufgeklärte Straftat dieselbe Prämie, würden sich die Beamten auf leichte Fälle wie Falschparken und Ladendiebstahl konzentrieren, obwohl Mord und milliardenschwerer Betrug viel gravierender sind. Falsche Anreize könnten buchstäblich tödlich sein. Und wer bekäme im Erfolgsfall die Prämie? Der einzelne Ermittler, der den Fall gelöst hat? Der Kontaktbeamte, dem etwas Verdächtiges aufgefallen ist? Oder der Forensiker, der die entscheidende DNA-Spur gefunden hat?

Trotz oder gerade wegen ihrer Differenziertheit ist dies *nicht* die geeignete Methode, um festzulegen, was der durchschnittliche Polizeibeamte tun sollte oder wie er zu entlohnen ist.

Einfache Regeln

Diese Komplikationen erklären wohl teilweise das Belohnungssystem bei der Streifenpolizei von Baltimore, das ein Beamter in Moskos' Einsatzbezirk so zusammenfasste: «Unser Sergeant findet Verhaftungen gut, und die bekommt er von mir (…) Wenn ich hier einen weißen Junkie sehe, der Drogen kaufen will, halte ich ihn an. Versuchter Drogenbesitz. Herumlungern.» Ganz einfach: Der Sergeant findet Verhaftungen gut, die Beamten verhaften Leute – Ende der Geschichte.

Einfache Regeln haben aber ebenfalls Mängel. Es ist zwar nicht *falsch*, Leute wegen Herumlungerns festzunehmen (abgesehen davon, dass es möglicherweise bürgerliche Grundrechte verletzt und die Beziehungen zur Bevölkerung belastet). Wie Moskos bemerkt, ist es eine gute Methode, um die Straßen – wenigstens zeitweilig – von Dealern und Junkies zu säubern. Doch viele Beamte werden nach dem einfachsten Weg suchen, die Festnahmestatistiken zu verbessern, unabhängig davon, ob dies auch der beste Weg ist, Ost-Baltimore zu einem besseren, sichereren Ort zu machen. Der Sergeant hat schließlich nie gesagt, dass er nur *sinnvolle* Festnahmen begrüßt, und die Beamten werden nicht für erfolgreiche Strafverfolgung, sondern für die Festnahme als solche belohnt. Und so läuft der Sergeant Gefahr, ähnlich wie bei der Bezahlung von Telefonverkäufern nach Anrufen die Quantität zulasten der Qualität zu fördern.

Doch immerhin verhaften die Beamten in Ost-Baltimore überhaupt jemanden. Und insofern mag eine solche einfache Regelung die beste Lösung für die Polizei sein – sie ist ein Kompromiss. Dasselbe gilt für die Bezahlung von Verkaufspersonal je nach Umsatzentwicklung: Sie kann einen Anreiz dafür bieten, den Kunden ohne Rücksicht auf den Gewinn Rabatte zu gewähren, um überhaupt Verkäufe zu tätigen.

Um zu illustrieren, wie zweischneidig der Anreiz zu Festnahmen ist, schildert Moskos den Fall eines Kollegen, der einen Monatsrekord aufstellen wollte. Sein Plan: Fahrradfahrer einsperren, die gegen die Verkehrsregeln verstoßen. Nachts sind Lichter am Fahrrad vorgeschrieben. Der Beamte hielt Radler an, die gegen diese Regel verstießen (was die meisten taten), fragte nach dem Personalausweis und zückte seinen Strafzettelblock. Die meisten hatten ihren Ausweis aber nicht dabei, und da in diesem Fall bei jedem Delikt eine Festnahme erfolgen darf, brachte es der Beamte mit seinem kleinen Trick auf 26 Festnahmen in einem Monat – ein Rekord. Der Sergeant war begeistert und meinte zu Moskos: «Sehen Sie, ich kenne seine Motive nicht. Aber ich denke, es ist richtig. Er sperrt Leute ein, und das ist mehr, als die meisten in dieser Einheit tun.» Warum war der Sergeant so begeistert? Sein Vorgesetzter, der Lieutenant, steht bei mehr Festnahmen ebenfalls besser da, und wie der Sergeant meinte: «Solange es dem Lieutenant gefällt, bin ich voll und ganz dafür.» Und warum gefiel es dem Lieutenant? Vermutlich, weil es dem Major gefiel – und so fort. Zu guter Letzt, so darf man vermuten, konnte dann der Bürgermeister sagen: «Wir haben in Ost-Baltimore viele Festnahmen getätigt. Wir machen unsere Arbeit, um für sichere Straßen zu sorgen.» Das hilft immerhin dabei, die Schuld von sich zu weisen, falls die Straßen unsicher sind.

Bei den Beamten in Ost-Baltimore ist die Botschaft jedenfalls angekommen. Moskos schreibt: «In Baltimore kommt es jährlich zu 70 000 Festnahmen. Während meiner Zeit entfielen davon 20 000 auf den Bezirk, in dem ich eingesetzt wurde. In Ost-Baltimore leben weniger als 45 000 Menschen. Das ist eine hohe Zahl von Festnahmen» – fast eine je zwei Einwohner. Die Polizei bezahlte für Festnahmen, und die bekam sie auch.

Das mag unsinnig, ja kontraproduktiv scheinen, doch Fahrradfahrer ohne Licht einzusperren, erfüllte durchaus einen Zweck. Auch wenn es scheinbar nicht zu den drängendsten Problemen Ost-Baltimores zählt, führten viele der Radfahrer, die mitten in der Nacht ohne Ausweis unterwegs waren, nichts Gutes im Schilde. Mit seinem Rekord von 26 festgenommenen Radlern drängte der Beamte zugleich den Drogenhandel etwas zurück.

Die Schattenseiten von Festnahmequoten verdeutlicht Moskos anhand einer Abwägung, die die Beamten bei der Verfolgung mutmaßlicher Dealer treffen müssen. Zu der Zeit, als Moskos bei der Polizei war, konnten Drogendelikte in Baltimore nur dann strafrechtlich verfolgt werden, wenn ein Beamter die Drogen ununterbrochen im Auge hatte – eine Tatsache, die den Dealern nur zu bewusst ist, weshalb sie ihre Drogen häufig auf der Flucht wegwerfen. Der Beamte muss dann entscheiden, ob er die Drogen sichert oder den Tatverdächtigen weiter verfolgt. Sichergestellte Drogen sind zwar entscheidend für die Ermittlungen, die Beamten werden aber nach der Festnahmestatistik und nicht nach der Verurteilungsrate bewertet. Anstatt anzuhalten und das Beweismaterial zu sichern, verfolgen die Beamten daher meistens den Tatverdächtigen, obwohl sie wissen, dass eine strafrechtliche Verfolgung dann nicht mehr möglich ist. Die Festnahme wird trotzdem als richtig gelten.

Zumindest in Baltimore wurde diese Orientierung an der Festnahmestatistik schließlich aufgegeben, weil sie kaum dem allgemeinen Zweck diente, Recht und Ordnung zu schützen. Als die Mordrate in der Stadt im Juni 2007 einen neuen Höhepunkt erreichte, wurde Polizeipräsident Leonard Hamm – trotz der astronomischen Verhaftungsrate – für den mangelnden Fortschritt bei der Verbrechensbekämpfung verantwortlich gemacht und zum Rücktritt gezwungen. Doch zu welchen Kriminalitätsraten ein anderer Ansatz geführt hätte, werden wir nie wissen. Trotz aller Mängel des Systems ist es angesichts der von Multitasking geprägten und schwer kontrollierbaren Arbeit der Polizeibeamten denkbar, dass die Orientierung an der monatlichen Zahl von Festnahmen die beste Herangehensweise an Baltimores Kriminalitätsproblem war.[24]

Teamarbeit bei der Polizei

Wenn jeder einzelne Polizist so viele Aufgaben hat, dass es kaum möglich ist, ihm klare und stringente Anreize zu geben, warum zerlegt man den Job dann nicht in seine Bestandteile und weist sie jeweils bestimmten Beamten zu? Manche Aspekte der Strafverfolgung funktionieren tatsächlich so. Mordkommissare klären Morde auf – Punkt. Bei spezialisierten Einheiten mit relativ begrenztem und klarem Auftrag – Mordkommissare und Drogenfahnder müssen keine Notrufe wegen häuslicher Gewalt entgegennehmen oder Streife fahren – kann die Polizeidirektion zwecks Motivierung und Evaluation effektiver auf Statistiken über die Verbrechensaufklärung zurückgreifen, die etwa an Verhaftungen und strafrechtlicher Verfolgung messbar ist. (Die Annahme, dass man die Leistung solcher Kommissare an der Zahl der Ermittlungsverfahren und Verurteilungen messen kann, ist nicht abwegig, denn die Staatsanwaltschaft wird nur Fälle mit hoher Erfolgsaussicht aufgreifen, und die setzen aufseiten der Polizei gründliche Arbeit voraus.)

Um den Gedanken auf die Spitze zu treiben: Warum zerlegt man die Arbeit der Polizei nicht in messbare Komponenten und lagert sie vollständig auf den Markt aus? In bestimmten Bereichen tun wir das. Angeklagte aufzuspüren, die sich auf Kaution nach Mexiko abgesetzt haben, ist zum Beispiel Aufgabe selbstständiger Kopfgeldjäger. Die Kaution wird oft von in der Nähe des Gerichts ansässigen Vermittlungsbüros hinterlegt. Sie bekommen ihr Geld nur dann zurück, wenn der Angeklagte wieder eingefangen und dem Gericht übergeben wird. Daraus ergibt sich ein klares, messbares Kriterium für die Arbeit des Kopfgeldjägers: Erscheint der Angeklagte zu seinem Gerichtstermin? Auch seine Vergütung ist unkompliziert: Er bekommt einen bestimmten Anteil der hinterlegten Kaution. Und so ist das Aufspüren flüchtiger Angeklagter weitgehend Sache eines blühenden Gewerbes von Kopfgeldjägern, die von den Kautionsbüros auf Fallbasis bezahlt werden.

In ähnlicher Weise schützen private Sicherheitsfirmen vermögende Hausbesitzer vor Einbrüchen, wie die allgegenwärtigen Schilder solcher Unternehmen in den gepflegten Vorgärten der besseren Wohngegenden signalisieren. Ihr Auftrag ist es, Haus und Bewohner zu schützen.

Doch für die allgemeinen Aufgaben der Polizei bieten weder Kopfgeldjäger noch private Sicherheitsfirmen ein tragfähiges Modell. Das aus dem Kino bekannte Bild des Kopfgeldjägers, der als einsamer Cowboy in schwarzer Kluft in die Stadt einreitet, um seine Beute zu machen, ist keine schlechte Annäherung an die Realität. Kopfgeldjäger arbeiten alleine oder in kleinen Teams. Und die Teams der Sicherheitsfirmen, die die Villen in Beverly Hills schützen, kümmern sich ausschließlich um die Häuser ihrer Kunden. Ob sie die abgeschreckten Einbrecher dadurch lediglich zum gegenüberliegenden Haus treiben, ist ihnen egal.

(Wie würde es sich in einer Stadt leben, in der es außer solchen Sicherheitsfirmen keine Polizei gibt? Fragen Sie die Einwohner von Obion, Kentucky, was passiert, wenn man 75 Dollar an die Nachbargemeinde South Fulton zahlen muss, um im Falle eines Brands Hilfe zu bekommen. Eine Familie, die Cranicks, entschied sich dagegen, und als dann in ihrem Haus tatsächlich Feuer ausbrach, sah die Feuerwehr tatenlos zu, bis die Flammen das Grundstück eines glücklosen Nachbarn erreichten, bei dem es nun trotz entrichteter Schutzgebühr brannte. Aber die Cranicks hatten erst recht Pech. «Ich hatte gedacht, die würden kommen und den Brand löschen, auch wenn man die 75 Dollar nicht bezahlt hat, aber da hatte ich mich getäuscht», sagte Gene Cranick. Er bot den Feuerwehrmännern jeden Betrag bar auf die Hand an, den sie für die Rettung seines Hauses verlangten, doch die Feuerwehrmänner lehnten ab.)[25]

Im Unterschied zur Verfolgung von Flüchtigen oder dem Schutz einzelner Häuser erfordert die Zuständigkeit der Polizei für eine ganze Kommune, dass die Beamten über Bezirksgrenzen und Abteilungen hinweg zusammenarbeiten. Ein Mordkommissar ist auf Streifenpolizisten angewiesen, die nach verdächtigen Personen und Aktivitäten Ausschau halten, und auf die sachkundigen Analysen von Forsensikern. Streifenpolizisten sind zwar oft allein unterwegs, bieten einander aber wenn nötig sofortige Verstärkung. Sie bekommen Anweisungen aus der Funkzentrale, die Anrufe entgegennimmt. In Ost-Baltimore funken alle drei Einheiten auf derselben Frequenz und helfen bei Bedarf auch in anderen Gegenden aus. Bei zu starken individuellen Anreizen könnte es passieren, dass die Beamten zulasten der gegenseitigen Unterstützung übermäßig viel Zeit darauf verwenden, nach Gelegenheiten für Festnahmen zu suchen.

Die effektive Arbeit eines Polizisten hängt anders als die eines Kopfgeldjägers von Entgegenkommen und Unterstützung seiner Kollegen ab. In gewisser Hinsicht liegt hier eine Spielart des Multitasking-Problems vor. Eine Anzeigenverkäuferin kann sich selbstlos der Entwicklung von Tools für das gesamte Team widmen oder ausschließlich auf ihre Vertragsabschlüsse konzentrieren. Ein Anwalt kann an eigenen Mandaten arbeiten oder sich Zeit für die Beratung von Kollegen in seiner Kanzlei nehmen. Ein Ermittler kann sich für seine Einheit aufopfern, indem er die schwer zu lösenden Fälle übernimmt, oder es ruhig angehen lassen, indem er nach einfach zu überführenden Straftätern Ausschau hält. Werden Arbeitnehmer – ob Verkäuferin oder Polizist – nach ihren jährlichen Verkaufszahlen oder gelösten Mordfällen bezahlt, dann motiviert sie dies dazu, eher an sich selbst als an das gemeinsame Interesse zu denken.

Die Spieltheorie bringt die Tücken der Kooperation prägnant mit dem Gefangenendilemma auf den Punkt. In der klassischen Version verhaftet die Polizei zwei tatverdächtige Komplizen und versucht sie jeweils einzeln zu einer Aussage zu bewegen, indem sie ihnen folgendes Angebot macht: Wenn der eine gegen den anderen aussagt, dieser hingegen schweigt, wird der erste freigelassen und der zweite bekommt beispielsweise durch eine zehnjährige Haftstrafe die volle Härte des Gesetzes zu spüren. Verweigern beide die Aussage, kommen sie mit einer deutlich milderen Haftstrafe von ein paar Monaten davon. Sagen beide gegeneinander aus, werden beide ein Jahr inhaftiert. Verraten Sie Ihren Partner oder kooperieren Sie mit ihm und schweigen, obwohl er das nicht weiß, wenn er selbst seine Entscheidung trifft? Sie haben die Wahl.

Das Dilemma ist folgendes: Geht es beiden Gefangenen nur um eine möglichst kurze Haftstrafe, dann lautet die «rationale» Entscheidung, den anderen zu verraten, obwohl beide besser wegkämen, wenn sie beide schweigen. Sagt der Komplize aus, dann muss der andere Gefangene, wenn er selbst aussagt, nur ein Jahr und nicht ein Jahrzehnt hinter Gitter;

schweigt der Komplize, dann erspart er sich durch eine Aussage selbst diese kürzere Haftstrafe. Unabhängig von der Entscheidung des anderen kommt jeder der beiden Komplizen durch eine Aussage besser davon.

Dieselbe Herausforderung besteht in der Teamarbeit: Wie stellt man sicher, dass sich jeder «Gefangene» – also Arbeitnehmer – für die Gruppe einsetzt? Eine einfache Lösung für das Gefangenendilemma gibt es nicht. Man kann versuchen, das Spiel zu ändern, indem man Aufgaben so zuschneidet, dass Einzelne sie erledigen können; man kann ein Team räumlich zusammenfassen, damit sich seine Mitglieder gegenseitig kontrollieren können; und vielleicht kann man ein Klima von Solidarität und Vertrauen in der Gruppe fördern. Aber das sind alles halbherzige Maßnahmen, durch die die Leistung des Teams zwangsläufig hinter ihrem Potenzial zurückbleibt.

Dennoch lohnt sich die Bildung von Teams häufig. Die schwedischen Autohersteller Saab und Volvo zum Beispiel begannen in den frühen 1970er-Jahren in der Komponentenfertigung mit Gruppen von vier bis sieben Personen zu experimentieren.[26] Damit wollten sie nicht etwa einen Sozialismus skandinavischer Art in den Werken einführen, sondern die Qualität verbessern und sogar die Produktivität der Arbeiter steigern. Bei Teamarbeit in der Industrieproduktion können sich die Arbeiter besser gegenseitig helfen, wenn einer von ihnen in Verzug gerät, und bei Engpässen einspringen. Außerdem macht sie die Arbeit angenehmer und weniger monoton als bei der traditionellen Fließbandfertigung, wie sie seit der Zeit von Henry Ford üblich ist.[27]

Doch bei Teamarbeit muss sich auch die Leistungsbewertung auf die Gruppe und nicht auf den Einzelnen beziehen. Das Ergebnis kennt jeder, der in Betrieb oder Schule schon einmal die leidvolle Erfahrung von Gruppenarbeit gemacht hat: Es gibt immer mindestens einen Trittbrettfahrer, der andere die Arbeit machen lässt, weil er seine Punkte auch so bekommt. Das Risiko einer schlechteren Bewertung ist ihm egal, solange er faul sein kann.

Wie so häufig in Unternehmen geht es auch hier um eine Abwägung: Teamarbeit fördert Gemeinschaftsgeist, gegenseitige Hilfe und Stimulation, das Fließband erleichtert es dagegen, Bummler zu identifizieren und zu entlassen. GM ist nach einem fehlgeschlagenen Versuch mit Gruppenarbeit bei der Marke Saturn zu dem Schluss gelangt, dass die nervtötende, aber hoch motivierende Effizienz des Fließbands am besten funktioniert. Die Schweden und viele japanische Automobilhersteller bevorzugen weiterhin Gruppenarbeit. (Wie die Zeitschrift *Time* 1972 berichtete, versuchte GM den Krankenstand zuvor nicht durch Teamarbeit, sondern durch individuelle Anreize zu senken: Bandarbeiter, die selten fehlten, bekamen Kaffeetassen geschenkt. Und um die geht es ja bekanntlich allen.)[28]

Anders als in einer Autofabrik kann bei der Polizei nicht nach Belieben Gruppenarbeit eingeführt oder wieder abgeschafft werden. Andernfalls könnte die Polizei mal diesem, mal jenem Managementtrend folgen und es beispielsweise im einen Jahr mit Streifenpolizisten und im nächsten mit Kopfgeldjägern versuchen. Doch unter den gegebenen Umständen müssen die Beamten als eine Gesamtheit wirken, um für Sicherheit zu sorgen, und in gewissem Sinn zielen die individuellen Lohnanreize darauf, die Effektivität dieser gemeinsamen Anstrengungen zu fördern. Anders gesagt: Der einzelne Beamte hat kaum einen individuellen Anreiz, überhaupt etwas zu tun.

Und vielleicht ist das auch in Ordnung so, denn wie sich gezeigt hat, gilt für die Arbeit der Beamten genau wie für Büroarbeit, dass sie sich zu erheblichen Teilen gar nicht evaluieren und belohnen lässt.

Unsichtbare Polizeiarbeit

Die Ziele der Polizeiarbeit sind wesentlich unklarer als die eines Privatunternehmens, die grob gesprochen im Gewinnmachen bestehen. Der offizielle Auftrag der Polizei von Baltimore lautet, «Leben und Eigentum zu schützen, die Bedürfnisse der Bürger zu verstehen und sich in ihren Dienst zu stellen und die Lebensqualität in unserer Stadt zu verbessern».

Der Schutz von Recht und Ordnung umfasst viele unterschiedliche Aufgaben. Die Mordrate zu senken, auf Notrufe zu reagieren und den Handel mit Crack zu bekämpfen, entspricht sicherlich den allgemeinen Zielen der Polizei, aber für etliche andere Tätigkeiten, die weniger sichtbar und schwieriger zu quantifizieren sind, gilt dies ebenfalls. Moskos' Kollege zum Beispiel bemerkte einmal nach der höflichen Ermahnung einer Gruppe junger Männer, die sich bei plärrendem Gettoblaster vor ihrem Haus betranken (und von denen nur einer seinen Ausweis dabeihatte): «Es kotzt mich an (…) jetzt respektieren sie mich eher (…) weil ich mich nicht wie ein Arschloch benommen habe. Würde ich meinen Job besser machen, wenn ich sie einsperren würde? Für solche gute Arbeit bekomme ich keine Anerkennung.»

Diese Vorstellung von «guter Arbeit» verweist noch einmal auf die Schwierigkeit, einen mit vielfältigen Aufgaben befassten Polizisten zu motivieren, allerdings mit einer besonderen Wendung: Auch für den Beamten selbst ist es ärgerlich, dass sich seine Leistung über weite Strecken gar nicht messen lässt. Moskos' Kollege hat ohne Zweifel seine Aufgabe erfüllt, allerdings nicht in einer quantifizierbaren Weise. Aus Sicht des Polizeipräsidenten, der sich an den monatlichen Berichten orientiert, kann sich ein Rückgang der Straftaten guter Polizeiarbeit im Sinne von Moskos' Kollegen verdanken. Die höfliche Ermahnung der Jugendlichen dürfte schließlich dazu geführt haben, dass ein Anruf weniger bei der Polizei einging – doch das könnte genauso gut Folge von regnerischem Wetter oder einem Kälteeinbruch sein, bei dem potenzielle Straftäter lieber zu Hause bleiben, oder auch einer Verbesserung der wirtschaftlichen Situation im Bezirk.[29] Wer weiß schon, ob der Beamte nicht unter irgendeiner Brücke im warmen Streifenwagen saß, was selbst Moskos eingestandenermaßen gelegentlich tat?

Die Tatsache, dass die Tätigkeit der Beamten zu erheblichen Teilen dem Blick des Vorgesetzten im Büro entzogen ist, gibt dem einzelnen Polizisten beträchtliche Freiheiten: Er kann faulenzen, seine Statistiken verbessern oder die öffentliche Ordnung schützen. Selbst im Kriminalitätsschwerpunkt Ost-Baltimore fahren die meisten Beamten alleine Streife, sodass es nicht einmal einen Kollegen als potenziellen Zeugen guten (oder schlechten) Verhaltens gibt. Der Beamte kann sich bei jeder Schicht entscheiden, ob er lieber Strafzettel für Verkehrssünder ausstellt, Fahrradfahrer einsperrt oder die Dealer an der Straßenecke vertreibt. Bei kleineren Vergehen kann er es bei einer Warnung belassen oder die betreffende Person festnehmen.

Ein Kollege erzählte Moskos, wie er diese Macht gegenüber Herumlungerern offen zur Schau stellt: «Manchmal werf ich eine Münze. Bei Kopf geht er ins Gefängnis, bei Zahl nicht. ‹Zahl, Juchu!›, rufen sie dann.» Gibt es je Beschwerden, wenn die Münze auf der anderen Seite landet? Offenbar nicht – alle wissen, dass sie bei kleineren Vergehen auf die Gnade des Beamten angewiesen sind, und ein System, bei dem die Chancen, auf freiem Fuß zu bleiben, immerhin fünfzig zu fünfzig stehen, stellt man besser nicht infrage.

Während Festnahmen wegen kleinerer Vergehen reine Ermessenssache sind, erfordert die Verhaftung eines Gewaltverbrechers eine Menge Glück. Ein Beamter kann sich nicht vor der Schicht vornehmen, einen bewaffneten Räuber oder einen Mörder aufs Revier zu bringen. Er muss zufällig auf einen solchen stoßen. Und sofern es sich nicht um einen offenkundigen Tatverdächtigen handelt, wird der Fall einfach einem Ermittler übergeben.

Wenn die Arbeit der Polizei, etwa die Entschärfung einer potenziell gefährlichen Konfrontation, zu so erheblichen Teilen unsichtbar ist und Festnahmen eine Mischung aus Glück und dem Ausreizen der Befugnis, Fahrradfahrer und Herumlungerer zu überprüfen, erfordern, warum baut man dann ein System auf Grundlage von Festnahmestatistiken auf? Weil es trotz aller Mängel das bestmögliche System ist. Angesichts der Teamarbeit der Polizei kann man nicht einzelne Beamte dafür belohnen, dass Straftaten ausbleiben. Das würde sie nur dazu ermuntern, Straftäter und Straftaten anderen Schichten oder Revieren zuzuschieben. Eine Menge sinnloser Festnahmen kann immer noch besser sein als überhaupt keine.

Was das System vor einem vollständigen Zusammenbruch bewahrt, ist die Tatsache, dass es vielen Beamten nicht nur um die Verbesserung – oder Aufblähung – ihrer Statistiken geht. Nach ein paar Jahren ermüdet es viele Polizisten, in Cowboy-Manier vorzugehen, und sie beginnen Festnahmen als ein Anzeichen für verfehlte Polizeiarbeit zu sehen – würden sie ihre Arbeit richtig machen, gäbe es erst gar nicht so viel Kriminalität. Manche der Beamten, die keine anständigen Festnahmequoten vorlegen, sind sicherlich faul oder ausgebrannt, viele andere aber vermutlich hervorragende Polizisten. Nur kann man dies eben nicht an den Zahlen ablesen.

Insofern ist es richtig, dass die Beamten zwar durch Beförderungen und bezahlte Überstunden zu Festnahmen motiviert werden, die Anreize aber recht schwach sind. Wer sich aus Scherereien heraushält und nur gelegentlich jemanden festnimmt, dem wird dafür kaum jemand Vorhaltungen machen. Ältere Beamte, deren Tage als Cowboys in Uniform vorbei sind, werden durchaus respektiert. Andernfalls gäbe es in Baltimore vielleicht überhaupt keine hervorragenden Polizisten mehr.

Die Definition der Aufgaben

Zu überlegen, wie man Arbeitsanreize gestalten könnte, bevor man über die Definition der Arbeit selbst nachdenkt, ist natürlich etwas eigenartig. Der Polizeipräsident verfügt über eine beinahe endlose Liste von Möglichkeiten, wie er die Arbeit seiner Beamten organisieren kann – Noteinsatzteams oder Fußpatrouillen, Streifen aus zwei oder nur einem Polizisten, Rotation durch unterschiedliche Einheiten oder Bindung des Beamten an die immer gleiche Aufgabe. Was die richtigen Anreize für einen Polizisten sind, hängt von der Definition seiner Aufgabe durch den Vorgesetzten ab.

Wenn es bei der Gestaltung der Aufgaben ein allgemeines Prinzip gibt, dann ist es die Minimierung genau jener Anreizprobleme, die wir anhand der Polizei von Baltimore beschrieben haben und die nahezu jedes Unternehmen verfolgen. Das Ziel ist dabei nicht, die Probleme gänzlich zu beseitigen, sondern das Ausmaß zu verringern, in dem Anreize fehlschlagen.

Eine undurchdachte Aufgabenbeschreibung kann fatale Anreize setzen. Stellen wir uns einen Kreditberater bei der inzwischen aufgelösten Bank Washington Mutual (WaMu) vor, dessen Auftrag lautet, die Konkurrenz bei der Hypothekenvergabe auszustechen. Will man ihm einen klaren, einfachen Anreiz geben, dann zahlt man ihm für jeden verliehenen Dollar eine bestimmte Kommission. Doch so wie Festnahmeprämien Polizisten dazu verleiten können, Herumlungerer statt Mörder zu verhaften, kann dies Bankangestellte dazu verleiten, ungeachtet der Bonität der Kunden möglichst viele Kredite zu vergeben. Und Sanktionen für faule Kredite gestalten sich schwierig, denn bis zur Zahlungsunfähigkeit des Kunden können Jahre vergehen, in denen der Kreditberater vielleicht bereits das Unternehmen gewechselt hat. Quantität ist leicht messbar, Qualität zeigt sich dagegen erst im Lauf der Jahre.

Wie andere Hypothekenbanken hatte WaMu deshalb eine Genehmigungsstelle, die die Qualität der vorgeschlagenen Kreditgeschäfte prüfte. Dass man Vertrieb und Genehmigung nicht zusammenfassen sollte, ist angesichts der entgegengesetzten Anreize zum Vertragsabschluss um jeden Preis einerseits, zur Prüfung jedes einzelnen Vertrags andererseits geradezu offensichtlich. Auch die Nachvollziehbarkeit der beiden Tätigkeiten unterscheidet sich: Kreditverträge zu zählen ist einfach, die Qualität der Prüfung zu messen, um einen Jahresbonus zu berechnen, dagegen schwierig. Eine sinnvolle Struktur wäre es daher, die beiden Bereiche zu trennen, starke Anreize für Vertragsabschlüsse zu setzen und den Qualitätsprüfern ein festes Gehalt zu zahlen. Oder warum lagert man die klar definierte Aufgabe der Hypothekenvergabe nicht gleich auf den Markt aus und überträgt sie engagierten Maklern? Das war in groben Zügen das System, das sich bei WaMu herausbildete, wo sowohl Kreditberater im Haus als auch selbstständige Makler auf Kommissionsbasis Kredite vertrieben.

Die Probleme bei WaMu und anderen Kreditunternehmen – mittlerweile als Immobilienkrise von 2007 bekannt – resultierten dann auch nicht etwa aus einer Bündelung gegensätzlicher Anreize. Vielmehr gerieten die

Anreize für Makler, Qualitätsprüfer und alle anderen Mitarbeiter derart aus dem Lot, dass alle zusammen genauso gut eine einzige große Verkaufsabteilung hätten bilden können, die wie besessen die Produkte mit den höchsten Provisionen an den Mann zu bringen versucht. Die Verkäufer wurden auf Basis der Zinssätze bezahlt, die sie den Kunden aufbürden konnten – je höher, desto besser. Die Qualitätsprüfer schliefen keineswegs; sie taten, was man ihnen gesagt hatte, nämlich möglichst viele Kredite zu bewilligen. Und wenn sie das nicht taten? Keysha Cooper, hochrangige Mitarbeiterin bei WaMu, berichtete der *New York Times*, sie sei dreißig Tage beurlaubt worden, weil sie sich geweigert habe, ein aus ihrer Sicht betrügerisches Kreditgeschäft zu genehmigen. Der Kredit wurde «restrukturiert» und von ihrem Vorgesetzten bewilligt, nur um wenige Monate später in Schieflage zu geraten.[30]

Die Ökonomen David Kreps von der Stanford University und James Baron von der Harvard University unterscheiden zwischen «Star-» und «Wächteraufgaben», die häufig kombiniert werden, obwohl man das nur im äußersten Notfall tun sollte. Die Wächter bei WaMu waren die Qualitätsprüfer und Risikomanager. Dale George, ehemals einer der Risikomanager, verglich sie in einem Interview mit den Bremsen eines Autos – doch der WaMU-Vorstand «baute die Bremsen aus und fuhr über die Klippe».[31] Auch in anderen Unternehmen gibt es Sicherheits-, Kontroll- und Prüfabteilungen, die die wenig glanzvolle Aufgabe haben, andere an katastrophalen Entscheidungen zu hindern.

Die Stars dagegen erfüllen ihre Aufgabe am besten, wenn sie sich unbekümmert um Risiken große Ziele setzen. Eine Entwicklungsabteilung stellt lieber wagemutige Forscher als Zauderer ein, schließlich macht der Milliardengewinn aus einem einzigen Medikament, das zum Verkaufsschlager wird, die Verluste durch eine ganze Reihe von Fehlschlägen mehr als wett. Forscher, die bei jedem Misserfolg gleich verzweifeln, braucht niemand.

Jedes Unternehmen benötigt ein sorgsam austariertes Gleichgewicht zwischen Stars und Wächtern. Bekommen die Wächter zu viel Macht, werden Innovationen bürokratisch ausgebremst. Dominieren die Stars, kommt es früher oder später zu Entwicklungen wie der Finanzkrise. Polizisten, die dazu neigen, die Kriminalitätsstatistiken aufzublasen, Verdächtigen Waffen und Drogen unterzuschmuggeln oder sie zu verprügeln, brauchen eine Innenrevision und Führungsbeamte. Ingenieure von Ölunternehmen, die für die Ausbeutung profitabler Quellen bezahlt werden, brauchen Sicherheitsinspekteure. Finanzgenies, die neue exotische Derivate erfinden, brauchen Risikomanager. Deshalb wird es immer gängelnde Bürokraten und unternehmerische Freigeister, die von ihnen gegängelt werden, geben. Und das ist auch in Ordnung.

Auch wenn es absurd klingen mag, gilt manchmal das Gegenteil: Wenn scheinbar disparate Aufgaben gebündelt werden, funktionieren Betriebe besser. Der Mitbegründer des Reiseportals Kayak.com, Paul English, hatte eine geniale Idee für die Anreizgestaltung, mit der er das Multitasking-Problem gewissermaßen auf den Kopf stellte: Er verpflichtete die Programmierer dazu, Kundenanrufe entgegenzunehmen. Warum sollten Programmierer mit einem Jahresgehalt von 150 000 Dollar ihre Zeit damit verschwenden, den Klagen von Kunden zu lauschen, wenn dies auch ein Subunternehmen in Arizona übernehmen könnte, das nur Mindestlöhne zahlt, oder besser noch: ein Callcenter in Indien, wo der Stundenlohn einen Dollar beträgt? Und warum sollte man es den Kunden zumuten, mit Programmierern zu sprechen, eine Berufsgruppe, die nicht gerade für Herzlichkeit bekannt ist?

Während viele Aufgaben schwer vereinbar sind, befruchtet es sich gegenseitig, wenn Programmierer Software entwickeln und zugleich Beschwerden über ihr Produkt entgegennehmen, und zwar gerade weil sie den Umgang mit störrischen Kunden hassen. Wie English erläutert: «Wenn die Programmierer E-Mails und Anrufe von Kunden beantworten müssen, werden sie beim zweiten oder dritten Mal, wenn dieselbe Frage kommt, alles stehen und liegen lassen und das Problem tatsächlich beheben. Und danach kommt die Frage nicht mehr.»

Um den Anreiz zur Problembehebung noch zu verstärken, besorgte English ein großes rotes Telefon, dessen lautes, schrilles Klingeln allgemein für Unmut sorgte. Beschweren sich die Programmierer, erklärte English ihnen: «Die Lösung ist ganz einfach: Gehen Sie an das verfluchte Telefon und sorgen Sie dafür, dass der Kunde zufrieden ist. Dann dürfen Sie auflegen, das Kabel aus der Buchse ziehen und das Telefon am anderen Ende des Büros wieder anschließen» – wo der nächste Programmierer mit dem Kundenservice an der Reihe ist.

Auch wenn es dem hoch qualifizierten, aber introvertierten Programmierer nicht gefällt, muss er sich bei solchen Anrufen ein direktes Feedback über Produktmängel anhören. Er und der Kunde bilden so gewissermaßen eine kleine Arbeitsgruppe über die zukünftige Webseitengestaltung. (English behauptet, dass er Kundenbeschwerden aus genau diesem Grund so gern mag.)[32]

Das alles sind deutlich bessere und durchdachtere Methoden, um Arbeiter zu überwachen und motivieren. Eine entschlossene Belegschaft kann sie jedoch allesamt ins Leere laufen lassen. Der durch Teamwork geförderte Kameradschaftsgeist ist zweischneidig: Arbeiter, die sich eigentlich gegenseitig kontrollieren sollen, können sich stattdessen heimlich gegen das Management verbünden, indem sie beispielsweise die Zeitkarten der anderen abstempeln, sich bei zusätzlichen Pausen decken oder gemeinsam Mittel veruntreuen und Spesenabrechnungen frisieren.

Bei den meisten Jobs wird es immer Phasen und Situationen geben, in denen es ziemlich einfach ist, zu bummeln, zwischen unproblematischen und schwierigen Kunden zu wählen und sich generell zwischen dem Wohl der Firma und dem eigenen Wohlbefinden zu entscheiden. Aus genau diesem Grund verwenden Unternehmen so viel Zeit und Aufwand auf die Suche nach Mitarbeitern, die auch ohne Anreize und Kontrolle Loyalität gegenüber dem Arbeitgeber zeigen.

Auf der Suche nach dem besonderen Mitarbeiter

In der zweiten Hälfte des 20. Jahrhunderts war es für junge College-Absolventen mit gesunder Gesichtsfarbe lange Zeit ein respektabler, wenn auch nicht furchtbar aufregender Job, mit Enzyklopädien hausieren zu gehen. In den frühen Tagen des Gewerbes zogen die Verkäufer mit Ansichtsexemplaren buchstäblich von Haus zu Haus, um ihr Produkt an den Mann zu bringen. In den 1990er-Jahren war es üblich geworden, dass zunächst ein Mitarbeiter der Werbeabteilung eine Gegend auf potenzielle Kunden abklopfte, bevor das Unternehmen den Verkäufer losschickte, um das Geschäft unter Dach und Fach zu bringen. Der Verkäufer musste Gründe für den Kauf einer 800 Dollar teuren und 200 Kilogramm schweren 12-bändigen Enzyklopädie finden, die so zwingend waren, dass der Kunde sich ihnen nicht entziehen konnte. Bezahlt wurde er auf Kommissionsbasis.[33]

Hatte die *Encyclopaedia Britannica* einen unfähigen Verkäufer angeheuert, dann war dies kein Beinbruch – der Absatz in seinem Revier stockte eine Weile, der Verkäufer verstand schnell, dass er für den Job nicht geeignet war (und deshalb keine Kommission bekam), und man trennte sich wieder. Neue Bewerber fanden sich täglich.

Stellt jedoch ein Silicon-Valley-Unternehmen einen Programmierer ein, die erstrangige Unternehmensberatung McKinsey einen jungen Berater –

oder auch die Polizei von Baltimore einen Beamten –, dann investieren sie in die Ausbildung und Förderung eines fest angestellten Mitarbeiters. Einmal eingestellt, kommt er in den Genuss von Leistungen, die weit über eine gewöhnliche Kranken- und Rentenversicherung hinausgehen. IT-Unternehmen in Silicon Valley, etwa Google, bieten ihren Mitarbeitern beträchtliche Zulagen.[34]

Solche Zulagen sollen sicherstellen, dass Neuzugänge im Unternehmen bleiben (und abends länger im Büro). Schließlich sind Unternehmen wie Google oder McKinsey weitgehend die Summe von Personalentscheidungen. Der ursprüngliche Suchalgorithmus von Google wurde größtenteils von Craig Silverstein programmiert, dem allerersten Mitarbeiter des Unternehmens, den die Gründer Sergey Brin und Larry Page in ihrem Doktorandenkolloquium an der Stanford University anheuerten. Viele der erfolgreichsten Erfindungen von Google, angefangen bei Gmail, stammen von einigen engagierten und motivierten Programmierern. McKinsey wiederum bietet seinen Kunden praktisch nichts außer der Intelligenz seines Heers von 7000 Beratern, weshalb jeder Einzelne von ihnen zu den Besten zählen muss.

Es überrascht daher nicht, dass beide Unternehmen mit viel Aufwand Geheimrezepte entwickelt haben, um die richtigen Leute auf ihre Gehaltslisten zu befördern. Über ihr allgemeines Einstellungsverfahren – die Fragen an die Bewerber, die Stufen vom Telefon- zum Bewerbungsgespräch oder die Dauer bis zu einer Entscheidung – geben beide bereitwillig Auskunft. McKinsey verrät sogar, was für Denksportaufgaben und Fallbeispiele die Bewerber in einem Gespräch erwarten: Wie bringen Sie die Verbraucher dazu, ihr Wasser in Flaschen zu kaufen? Wie viele Golfbälle sind weltweit um 18 Uhr MEZ in der Luft? Warum ist ein Kanaldeckel rund? McKinsey sucht College-Abgänger und Betriebswirte mit unternehmerischem Gespür und hohem IQ. Google zielt stärker auf Programmierkenntnisse. Beispielfragen finden sich zwar nicht auf der Unternehmenswebseite, aber in Internet-Chatrooms von Kandidaten: «Schreiben Sie ein C-Programm, um den 655. Teil eines Datenstroms anzustellen, der durch einen Input Port fließt.» «Wie viele Eimer Farbe braucht man, um eine Boeing 747 anzumalen?» Google sucht exzellente Programmierer mit hohem IQ.

Genauso wichtig wie IQ und analytisches Denkvermögen ist die Frage, ob der Bewerber gewissenhaft und psychisch stabil ist. Wenn es die Mitarbeiter sind, die McKinsey zu dem machen, was es ist, dann sollte dies in einem Bewerbungsgespräch unbedingt festgestellt werden. Folgt man jedoch den Ergebnissen diesbezüglicher Experimente von Sozialpsychologen, dann gewinnen weder McKinsey noch Google im Vorstellungsgespräch einen solchen Einblick in die Seele des Bewerbers. Laut einer Studie von 2002 korreliert das Urteil des Personalers über die Gewissenhaftigkeit und psychische Stabilität des Bewerbers nur sehr schwach mit dessen Selbsteinschätzung vor dem Gespräch. Mentale Eigenschaften sind viel schwerer zu messen als analytisches Denkvermögen. Die Bewerber erzählen dem Personaler, was er hören will. Geht es um Farbeimer oder Golfbälle, besteht kein Grund zum Lügen. Doch jeder Personaler, der so einfallslos ist, den Bewerber nach seiner größten Schwäche zu fragen, wird vermutlich zu hören bekommen: «Ich bin zu gewissenhaft.»

Manche Unternehmen unterziehen die Bewerber einem Charaktertest, so etwa die Commerce Bank. Nach der Durchsicht von Lebensläufen und Telefongesprächen lädt sie eine Auswahl von Kandidaten zum persönlichen Gespräch ein. Während die Bewerber ein rigoroses Kreuzverhör erwarten, will die Bank sie in Wirklichkeit nur beim *Warten* auf das Gespräch beobachten. Wie McKinsey ist die Commerce Bank ein kundenorientiertes Unternehmen, und sie hat festgestellt, dass Mitarbeiter, die in Ruhepausen lächeln, den besten Service bieten – das Lächeln zeigt, dass sie generell entspannt und freundlich sind. Während die Kandidaten warten, beobachtet die Empfangsdame deshalb ihren Gesichtsausdruck, und sofern größere Patzer im Vorstellungsgespräch ausbleiben, stellt die Bank die Bewerber ein, die den «Lächel-Test» bestanden haben. Um sicherzustellen, dass in allen Filialen «Service mit einem Lächeln» geboten wird, folgt dem Test noch ein Charaktertraining.[35]

Ein solcher Test hat aber natürlich seine Grenzen. Zum einen wissen nun die Leser dieses Buchs, wie sie bei einem Vorstellungstermin bei der Commerce Bank lächeln müssen. Zum anderen erschöpft sich das bei Unternehmen wie McKinsey und Google gefragte psychologische Profil nicht in Freundlichkeit. Über das übliche Bewerbungsverfahren hinaus versuchen solche Unternehmen den Kandidaten deshalb zu einem Signal dafür zu bewegen, dass er die begehrte Stelle auch wirklich verdient.

Teure Signale

Die Studiengebühren an der Harvard Business School (HBS) betragen zurzeit fast 120 000 Dollar, ein Betrag, in den der Verdienstausfall durch das Studium nicht eingerechnet ist.[36] Wer den Wert eines HBS-Diploms eher zynisch beurteilt, könnte es als «ein 120 000 Dollar teures Signal» für die Bereitschaft bezeichnen, zwei Jahre Lebenszeit der Vorbereitung auf die von McKinsey offenbar so geschätzten Fallbeispieldiskussionen zu widmen, in denen es dann etwa um die Vermarktung von Wasserflaschen geht. Ein Studium an der HBS ist ein wirkungsvolles Signal dafür, dass man die nötigen Fähigkeiten und Neigungen besitzt, um ein hervorragender Berater zu werden. (McKinsey ist der wichtigste Arbeitgeber für HBS-Abgänger; auch Google sucht hier Mitarbeiter.)

McKinsey einfach 120 000 Dollar für eine Probezeit als Junior Analyst zu zahlen, hätte nicht denselben Effekt, sofern jemand dazu bereit wäre. Das Diplom bezeugt für McKinsey (oder wen auch immer) nicht nur, dass man die strengen Zulassungsbedingungen der HBS erfüllt hat – 2010 wurden nur 12 Prozent der Bewerber angenommen –, sondern auch das Vermögen, ein anspruchsvolles, an konkreten Fällen orientiertes Studium durchzustehen.

Andere Unternehmen sind auf der Suche nach dem entscheidenden Signal einfallsreicher. Zappos, ein Onlineanbieter von Schuhen, ist geradezu legendär für seinen außergewöhnlichen Kundenservice – der acht Stunden dauernde Anruf eines Kunden war beispielsweise ein Rekord. (Ob er auch sinnvoll war, darüber ließe sich streiten.) Eine viel erzählte Anekdote aus der Firmengeschichte besagt, dass ein Servicemitarbeiter, als er erfuhr, dass eine Kundin ihre Bestellung aufgrund des plötzlichen Tods ihrer Mutter nicht wie geplant zurückgeschickt hatte, die Schuhe von UPS abholen ließ und der trauernden Kundin einen Strauß aus weißen Lilien, Rosen und Nelken schickte. Unternehmenschef Tony Hsieh wiederholt unablässig sein Mantra, dass Zappos ein Kundenserviceunternehmen ist, das zufällig Schuhe verkauft.

Neue Mitarbeiter bekommen bei voller Bezahlung 160 Stunden Schulung – Indoktrinierung wäre vielleicht treffender – im Kundenservice. Bereits nach einer Woche Vertiefung in die Philosophie von Zappos wird ihnen ein Abfindungsangebot, in der Unternehmensmythologie kurz «das Angebot» genannt, in Höhe von 2000 Dollar zuzüglich des Verdiensts für die Woche gemacht. Warum sollte man Mitarbeiter, die man eingehend geprüft und für geeignet befunden hat, zum Kündigen animieren? Die Philosophie von Zappos verlangt es, alles zu tun, um den Kunden zufriedenzustellen – sei es, dass man Blumensträuße verschickt oder Marathontelefonate mit einsamen Kunden führt. Das ist nicht jedermanns Sache. «Das Angebot» stellt sicher, dass neue Mitarbeiter, die Zweifel an der eigenen Servicebereitschaft haben, gleich wieder gehen, wie es rund 10 Prozent der

Schulungsteilnehmer dann auch tun. Über Mitarbeiter zu verfügen, die ein Abfindungsangebot von 2000 Dollar ausgeschlagen haben, macht die Kosten dieser Praxis für Zappos mehr als wett.[37]

Mir tut es mehr weh als dir

Zappos will engagierte Servicemitarbeiter, die aus ganzem Herzen Kundenwünsche befriedigen, die Commerce Bank stellt Bewerber ein, die den Lächel-Test bestehen, und McKinsey und Google suchen belastbare Mitarbeiter mit hohem IQ. Was Baltimores Polizeipräsident braucht, sind Beamte, die potenziell bewaffnete und gefährliche Tatverdächtige aggressiv verfolgen, wenn sich die Gelegenheit dazu bietet, anstatt die Nachtschicht auf dem Parkplatz vor dem Donut-Shop zu verschlafen. Die Verlockung, eine ruhige Kugel zu schieben und später eine großzügige Rente einzustreichen, kann bei der Polizei angesichts schwacher Anreize und Beaufsichtigung schnell zum Problem werden. Der Polizeipräsident braucht Leute, die, vor die Wahl zwischen Schlafen und Einsatz gestellt, den Einsatz wählen.

Das Pendant zum Lächel-Test stellt dabei die Bereitschaft der Anwärter dar, das beinahe militärische Regiment an der Polizeiakademie durchzustehen. Moskos' Bericht zufolge besteht der dortige Tagesablauf aus Lauftraining unter Absingen von Marschliedern, Uniforminspektionen, weitgehend sinnlosem Unterricht über die Verhaltensregeln bei der Polizei, Salutieren, Bestrafungen durch Minuspunkte und Liegestütze – unter Aufsicht von Ausbildern, die aus schierem Vergnügen herumbrüllen, und abgerundet durch einen Ausflug in die Leichenhalle. Wer gerne mit Waffen spielt und lernt, wie man Tatverdächtige mit dem Schlagstock außer Gefecht setzt, und wer außerdem den ganzen «Bullshit» über sich ergehen lässt, als den ein Ausbilder (und sicherlich viele Rekruten) den Lehrplan bezeichnete, der stellt damit unter Beweis, dass es sein größter Herzenswunsch ist, die Straßen der Stadt zu säubern.

Die Polizeidirektion braucht von dem Rekruten deshalb ein Signal für solche Bedürfnisse, weil das Verfolgen von Kriminellen eher Strafe als Belohnung sein kann. Der Tatverdächtige mag schlussendlich unbewaffnet und unschuldig sein, doch im von Waffen und Drogen überfluteten Osten Baltimores kann sich ein Beamter, der das Rentenalter lebend erreichen will, nicht darauf verlassen. Geht der Polizist aber zu aggressiv vor, drohen ihm Suspendierung und Streichung der Rente. (Laut Moskos kann jemand, der ohne nähere Kenntnisse die Videodokumentation einer Festnahme sieht, nicht unbedingt zwischen sauberer Arbeit und Polizeibrutalität unterscheiden, sodass auch gewissenhafte Beamte Ermittlungsverfahren und Abmahnungen riskieren.)

In einer Welt, in der die Polizei grenzenlose Freiheiten hätte, würde ein ums Wohl der Gesellschaft bemühter Polizeipräsident Rekruten einstellen, denen das Jagen und Verhaften von Kriminellen Vergnügen bereitet, und eine Kultur der Aggressivität unter ihnen fördern. Solche Beamte würden Recht und Gesetz aus reinem Vergnügen – und auf aggressive Art und Weise – schützen, so wie die Mitarbeiter der Commerce Bank hervorragenden Kundenservice bieten, weil es ihrem Naturell entspricht.

Es ist aber leider nicht unwahrscheinlich, dass jener Typus von Beamte, der mit Vergnügen Verbrecher schnappt, bei der Wahrung des Gesetzes und der Vollstreckung seines eigenen Rechtsverständnisses auch ein wenig (oder entschieden) zu weit geht.

Tatsächlich sprachen die älteren Beamten in Baltimore mit einer gewissen Nostalgie über eine frühere strikt inoffizielle Praxis, die sie «verprügeln und freilassen» nannten. Moskos berichtet: «Als ich meinen Dienst antrat, war die ‹Verbrechensbekämpfung durch Prügel› bereits Geschichte [d.h. mutmaßliche Straftaten wurden von den Beamten geahndet, indem sie den Verdächtigen schlugen]. Es gab sicherlich eine Anordnung von oben, dass extralegale Alternativen zur Festnahme in unserer modernen Zeit nicht mehr in Betracht kommen. (…) Früher konnte sich ein großmäuliger, harter Kerl eine Beule am Kopf einhandeln. (…) Gerüchten zufolge bekamen Männer, die ihre Frauen verprügelten, manchmal selbst Prügel. Heute dagegen besteht bei häuslicher Gewalt eine wirkungslose gesetzliche Festnahmepflicht, und bei jedem Anzeichen von Körperverletzung muss jemand ins Gefängnis. Und damit hat es sich.»

In Baltimore wie im übrigen Land hat sich die Verbrechensbekämpfung gewandelt. Ein Grund dafür ist das sogenannte CompStat-System, das Geoinformationssysteme und statistische Methoden einsetzt, um Kriminalitätsprobleme abzubilden und zu bekämpfen – und damit zugleich ein perfektes Instrument für die Führung der Beamten bietet. CompStat wurde zuerst Mitte der 1990er-Jahre unter William Bratton bei der New Yorker Polizei eingeführt und später in Baltimore und vielen anderen Städten übernommen. Der datengestützte Fokus auf niedrigere Verbrechenszahlen und höhere Verhaftungsraten erklärt zumindest teilweise, warum alle Glieder der Befehlskette vom Ziel besessen sind, mehr Festnahmen durchzuführen. Wie Moskos' Sergeant meinte: «Das ist CompStat-Bullshit. Es geht nur um Zahlen. Wenn der Major ins Polizeipräsidium muss und die in irgendeiner Kategorie eine Null entdecken, wird er in die Mangel genommen. Also dürfen wir heute nirgends mehr eine Null eintragen. (…) Und wenn ich angebrüllt werde, bin ich natürlich selbst sauer.»

Damit seine Zahlen stimmen, drängt der Major den Sergeant, die Statistik zu verbessern, dieser nötigt seine Streifenpolizisten daraufhin zu mehr Festnahmen und die wiederum erfüllen ihre Quoten dann möglicherweise mit fragwürdigen Methoden. Das letzte Glied in der Kette ist der mutmaßliche Straftäter, der vielleicht nur deshalb in Gewahrsam kommt, weil er zur falschen Zeit am falschen Ort war. Das mag aus seiner Sicht besser sein, als sich ein paar Beulen einzuhandeln, oder auch nicht.

Ein geeignetes Mittel gegen Polizeiübergriffe könnten Bürgerbeschwerden sein, so wie das Kundenfeedback dafür sorgen soll, dass die Bedienung im Café freundlich ist und das Personal am Abfluggate auch bei verspäteten Flügen immer herzlich bleibt. (Manche Gastronomiebetriebe spannen die Kunden auch mit einer hinterhältigen Methode dafür ein, das Personal zur Ehrlichkeit anzuhalten: Wer keinen Bon erhalten hat, bekommt etwas gratis. Denn wenn der Kunde seinen Beleg verlangt, muss die Bedienung die Bestellung an der Kasse eingeben und kann nicht in die eigene Tasche wirtschaften.) Doch wer entspricht im Fall der Polizei den Kunden?

Auch wenn sie in erster Linie den ehrlichen Bürgern dienen, haben Polizisten am häufigsten und direktesten mit Verbrechern und Gaunern zu tun. Das gilt auch für verwandte Einrichtungen, etwa das Jugendamt, das verwahrloste Kinder aus den Familien holt, das Finanzamt, das potenzielle Steuerhinterzieher im Auge hat, oder den Zoll, der Bomben und Schmuggelware finden soll. Ihr Auftrag lautet nicht «Kundenzufriedenheit», und das sollte er auch nicht. Vielleicht erlebt man bei der Sicherheitskontrolle am Flughafen deshalb so selten einen freundlichen Service – gut gelaunte Passagiere sind nicht das Ziel der Beamten.

Wo die Interessen der Kunden derart unerheblich sind, entfällt ein wichtiger Steuerungsmechanismus. Verstimmte Passagiere fördern mit ihrem Feedback vielleicht nicht immer die Gewinnmaximierung der Fluggesellschaften, die «Kunden» der Polizei jedoch sind beinahe definitionsgemäß entschieden dagegen, dass sie überhaupt existiert. Angesichts dessen wäre es geradezu absurd, die «Kunden» um Feedback zu bitten. Man kann sich schwer vorstellen, wie ein Kundenbeauftragter der Polizei fragt: «Wie würden Sie auf einer Skala von eins bis zehn Ihre Festnahme bewerten?»

Ebendiese Absurdität einer Kontrolle der Polizei durch Straftäter frappierte Canice Prendergast, Ökonom an der Universität Chicago, als er im Jahr 2000 im Magazin der *New York Times* einen Bericht über die Polizeireform in Los Angeles las – knapp zehn Jahre nachdem Beamte dort zufällig dabei gefilmt worden waren, wie sie Rodney King, einen unbewaffneten schwarzen Autofahrer, beinahe bewusstlos geprügelt hatten. Das Video des Vorfalls sorgte damals weltweit für Schlagzeilen und der Freispruch der Beamten hatte schwere Krawalle in South Central L.A. sowie ein Gesetz zur Folge, das der Bundesregierung Eingriffsrechte gegenüber außer Kontrolle geratenen Polizeidirektionen gab.

Der Vorfall wirkte sich auch im Rest des Landes auf die Methoden der Polizei aus. Moskos schildert ihn als einen Wendepunkt im Verhalten seiner Kollegen. Statt «verprügeln und freilassen» herrschte nun Angst vor Maßregelungen und dem Verlust von Rentenansprüchen. Durch handliche Videokameras geriet die Polizei wieder unter die Aufsicht der Öffentlichkeit: Wenn den Geschworenen Aufnahmen vorliegen, steht die Aussage eines Polizeibeamten nicht mehr nur gegen die eines mutmaßlichen Straftäters.

Prendergast entnahm dem *Times*-Artikel, wie sich das Los Angeles Police Department nach 1991 sämtlichen Bemühungen um Kontrolle und Reform hartnäckig widersetzt hatte. Bekannt für aggressive Methoden, beharrte es auf seinem Recht, im Kampf gegen Gangs und Drogenhandel nahezu straffrei Gewalt einzusetzen. Dem LAPD, so schien es, machte die Demokratisierung der Aufsicht über die Polizei keine Angst.[38]

Wie die *Times* weiter berichtete, hatte der neue Polizeichef Bernard Parks, nach 35 Dienstjahren ein Veteran des LAPD, im Bemühen um mehr Haftbarkeit 1997 angeordnet, dass jede Bürgerbeschwerde über einen Beamten eine Untersuchung nach sich ziehen muss. Wie zu erwarten, kam es daraufhin zu einer Flut von Klagen, die der Polizei erhebliche Papierarbeit aufbürdete und die einfachen Beamten von der Polizeiführung entfremdete. Tut mir leid, erwiderte Parks – das neue System sollte den Bürgern dienen, nicht dem LAPD.

Hier schieden sich die Geister von Prendergast und Polizeipräsident Parks. Los Angeles, so Prendergasts Überlegung, brauchte Polizisten, die zur Jagd auf Verbrecher bereit waren, anstatt ihre Zeit bis zur Rente abzusitzen – vielleicht sogar Polizisten mit gewissen gemeinen Zügen. Verschiebe sich die unscharfe Linie zwischen Ge- und Missbrauch von Gewaltmitteln aber zugunsten der Kriminellen, dann würden selbst aggressive Beamte zögerlich. Um ihren Vorteil gegenüber dem Gegner zu wahren, *brauchten* Polizisten eine gewisse Straffreiheit. Das LAPD musste aus Prendergasts Sicht nicht nur aggressive Beamte einstellen, sondern auch Beschwerden über sie so weit wie möglich ignorieren. Mochte den Bürgern die Polizeibrutalität vielleicht auch nicht gefallen, so mussten sie sie doch als Kollateralschaden im Kampf um sicherere Straßen hinnehmen.

Tatsächlich nahmen die Bürger von Los Angeles die Position von Prendergast und nicht die von Parks ein. Wenige Jahre nach Parks' Amtsantritt kam es in der Gang-Bekämpfungseinheit CRASH (Community Resources Against Street Hoodlums) zu einem großen Skandal um die Beamten, die für die Sozialsiedlung Ramparts zuständig waren. Das genaue Ausmaß ihres Amtsmissbrauchs ist bis heute ungeklärt, aber so viel steht fest: Einige CRASH-Beamte nutzten ihren weitgehenden Schutz vor Kritik und Maßregelungen voll aus, indem sie mutmaßlichen Gang-Mitgliedern Schusswaffen unterschoben, um ihre Festnahmestatistiken aufzupolieren, andere unter Falschbehauptung von Selbstverteidigung verprügelten und erschossen und sogar selbst mit Drogen handelten. Die Beschwerden von Gang-Mitgliedern stießen auf taube Ohren – wie von Prendergasts Theorie vorgesehen.

Laut dem *Times*-Bericht reagierten die Bürger von Los Angeles, namentlich in der betroffenen Siedlung, gelassen auf den Skandal – die zunehmende Gewalt der Gangs bereitete ihnen größere Sorge als der Amtsmissbrauch der Polizei, deren Brutalität ihnen unvermeidbar schien, um das Gang-Wesen zurückzudrängen. Dass eine Polizeistrategie darin bestehen kann, brutale Beamte einzustellen und Beschwerden über sie zu ignorieren, mag entsetzlich klingen. Angesichts der Schwierigkeiten, Polizisten zu beaufsichtigen und zu motivieren, könnte es für die Menschen in Los Angeles dennoch die beste gegebene Option sein.

Zur Theorie der notwendigen Desillusionierung von Beschäftigten

Jeder stellt die besten Leute ein, die er finden kann, diejenigen, die geradezu begierig darauf sind, ihre Aufgabe zu erfüllen, sei es als Polizist oder als Programmierer. Trotzdem wird man nicht immer Beschäftigte bekommen, die aus reinem Vergnügen arbeiten. Also entwickelt man Anreize und Belohnungen, beginnt man zu kontrollieren und Leistungen zu messen.

Ironischerweise sind es gerade die besten Mitarbeiter – diejenigen, die ihren Beruf als Berufung und nicht bloß als Zeitvertreib und Broterwerb verstehen und die aufrichtig an gute Arbeit glauben, ohne sich unbedingt um Anreize und Belohnungen zu kümmern –, die man durch ein solches System am stärksten frustriert, weil es an einem klaren Zusammenhang zwischen Managementmaßnahmen und Leistung mangelt. Erinnern wir uns an Moskos' Kollegen, der die alkoholisierten Jugendlichen höflich zurechtwies und dadurch die Lebensqualität im Stadtteil verbesserte, und das alles ohne eine einzige Festnahme. Er war verärgert, weil solche gute Arbeit nicht anerkannt wird. Und dennoch ist er genau die Art von Polizist, die Baltimore braucht.

Treibt man diese Logik auf die Spitze, dann könnte man die Verärgerung und Desillusionierung der besten Mitarbeiter als Indiz dafür werten, dass ein Unternehmen funktioniert. Das wollen wir ausdrücklich nicht behaupten.

Doch zu wissen, wohin diese Logik führen kann, sollte all denen eine Mahnung sein, die der Gedanke eines auf starken Anreizen und anderen wirtschaftlich rationalen Prinzipien aufgebauten Unternehmens fasziniert. Unternehmen müssen hart daran arbeiten, eine Balance zwischen Anreizen und jener Art von Eigenmotivation zu finden, die zum Aufstieg von Hewlett & Packard beitrug. Auch Arbeitnehmern sollte es eine Mahnung sein, dass die Herstellung eines solchen Gleichgewichts ungemein schwierig ist – und dennoch für jedes Unternehmen notwendig.

Kapitel 3

Die Organisation als Puzzlespiel

Bei seinem Abschiedsessen am 17. Juli 1505 sagte ein 19 Jahre alter Deutscher namens Martin zu seinen Freunden und Verwandten: «Heute seht ihr mich und dann nimmermehr!» Martin befand sich in einer Art spätadoleszenter Krise, wie sie auch im heutigen Amerika vorkommt: Er hatte eine unerfreuliche Situation auf der Schule erlebt (die er mit der Hölle und dem Purgatorium verglich), war von seinem Vater zu einer juristischen Laufbahn genötigt worden, er trauerte um zwei kürzlich verstorbene Freunde und hatte auch verängstigt über die eigene Sterblichkeit ausgiebig sinniert, nachdem er in einer stürmischen Nacht auf dem Heimritt beinahe vom Blitz erschlagen worden wäre.

Martins nächster Schritt wäre dem verunsicherten Jugendlichen von heute allerdings vollkommen fremd: An jenem Abend im Juli stand er im Begriff, katholischer Mönch in einem Augustinerkloster zu werden, das er nie mehr zu verlassen gedachte, um fortan ein Leben in religiöser Andacht und Innerlichkeit zu führen.

Papst Leo X., Martins Erzfeind im nun folgenden Drama, wäre zweifellos froh gewesen, wenn es so gekommen wäre. Denn nur zwölf Jahre später legte Martin – Nachname: Luther –, der das Kloster inzwischen verlassen hatte, um Priester zu werden und an der Universität Wittenberg Theologie zu lehren, dem Erzbischof von Mainz und Magdeburg jene 95 Thesen vor, die die katholische Kirche und ganz Europa erschüttern sollten.[39]

Martin Luthers Bruch mit der Kirche und der Aufstieg des Protestantismus bieten uns eine Gelegenheit nachzuvollziehen, wie Organisationen vom Punkt null aufgebaut werden. Als sie der katholischen Kirche den Rücken kehrten, mussten die Protestanten aller Konfessionen – von den Anglikanern in England bis zu den Calvinisten in Genf – entscheiden, wie sie sich für ihr Ziel organisieren sollten, mehr Mitglieder zu gewinnen und ihre unsterblichen Seelen zu retten. Sollten sie dem Katholizismus eine machtvolle Hierarchie entgegenstellen? Oder jede Gemeinde ihren eigenen

Weg gehen lassen und dadurch jede zentrale Kontrolle über die Entwicklung ihrer Konfession aufgeben? Oder sollten sie einen Mittelweg suchen, also jeder Kirche Autonomie zugestehen, gleichzeitig aber einen Apparat schaffen, der durch endlose Sitzungen und Kommunikation für Qualitätskontrolle und Einigkeit sorgt?

Der große Balanceakt der Organisation

In irgendeiner Form stellen sich diese Fragen jeder Organisation, auch wenn es dabei selten um Seelenrettung, sondern gewöhnlich um die Koordination der unterschiedlichen notwendigen Bausteine geht. Wie setzt man jede einzelne Person, was immer ihre Aufgabe oder Funktion sein mag, so ein, dass sie mit Sicherheit dem Ziel der Organisation dient? Und wie bringt man die Vielzahl von Rollen unter einem Dach zusammen? Die Polizei von Baltimore, die Peter Moskos erlebte, hatte Recht und Gesetz zu schützen, und diesen Auftrag erfüllte sie durch Streifenpolizisten, Ermittler, höhere und einfache Beamte, eine Innenrevision, Hundestaffeln, Sondereinsatzkommandos und manches mehr, die jeweils unterschiedlich motiviert, eingesetzt, kontrolliert und belohnt wurden. In jeder Organisation muss eine solche Vielfalt von beweglichen Teilen ineinandergreifen, um das übergeordnete Ziel zu erreichen – sei es Seelenrettung, Verbrechensbekämpfung oder Gewinnmaximierung.

Wenn alle Teile der Organisation ineinandergreifen müssen, dann müssen deren Architekten bei jeder Veränderung von Anreizen oder Zuständigkeiten den gesamten Aufbau überdenken. Und jeder Umbau der Organisation erfordert wiederum veränderte Anreize. Ein Start-up, das sich zum bürokratischen Großunternehmen entwickelt, kann seine Programmierer nicht mehr durch Aktienpakete motivieren. Ein Unternehmenschef, der den Abteilungsleitern mehr Freiheiten gibt, muss sie zugleich zu einem Handeln im Interesse des Gesamtunternehmens motivieren, das andernfalls an den Eigeninteressen der Abteilungen zerbricht. Bischöfe und andere hohe Kleriker müssen die finanzielle wie spirituelle Motivation ihrer Geistlichen auf den Gesamtaufbau der Kirche abstimmen.

Eine mögliche Lösung besteht darin, ähnlich wie beim Militär strikte Regeln mit umfassender Überwachung zu verbinden. So funktionierte die katholische Kirche um 1516. Die – nicht übermäßig gebildeten – Pfarrer dienten ihrer jeweiligen Gemeinde und hielten sich dabei an die von der

Kirchenführung vorgegebenen zentralen Glaubensinhalte. Erwies sich ein Pfarrer als tauglich für ein höheres Amt (worüber zumindest im Mittelalter meist der Zufall seiner Herkunft entschied), bestand die Möglichkeit einer Beförderung. Initiative und eigenständiges Denken der Pfarrer waren unerwünscht (Luther zeigte Initiative, und man weiß, was dann geschah.)

Die Bischöfe und ihr Stab beaufsichtigten die Priester, damit sie auf der Kanzel und im Beichtstuhl erschienen und nicht von der reinen Lehre abwichen. Kardinäle, Mönche, Ablasshändler, Vikare, Dekane, Diakone und so weiter bis zu den unteren Rängen – jeder musste eine bestimmte Rolle spielen, damit die Kirche funktionierte, und jeder wurde anders belohnt.

Die starre Hierarchie der Kirche begünstigte die repressive Überwachung und simplen Anreize und umgekehrt. Das war zwar kein Rezept für eine dynamische, innovative Kirche, aber darum ging es ja auch nicht. Jahrhundertelang hatte die Kirche auf diese Weise die religiösen Bedürfnisse der ungebildeten katholischen Massen in ihrem riesigen Reich befriedigt, das sie in einem Zeitalter nur sehr langsamen Fortschritts, vor der Erfindung von Druckerpresse und Fernkommunikation, verwaltete.

An der Spitze der katholischen Hierarchie stand Papst Leo X. Als Spross der einflussreichen Medici mit dreizehn Jahren Kardinal und mit Ende dreißig Papst geworden, widmete er sich dem Genuss römischer Kunst und Musik, Banketten und gewissen anderen weltlichen Freuden. Leo fand Gefallen an orgienhaften Gelagen, die sich über drei Tage erstreckten, und presste den Kirchenmitgliedern wie besessen Geld ab, um sich die Taschen zu füllen und mit dem Petersdom in Rom ein eigenes Denkmal zu setzen. Selbst wenn er dafür qualifiziert gewesen wäre, hätte er kaum Zeit für die Beaufsichtigung des Kirchenapparats gehabt. Die Situation war umso gravierender, als Leo nur der letzte in einer Reihe von pflichtvergessenen Päpsten war, die, abgelenkt von den weltlichen Verlockungen Roms, die Kirche führungslos hatten dahintreiben lassen.

Diese Verschwendungssucht und finanzielle Misswirtschaft trieben die Kirche in den Bankrott und nötigten Leo, die Grenze zu einem aggressiven Ablasshandel zu überschreiten, der Sünde und Erlösung galt. Im Gegenzug für eine kleine Spende sicherte der Ablasshändler (ein kirchlich sanktionierter Marketing- und Verkaufsexperte) dem Gläubigen zu, dass die Kirche für ihn oder einen Angehörigen Fürsprache bei Gott halten werde, um ihn von der Sünde reinzuwaschen oder dem im Fegefeuer Gefangenen die Himmelspforte zu öffnen.[40] Ebendiese Geldgier der Kirche beim Spendeneintreiben spornte Martin Luther dazu an, seine 95 Thesen zu verfassen und publik zu machen. Womit wir wieder bei der Geschichte wären, wie Luther und seine Nachfolger ihre Kirchen aufbauten, um den Kampf mit Leo um die Herzen und Köpfe der Christen in aller Welt aufzunehmen.

Die Ausführung des Missionsbefehls

Da wir nicht die organisatorischen Entscheidungen aller Konfessionen nachzeichnen können, beschränken wir uns auf den Fall der Evangelisch-Methodistischen Kirche. Wie die Methodisten die verschiedenen Ebenen ihrer Kirche – Gemeinde, Diözese und Nation – zusammenfügen und wie dies wiederum mit ihren Mitteln zur Motivierung und Inspiration der Geistlichen ineinandergreift, gibt uns zugleich Aufschluss über die Herausforderungen, die alle Organisationen bewältigen müssen.

Die methodistische Kirche scheint mitunter recht kompliziert zu sein. Wir werden uns mit den unterschiedlichen Prämien für unterschiedliche Neueintritte und mit den gegensätzlichen Anreizen, die die Gemeinden und die Diözese setzen, befassen. Der Grund dafür ist, dass die methodistische Kirche mit allen verfügbaren Hebeln eine Balance zwischen zwei Zielen herzustellen versucht: Die Gemeinden sollen sich selbst verwalten, aber nicht zu weit von der Mission der Gesamtkirche entfernen. Mangels der Hierarchie und strikten Aufsicht, wie sie in der katholischen Kirche herrschen, mussten die Methodisten neue Systeme erfinden, um in einer einzigartigen Weise dem Auftrag der Seelenrettung nachzukommen.

Zwei Ökonomen werden uns beim Verständnis der komplexen Mechanik des methodistischen Apparats helfen: Chris Parsons, Sohn eines baptistischen Predigers aus Texas, und sein Doktorvater Jay Hartzell, dessen Stiefvater methodistischer Pastor war. Gemeinsam mit ihrem Kollegen David Yermack von der New York University haben sie die Finanz- und Personalakten der Diözese Oklahoma ausgewertet, in der Hartzells Stiefvater bis auf den dritthöchsten Rang der Hierarchie aufgestiegen war. Die bis ins Jahr 1961 zurückreichenden Dokumente gaben den drei Forschern einen lückenlosen Überblick über die Vergütung der Geistlichen, die Teilnahme an den sonntäglichen Gottesdiensten und die Ausgaben der Kirche. Auf Grundlage dieser detaillierten Akten konnten sie statistisch darstellen, wie die Methodisten die Aufgabe bewältigen, ihre Kirche zu organisieren und die Geistlichen zu motivieren.

Die Methodisten sind von einer Stelle im Matthäusevangelium beseelt, an der Jesus zu seinen Jüngern spricht: «Darum geht zu allen Völkern und macht alle Menschen zu meinen Jüngern; tauft sie auf den Namen des Vaters und des Sohnes und des Heiligen Geistes, und lehrt sie, alles zu befolgen, was ich euch geboten habe.» Ausgehend von diesem «Missionsbefehl» sind sie in erster Linie auf die Werbung neuer Mitglieder aus, die vor allem den lokalen Gemeinden obliegt.[41]

Wie jede Organisation müssen die Methodisten ihre Angestellten motivieren – nur handelt es sich bei diesen zufällig um Geistliche. Die Frage, wie Priester und Priesterinnen auf Anreize reagieren, mag seltsam scheinen. Da sie von jenseitigen Belangen motiviert sind, nehmen wir schließlich nicht an, dass sie nach demselben Muster wie Investmentbanker bezahlt werden. Gott zu dienen und Aussicht auf himmlische Belohnungen im Jenseits zu haben, sollte ihre Treue zur kirchlichen Mission hinreichend gewährleisten.

Doch selbst die Bibel erkennt an, dass Geistliche mitunter nicht geistliche Anreize benötigen. Im Ersten Brief des Apostels Paulus an die Korinther heißt es: «Wenn wir euch das Geistliche gesät haben, ist es dann zu viel, wenn wir von euch das Materielle ernten wollen? Wenn andere an der Vollmacht über euch teilhaben, warum dann nicht vielmehr wir?» Anders gesagt: Wenn Banker bei Goldman Sachs nach ihrem Beitrag zum Gewinn bezahlt werden, warum sollten dann nicht Prediger eine Zulage für gerettete Seelen (und neue zahlende Mitglieder) bekommen?[42] Geistliche Männer und Frauen sind für materielle Anreize durchaus empfänglich, schließlich sind sie auch nur Menschen.

Manche sind menschlicher als andere und erliegen, wenn auch auf anderem Niveau, denselben Verlockungen wie Papst Leo. Eigennützige Prediger gibt es mindestens schon seit den Zeiten von Judas, den der Evangelist Johannes des Diebstahls aus dem Geldbeutel der Jünger bezichtigte. Mit dem Rundfunk kamen auch Radioprediger und Figuren wie Aimee Semple McPherson auf, Gründerin der International Church of the Foursquare Gospel, die ein Vermögen aufbrachte, um nicht nur den Angelus Temple mit 5000 Sitzen, sondern auch eine 400 Quadratmeter große orientalische Villa für ihre oberste Predigerin zu bauen. Mit dem Fernsehen folgten Fernsehprediger wie Jim und Tammy Faye Bakker, die sich mit den Gewinnen aus ihrem christlichen Netzwerk PTL (Praise the Lord) ein Haus mit vergoldeten Armaturen im Bad und einem riesigen begehbaren Kleiderschrank finanzierten (und die Shopping-Touren, um denselben zu füllen), ganz zu schweigen von der medial viel beachteten klimatisierten Hundehütte für Tammys geliebte Hündchen. Als Jim Faye eine außereheliche Affäre beichtete und wegen betrügerischer Geschäfte zur Finanzierung ihres Freizeit- und Luxuswohnungskomplexes Heritage USA ins Gefängnis musste, brach PTL zusammen.[43]

Von Judas zu Jim und Tammy Faye – das sind eindeutig Extrembeispiele für den Konflikt zwischen göttlichen und weltlichen Anreizen. Der durchschnittliche Prediger wird sicherlich durch beides motiviert. Wichtiger ist jedoch, dass zwischen den religiösen Zielen der Kirche und den finanziellen Interessen ihrer Pastoren nicht zwangsläufig ein Konflikt bestehen muss und im Idealfall auch nicht besteht.

Das komplizierte Unternehmen der Seelenrettung

Selbst Religionsdiener brauchen also eine Vergütung (und sei es nur, um Leib und Seele zusammenzuhalten), und man könnte meinen, dass es ganz einfach ist, die Leistung eines Pfarrers zu messen und ihn entsprechend zu bezahlen: Ein produktiver Pfarrer ist derjenige, der mehr Taufen und Kirchgänger vorweisen kann. Werden Prediger nach Leistung bezahlt, dann sollten sich neue Gottesdienstbesucher in höherem Lohn und besseren Beförderungsaussichten niederschlagen. Wenn es doch nur so einfach wäre.

Die Methodisten haben nämlich nicht nur die Vergrößerung ihrer Mitgliederkartei im Sinn. «Wir wollen Menschen erreichen und sie in unserer Kirche willkommen heißen» – das mag die oberste Priorität sein, ist aber nur der erste von vier Punkten in der Missionsaussage der Methodisten. In den anderen geht es um die Glaubenspflege der bereits gewonnenen Jünger, die «Vertiefung ihrer Beziehung zu Gott» und ganz allgemein ihre «Erziehung zu einem christlichen Leben». Die Arbeit des Pfarrers, so zeigt sich, ist genauso von Multitasking geprägt wie die eines Streifenpolizisten oder Büroangestellten.

Um ihre vielen unterschiedlichen und teils gegensätzlichen Ziele zu erreichen, haben die Methodisten eine relativ straff organisierte Kirche aufgebaut, die eine stärkere zentrale Kontrolle über die einfachen Mitglieder ausübt als konkurrierende Konfessionen wie die Baptisten, deren Gemeinden ihren Kurs weitgehend selbst bestimmen dürfen. Gleichzeitig grenzen sich die Methodisten aber entschieden von der strikt hierarchischen

Herangehensweise der katholischen Kirche an Glaube und Gottesdienst ab. Wie sie mit Nachdruck erklären, haben sie «kein Zentralbüro, keinen Erzbischof, keinen Papst. Darin drückt sich der repräsentative Charakter unserer Kirchenorganisation aus – der auch ein System der gegenseitigen Kontrolle umfasst» und sie zu einer der «am klügsten aufgebauten und größten Konfessionen der Welt» macht.[44]

In der begrenzten Hierarchie der Methodisten untersteht jede Kirche einem Bischof, der für die Gemeinden einer Region oder eines Staates zuständig ist. Die Vertreter aller Regionen kommen regelmäßig zur Erörterung allgemeiner Fragen zusammen, die die gesamte Kirche betreffen. Die Methodisten beziehen auch ausdrücklich Laien in die lokale Kirchenverwaltung ein und bleiben so dem lutherschen Geist der Volksrevolte treu.

Würde die Kirche ihre Pfarrer ausschließlich nach der Entwicklung der Gemeindegröße bezahlen, dann würden die Geistlichen vielleicht mehr Zeit und Aufwand in die Mitgliederwerbung investieren, die vielfältigen Bedürfnisse der bereits existierenden Gemeinde aber darüber vernachlässigen. Die Aufgaben eines Pfarrers reichen von geistlichen bis zu durchaus profanen Angelegenheiten. Er ist Darsteller, Manager und Sozialarbeiter in einer Person. Er muss fesselnde Predigten halten, Gemeindeangehörigen in persönlichen Krisen beistehen sowie Kranke und andere Bedürftige besuchen. Gleichzeitig muss er zahllose Abende in Ausschüssen verbringen, den Gemeinderundbrief verfassen oder wenigstens betreuen und für einen vollen Klingelbeutel sorgen (auch die Kirche braucht leider Geld, um die Stromrechnung zu bezahlen und die Bänke in Schuss zu halten). Da enttäuschte Kirchgänger schließlich anderswo religiöse Erfüllung suchen werden, mag die Stabilität des Mitgliederbestands ein grober Indikator dafür sein, wie gut der Pfarrer diese vielfältigen Aufgaben erfüllt. Um zu bewerten, welche Fürsorge und Empathie er gegenüber der Gemeinde zeigt, ist dies aber kaum hilfreich.

So lassen sich zwar die Mitgliederstatistiken aller Gemeinden in einer großen Tabelle eintragen und demgemäß die Gehälter festlegen, doch solche Zahlen ergeben nur ein sehr begrenztes Bild der Leistung des einzelnen Pfarrers. Sein Alltag ist von Aufgaben ausgefüllt, die vielleicht gar keinen direkten Einfluss auf die Mitgliederentwicklung haben und die der Bischof, der Hunderte von Gemeinden betreut und folglich bei Weitem nicht alles im Blick hat, gar nicht wahrnimmt.

Die methodistische Kirchenführung in Oklahoma und in der übrigen Welt delegiert die Entscheidung über das Pfarrergehalt deshalb an einen

Gemeindeausschuss, dem rund ein halbes Dutzend Gläubige angehört. Die Verantwortlichkeiten dieser Ausschüsse reichen von der Festlegung der lokalen Prioritäten bis zur Gewährleistung eines effizienten Gemeindebetriebs. Außerdem bewertet er die Leistung des Pfarrers, bezahlt ihn entsprechend und kann ihn sogar entlassen, «falls sich herausstellen sollte, dass den Interessen der Gemeinde und des Pfarrers mit einer Neubesetzung am besten gedient ist».[45] Durch diese Struktur fällt die Aufgabe der Gehaltsfestsetzung denjenigen Kirchenangehörigen zu, die am besten beurteilen können, mit welcher Mühe und Sorgfalt der Pfarrer sich um die Gemeinde kümmert.

Im Jahr 2006 verdiente ein methodistischer Pfarrer durchschnittlich rund 35 000 Dollar, wobei ein junger Seminarabgänger, der zwischen drei ländlichen Gemeinden pendelte, mitunter nur mit Mühe überhaupt auf einen fünfstelligen Betrag kam. Die Entscheidung des Gemeindeausschusses über ein paar Tausend Dollar mehr oder weniger kann somit einen erheblichen Unterschied ausmachen. Ein weiterer Leistungsanreiz sind die Karriereaussichten. Die Beförderung in eine mehrere Tausend Mitglieder starke Gemeinde in Tulsa oder anderen Städten Oklahomas beschert dem Pfarrer eine höhere Gehaltsstufe, ein schöneres Haus und mehr Ansehen. Berücksichtigt man Zulagen wie das kostenlos genutzte Haus und die großzügige Rente, dann verdienen die in den Großstädten tätigen Superstars unter den Pfarrern bis zu einer Viertelmillion Dollar im Jahr.

Die Ausschussmitglieder tun sicherlich ihr Bestes, um die Gemeinde im Interesse der allgemeinen Mission der Kirche zu verwalten. Aber sie sind letztlich auch nur Menschen mit den entsprechenden Schwächen, und der Kirche ist das bewusst. Damit der Pfarrer keine unlauteren Allianzen schmiedet, sind direkte Angehörige von ihm im Ausschuss nicht zugelassen.

Jenseits krasser Vetternwirtschaft könnte das Urteil der Ausschussmitglieder über die Pflege und Vergrößerung der Gemeinde durch den Pfarrer zwar auch anderweitig von lokalen Interessen gefärbt sein. Das ist aber unerheblich, deckt sich ihr Eigeninteresse doch weitestgehend mit dem der Kirche. Der Bischof von Oklahoma ist an neuen Mitgliedern und mehr Einnahmen ebenso interessiert wie die für die Finanzen zuständigen Ausschussmitglieder. Er wünscht sich Gemeindeangehörige, die zufrieden sind, den Kontakt zur Kirche pflegen und aktiver werden – nicht anders als der Gemeindeausschuss. Für den Bischof hat die Delegation der Aufsicht über die Gemeindepfarrer an lokale Ausschüsse somit größtenteils durchaus zufriedenstellende Resultate.

Lohnanreize für Seelsorger

Dass Pfarrer, die für einen niedrigen Lohn zwölf Stunden am Tag arbeiten, nicht nur finanzielle Motive haben, bezweifelten Parsons und Hartzell nicht. Sie wollten jedoch herausfinden, ob die Gemeindeausschüsse finanzielle Leistungen – Lohnanreize für Seelsorger – zu dem Zweck einsetzten, die Pfarrer bei der Erfüllung ihrer Mission zu härterer Arbeit zu bewegen. Hatte die Kirche den Rat aus dem Ersten Brief des Apostels Paulus an die Korinther beherzigt?

Parsons und Hartzell sind Ökonomen, nicht Theologen, und folglich gingen sie von wirtschaftlichen Anreizen und statistischer Datenanalyse aus, um das Personalmanagement der methodistischen Kirche zu verstehen. Die kühlen, nüchternen Titel ihrer zwei Studien – «Humankapital und das Angebot von Religion» und «Reicht der höhere Auftrag? Die Auswirkungen von Anreizen in der Kirche» – lassen es einem Wirtschaftswissenschaftler warm ums Herz werden, empörten hingegen einige Methodisten, die darin unerhörte Zweifel an den Motiven ihrer Pfarrer ausmachten.[46]

Jenseits religiöser Bedenken ist gegen die Daten aber kaum Einspruch möglich: Die Auswertung ergab, dass die Bezahlung der Pfarrer tatsächlich mit dem Erfolg bei der Mitgliederwerbung variierte. Jedes neue Gemeindemitglied erhöhte ihren Lohn um rund 15 Dollar, jeder Austritt verminderte ihn entsprechend. Selbst die zwei hartgesottenen Ökonomen erstaunte es, wie sensibel die Gehälter der Pfarrer auf Leistung reagierten. Von jedem zusätzlichen Dollar in der Kollekte behält ein methodistischer Pfarrer rund 2 Cent. Das entspricht etwa dem in Großunternehmen üblichen Verhältnis, deren Vorstandschefs von jedem erwirtschafteten Dollar Gewinn rund 3 bis 4 Cent behalten (auch wenn es dort natürlich um ungleich größere Beträge geht).

Die Mitgliederentwicklung an sich ist jedoch ein recht grober Indikator für die Leistung des Pfarrers, da sie von etlichen Faktoren jenseits seines Einflusses abhängt. Geburten und Todesfälle zum Beispiel fallen in die Entscheidungskompetenz des Großen Managers im Himmel. Hinzu kommen Weg- und Zuzüge. Warum sollte der Pfarrer die Schuld (oder Anerkennung) für etwas bekommen, das letztlich göttliches Wirken ist?

Seine Zahlmeister wissen solche dem Zufall geschuldeten Zu- und Abgänge herauszufiltern – Geburten und Todesfälle wirken sich ebenso wenig auf das Pfarrersgehalt aus wie das Wachstum oder Schrumpfen von Städten und Dörfern. Ein neu gewonnener Gläubiger und ein abgeworbenes

Mitglied aus der Nachbargemeinde sind dagegen jeweils rund 25 Dollar wert. Das mag bescheiden klingen, doch selbst eine kleinere Kirche kann in einem Jahr ein paar Dutzend Angehörige gewinnen oder verlieren, was dem Pfarrer mit seinem Jahresgehalt von nur 30 000 Dollar einen Bonus (oder Verlust) von 1000 Dollar beschert.

Allerdings kann dieses Anreizsystem der Gemeindeausschüsse auch zu unangenehmen Konflikten mit dem Bischof führen, die sich besonders an den neu geworbenen Mitgliedern entzünden, mit denen der Pfarrer seine Kirchenbänke zu füllen versucht. Am Eintritt vormals Ungläubiger sind sowohl der Bischof wie der Ausschuss interessiert. Die Mission der Kirche ist schließlich auch missionarischer Art: Es gilt Seelen zu retten, indem man sie für den christlichen Glauben gewinnt. Als beitragszahlende Mitglieder stärken die neuen Methodisten die Kirche auch finanziell – das Konto der örtlichen Gemeinde, die den Großteil der Beiträge behält, ebenso wie die Landesgeschäftsstelle in Tusla, die eine Steuer auf die Gemeindeeinnahmen erhebt.

Geht es jedoch um Abwerbungen aus methodistischen Nachbargemeinden – um «Schafdiebstahl», wie es im Kirchenjargon heißt –, dann klaffen die Interessen auseinander. Beim Schafdiebstahl werden keine zusätzlichen Seelen gerettet und die Geschäftsstelle in Tusla verzeichnet keine zusätzlichen Einnahmen. Aus Sicht des Bischofs ist der Kampf unter den Pfarrern um diesen Kuchen von gegebener Größe ein Nullsummenspiel. Für die einzelnen Gemeinden dagegen ist jedes gestohlene Schaf, zumindest finanziell, so wertvoll wie ein neu gewonnener Gläubiger.

Gegen ein wenig freundschaftlichen Wettstreit hat der Bischof nichts einzuwenden. Untaugliche Pfarrer *sollen* sogar Gemeindemitglieder an bessere Kollegen verlieren, so wie unproduktive Firmen Marktanteile an effizientere Hersteller verlieren müssen.[47] Ein Vergleich der Rekrutierungserfolge der Gemeinden hilft dem Bischof und seiner Konferenz zudem zu entscheiden, welche Pfarrer versetzt oder sogar zum Ausscheiden aus dem Klerus bewegt werden sollten.

Der Wettstreit hat allerdings auch eine Schattenseite. In seinem Buch mit dem treffenden Titel *Stealing Sheep* beschreibt der Prediger und Autor William Chadwick die Folgen solcher Konkurrenz für Amerikas Kirchen in aller Drastik: «Die traditionelle Ortskirche mit ihrer Wertschätzung menschlicher Beziehungen ist durch die McChurch ersetzt worden. Fast-Food-Christen fahren in die Drive-In-Kirche, bestellen ihre McGroups, konsumieren eine Erfahrung und fahren danach weiter, wobei sie menschliche Beziehungen wie die Verpackung eines Burgers auf dem Highway des Lebens entsorgen. Clevere (…) Pfarrer begriffen schnell, dass eine Kirche beträchtlich wachsen kann, wenn sie ihre Burger so vermarktet, dass sie den Geschmack dieser vagabundierenden Menge treffen.»[48]

Warum lässt sich ein Wachstum der Gemeinde so viel einfacher durch das Wildern in fremden Herden erreichen? Gestohlene Schafe sind billig. Ungläubige zu gewinnen, ist dagegen harte Arbeit, denn wie Chadwick erläutert, muss man dabei «die Heilsbotschaft in einer für sie verständlichen Weise präsentieren, was häufig einen (…) Brückenschlag zu ihrer Welt erfordert». Warum sollte man in neue Welten vordringen, wenn man durch Wilderei in der Nachbarschaft weitgehend dasselbe Ergebnis erzielen kann?

Methodisten aus anderen Gemeinden können gegenüber Neukonvertiten auch erhebliche Vorzüge haben. Zwar sind sie erwiesenermaßen bereit, unterschiedliche Angebote und Gemeinden auszuprobieren, und kann es folglich sein, dass sie erneut weiterziehen, um den nächsten kirchlichen Burger zu kosten, aber wenigstens sind sie dem Methodismus verpflichtet. Neukonvertiten dagegen haben möglicherweise die gesamte Speisekarte vor Augen, die der überfüllte Markt der Religionen in Amerika ihnen bietet. Kaum hat der Pfarrer das Neumitglied sorgend an die Hand genommen, um es in die methodistische Kirche einzuführen, kann er es auch schon wieder an eine andere christliche Geschmacksrichtung oder eine andere Religion verlieren. Wer auf der Suche nach spiritueller Erfüllung ist, zieht außerdem vielleicht genauso von einer Stadt wie von einer Religion zur nächsten und kann daher auch durch Umzug schnell wieder verloren gehen. Solche umherwandernden Seelen verfügen auch nicht immer über ein geregeltes Einkommen, um ihren Kirchenbeitrag zu entrichten.

Und schließlich, so Hartzell und Parsons, kann ein Gemeindeausschuss, der Mitglieder in benachbarte Kirchen abwandern sieht, darin ein vernichtendes Urteil über die Kompetenz des eigenen Pfarrers erkennen: Wenn er nicht einmal die eigene Gemeinde zufriedenstellt, welche Hoffnung soll dann auf Wachstum bestehen? (Umgekehrt muss ein Pfarrer, dessen Engagement und rhetorisches Talent Methodisten aus benachbarten Gemeinden anzieht, ein – relativ gesehen – hervorragender Pfarrer sein.)

Nach den statistischen Berechnungen Hartzells und Parsons' schlägt die Abwerbung eines Methodisten aus der Umgebung im Pfarrersgehalt mit rund 35 Dollar, das Glaubensbekenntnis eines neuen Christen mit 17 Dollar zu Buche. In ländlichen Gemeinden ist die Differenz erheblich geringer, da die Ein- und Austritte von Methodisten dort wahrscheinlich von Zu-

und Wegzügen abhängen, die kaum auf das Talent des Pfarrers zurückzuführen sind.

Bei den Mitgliederverlusten fallen die Folgen für das Pfarrersgehalt noch unterschiedlicher aus. Todesfälle machen sich gar nicht bemerkbar – sie sind göttlichem und nicht irdischem Wirken geschuldet. Auch für Fälle von Glaubensverlust wird der Pfarrer nicht sanktioniert: Wer dem Protestantismus überhaupt den Rücken zukehrt, dessen Unmut über die methodistische Kirche wird sich nicht auf die örtliche Gemeindeführung beschränken. Abwanderungen in andere methodistische Gemeinden jedoch ziehen eine harte Buße von 55 Dollar Gehaltsverlust nach sich.

Gehaltszulagen für Schafdiebstahl dürften kaum den Vorstellungen des Apostels Paulus über leistungsgerechte Vergütung in der Kirche entsprechen, sind jedoch – zumindest aus Sicht des Ökonomen – ein natürlicher Nebeneffekt der Kirchenstruktur, die Kompetenzen auf die lokale Ebene verlagert, deren Interessen sich nicht immer mit den übergeordneten Zielen der Organisation decken. Pfarrer wie Gemeindeausschüsse unterliegen denselben menschlichen Schwächen wie die Mitarbeiter jeder anderen Organisation. Bei ausreichenden Anreizen können sie der Versuchung erliegen, in anderen Gemeinden zu wildern beziehungsweise solchen Schafdiebstahl durch entsprechende Vergütung zu fördern.

Die Nachteile des Schafdiebstahls

Es ist beeindruckend, wie gut die Methodisten – vielleicht sogar unbeabsichtigt – die Gehaltsstruktur auf das Ziel des Gemeindewachstums abgestimmt haben. Doch angesichts solcher Anreize könnte man meinen, dass die Pfarrer ihre gesamte Zeit darauf verwenden, sich gegenseitig Mitglieder abzujagen. Warum erlaubt der Bischof es den Gemeindeausschüssen, dieser Versuchung nachzugeben? Wir müssen uns vergegenwärtigen, dass ihn die Aufsicht über das enorme Konsortium aus Hunderten von Kirchen im Staat stark beansprucht und er die Gehaltsfestsetzung deshalb überhaupt delegiert hat. Vor dieser Abwägung von begrenzter Zeit und Aufmerksamkeit einerseits, Kontrollverlust andererseits, steht jede über eine einzelne Kirche oder Fabrik hinausgewachsene Organisation.

Das heißt allerdings nicht, dass der Bischof den Gemeindeausschüssen das letzte Wort zugesteht. Die Ausschüsse mögen zwar über das örtliche Geschehen gut im Bilde sein, haben aber keinen Überblick über die Leistung der Pfarrer im gesamten Staat. Wenn es darum geht, wer in eine größere, prestigeträchtigere Gemeinde befördert wird (und ein entsprechend größeres Haus und höheres Gehalt bekommt), entscheidet der Bischof selbst, in Absprache mit den Superintendenten der Bezirke und der Jahreskonferenz der Methodisten in Oklahoma. Solche Beförderungen können ein genauso wirkungsvoller Leistungsanreiz sein wie die Bezahlung.

Hartzell und Parsons zufolge bringen die Beförderungsentscheidungen der Jahreskonferenz die Anreize für die Pfarrer wieder weitgehend in Einklang mit der Gesamtkirche. Die Pfarrer müssen alle paar Jahre in eine andere Gemeinde rotieren, und dann zählen Neueintritte ins Christentum – jene Leistung des Pfarrers, die den Zielen des Bischofs am stärksten entspricht – am meisten für einen Aufstieg in eine größere, besser zahlende Kirche. Beim Gehaltsvergleich zwischen den bisherigen und den neuen Stellen der Pfarrer haben Hartzell und Parsons festgestellt, dass jede Werbung eines Nichtchristen mehr als 200 Dollar Zuwachs bewirkt, von dem gesteigerten Prestige und Status dank der Beförderung auf eine größere Kanzel ganz zu schweigen.

Auch jeder Übertritt aus einer anderen Konfession beschert dem Pfarrer auf seiner neuen Stelle eine Gehaltssteigerung von über 250 Dollar. (Leistungsstarken Pfarrern größere Gemeinden anzuvertrauen, hat den zusätzlichen Vorteil für die Kirche, dass ihre Talente als Redner und Manager auf mehr Mitglieder ausstrahlen können.) Ein Pfarrer, der Schafdiebstahl treibt, wird nicht annähernd so belohnt: Für jeden abgeworbenen Methodisten verzeichnet er in Rotationsjahren ein Gehaltsplus von weniger als 40 Dollar.

Mit dieser Darstellung wollen wir keineswegs behaupten, dass es den Geistlichen allein oder auch nur in erster Linie ums Geld ginge. Wir sprechen hier von Männern und Frauen, die – nach mindestens vierjährigem Studium – bei magerer Bezahlung lange Arbeitstage hinter sich bringen. Selbst die erfolgreichsten Pfarrer verdienen weniger als ein Managementstudent ein oder zwei Jahre nach seinem Abschluss. Gehaltsanreize bieten zwar ein zusätzliches Instrument, um die Pfarrer auf das Wohl der örtlichen Gemeinde zu verpflichten, doch die Ausschüsse können sich weitgehend auf deren eigene Motivation verlassen, das Richtige zu tun.

Weil die meisten Pfarrer dem methodistischen Grundanliegen der Seelenrettung verpflichtet sind, fallen auch die Unstimmigkeiten zwischen Kirchenstruktur und Anreizen nicht besonders ins Gewicht. Die Pfarrer tun nicht im Bemühen um Beförderung oder Gehaltszulagen das Richtige, sondern weil es das Richtige ist. Und *trotzdem*, selbst bei solchen spirituell motivierten Männern und Frauen muss der Bischof von Oklahoma auf das Mittel der Beförderung in prestigeträchtigere Gemeinden zurückgreifen, um einige der falschen Anreize der Gemeindeausschüsse zu korrigieren und so sicherzustellen, dass die Kirche insgesamt ihrem höheren Auftrag gerecht wird. Dieses Erfordernis, alle Elemente zumindest einigermaßen aufeinander abzustimmen, ist in einer Organisation, deren Ziele sich weniger stark mit den Motiven der Beschäftigten decken, noch umso größer.

Pass dich an oder stirb: Die Umstrukturierung von Procter & Gamble

Die organisatorischen Herausforderungen des Bischofs sind sehr bescheiden, vergleicht man sie mit denen einer Konzernchefin, die den Kurs eines weltumspannenden Imperiums bestimmt und Dutzenden von Abteilungen sowie Hunderten oder Tausenden von Produktlinien Ressourcen zuweist. Weniger deshalb, weil ein milliardenschweres Unternehmen tausendmal so viele Beschäftigte und Niederlassungen hat wie der Bischof von Oklahoma – was zweifellos stimmt –, sondern weil es ihm an einem höheren Auftrag fehlt, an den es zur Motivierung der Beschäftigten appellieren könnte. Nur durch Zeit, Geduld sowie Versuch und Irrtum gelang den Methodisten schließlich der Aufbau einer funktionierenden Organisation, *obwohl* die Mission der Kirche, Gott zu dienen, die meisten Mitglieder beseelt. Ein Unternehmen hat nur den deutlich weniger inspirierenden Auftrag, Gewinn für die Aktionäre zu erwirtschaften.

Da die Konzernchefin über keinen höheren Auftrag als die Verlockung des allmächtigen Dollar verfügt, muss sie wesentlich genauer über eine Unternehmensorganisation nachdenken, die alle Mitarbeiter, Einheiten, Produktlinien und Abteilungen so zusammenfügt, dass das Ganze schließlich mehr als die Summe seiner Teile ist. Wie schwierig sich das gestaltet, illustrieren die diesbezüglichen Versuche und Irrtümer eines Unternehmens, das zu den ältesten und erfolgreichsten Konzernen der Geschichte zählt.

Procter & Gamble, heute ein ausgedehntes Konsumgüterimperium, hat seine Ursprünge in einem Labor, in dem die bekannte Seifenmarke Ivory entstand. Das Unternehmen wurde in den 1830er-Jahren von dem Seifensieder James Gamble und dem angehenden Kerzenzieher William Procter auf Drängen ihres gemeinsamen Schwiegervaters gegründet. Die beiden ergänzten sich gut. Ihre Geschäftspartnerschaft florierte, und 1859 erzielten sie mit Seife und Kerzen einen Umsatz von über einer Million Dollar – was heute fast 30 Millionen Dollar entspräche. Wie die meisten damaligen Firmen blieb P&G allerdings weitgehend ein Familienunternehmen. Seine 80 Arbeiter waren alle in einer Fabrik an der Central Avenue in Cincinnati untergebracht, wo sie durch direkte Beaufsichtigung geführt und motiviert werden konnten, ganz so, wie Bill Hewlett und Dave Packard in der Anfangszeit HP führten.

Mitte der 1880er-Jahre war P&G aufgrund der anhaltenden Expansion seiner Produktlinie in einen größeren Komplex namens Ivorydale umgezogen. P&G war noch immer ein Familienunternehmen, geführt von diversen Söhnen und Enkelsöhnen der beiden Gründer, die mit neuen Seifenrezepten experimentierten und den laufenden Betrieb kontrollierten. Mit einem Gang durch die Werkshalle war dies angesichts der mittlerweile erreichten Größenordnung nicht mehr zu leisten. Wachsende Arbeiterunruhen, wie sie damals im ganzen Land auftraten, brachten Procters Enkel William Cooper auf die Idee, das wirtschaftliche Eigeninteresse der Arbeiter durch eine Gewinnbeteiligung an das Interesse ihrer Arbeitgeber zu koppeln. Laut der offiziellen Unternehmensgeschichte hatte Coopers Managementinnovation tatsächlich eine zufriedenere und produktivere Belegschaft zum Ergebnis.

In den folgenden Jahrzehnten nutzte P&G seine Kompetenz auf chemischem Gebiet für Innovationen bei so unterschiedlichen Produkten wie Speiseöl, Papier und Arzneimitteln. Neue Produkte und raffiniertes Marketing führten zusammen zu einer noch stärkeren Diversifizierung bis hin zu Fernsehproduktionen in den 1930er-Jahren: Die Marktforschungsabteilung von P&G erfand 1933 die Seifenoper, und ein Tochterunternehmen produzierte mit *Springfield Story* bis 2009 die Serie mit der längsten Laufzeit in der Geschichte des Fernsehens.

Von der M-Form zur Matrix

Um die wachsende Größe und Komplexität des Unternehmens zu bewältigen, suchte P&G nach einer neuen Form des Managements. Im Zuge eines Prozesses, der sich in vielen amerikanischen Firmenimperien abspielte, entwickelte sich P&G zu einem «multidivisionalen Unternehmen» (auch als M-Form bekannt), dessen weitgehend autonome Abteilungen für Seife, Hygieneartikel und Nahrungsmittel ihre Produkte ohne nennenswerte Eingriffe der Konzernzentrale selbst entwickeln, herstellen und vermarkten durften. Mit der Erfindung des Markenmanagements in den 1930er-Jahren wurden Kompetenzen noch weiter nach unten verlagert, denn nun durften sogar die Manager einzelner Produkte über ihre Werbestrategien entscheiden.

Das führte zwangsläufig zu Konflikten, die allerdings oft produktiv waren. Ähnlich dem Schafdiebstahl unter Pfarrern konkurrierten die Seifenmarken Camay und Ivory mitunter um dieselben Marktsegmente. Der Vorzug eines solchen dezentralisierten Managements war allerdings, dass es unter dem Strich den Interessen des Gesamtkonzerns diente – höhere Gewinne für Camay und Ivory bedeuteten höhere Gewinne für P&G, so wie die lokale Aufsicht über die Pfarrer zugleich der methodistischen Kirche in Oklahoma insgesamt zugutekommt. Trotz ihrer Autonomie unterstanden die Produkt- und Markenmanager schlussendlich der Konzernleitung, die das letzte Wort hatte und diese Autorität zum Wohl des Gesamtunternehmens einsetzte. So setzten die Topmanager beispielsweise das bis heute sehr erfolgreiche Waschmittel Tide gegen den Willen der Manager anderer Waschmittelmarken durch, die in ihm zu Recht eine Bedrohung ihrer Marktanteile erkannten.

Wie bei anderen entstehenden Industriegiganten funktionierte dieses Arrangement auch bei P&G durchaus gut. Doch als die Vorstandsetagen nach immer neuen Methoden suchten, um mehr Gewinn aus ihren Unternehmen zu pressen, kamen sie auf die Idee, die parallelen Strukturen der Produktabteilungen abzuschaffen. Die Verkaufsmanager von Ivory, Tide und anderen Produktlinien waren für dieselben Regionen zuständig, die Buchhalter führten separate Bücher, die Herstellungsabteilungen agierten unabhängig voneinander. Was für eine Verschwendung! Mitte der 1990er-Jahre beschloss der P&G-Vorstand deshalb, dass es Zeit für einen organisatorischen Neustart sei. Die Lösung war die Matrix.

Die Matrix entstand in den 1950er-Jahren bei der NASA, wo sie Ingenieure mit Wissenschaftlern und Verwaltungspersonal bei der Entwicklung von Raketentriebwerken, Satellitensteuerungen und anderen projektbezogenen Aufgaben zusammenbringen sollte. Wenig später erhielt sie in der Wirtschaft Einzug, in der Produktlinien an die Stelle der Forschungsprojekte traten, die die Matrix bei der NASA definierten. Funktionsgruppen –

Verkauf, Finanzen, Herstellung, Forschung und Entwicklung – bildeten nun eine Ebene über den bislang die Verantwortlichkeiten bestimmenden Produktgruppen.

Unter der Matrix war die Arbeit nicht mehr in einzelne Marken- und Produktlinien zergliedert. Alle Wissenschaftler wurden in einer Forschungs- und Entwicklungsabteilung zusammengefasst, so wie auch Ingenieure, Marketing- und Vertriebsmitarbeiter funktional bestimmte Einheiten bildeten. Der Vertrieb konnte nun marken- und spartenübergreifend koordiniert werden, und Wissenschaftler, die Geschirrspülmittel entwickelten, konnten ihre Erkenntnisse und optimalen Verfahren mit Kollegen teilen, die an Waschmitteln und Papiertüchern arbeiteten.

Mit der Matrix wurde die Abwägung zwischen Funktionen und Produkten, die Unternehmen zu Zeiten der M-Form treffen mussten, scheinbar hinfällig. Wie Leonard Sayles, Professor an der Columbia University, 1976 in einem Plädoyer für die neue Organisationsform ganz ohne Ironie formulierte: «Das Management durch die Matrix stellt, in organisatorischer Hinsicht, den Versuch dar, ‹auf zwei Hochzeiten gleichzeitig zu tanzen›.»[49]

Bei P&G umfasste die Matrix aufgrund des globalen Wirkungsfelds eine zusätzliche Ebene. In den frühen 1980er-Jahren war der Konzern in 27 Ländern tätig. Während Texaner und New Yorker bei Zahnpasta und Kartoffelchips ähnliche Vorlieben haben, unterscheidet sich ihr Geschmack deutlich von dem der Briten, denen P&G Pringles der Sorten Curry, Kebab und Krabbencocktail verkauft – die anderswo vielleicht chancenlos wären. Noch größer ist der Unterschied zwischen den Geschmäckern von Briten und Amerikanern einerseits, Asiaten andererseits. (Mag jemand Lachs-Teriyaki-Chips? In Indonesien offenbar schon.) Quer durch die Dutzende von P&G-Produktlinien hat sich eine solche lokale Anpassung als sehr wichtig erwiesen, um unterschiedlichen Vorschriften, Einkommensniveaus und Eigenarten der Kunden gerecht zu werden – oder auch den Unterschieden in Form und Größe von Baby-Popos (Pampers ist eine Marke von P&G).

Das Ergebnis war eine dreidimensionale Matrix mit jeweils eigenen Verantwortlichkeiten und Hierarchien für Produkte, Funktionen *und* Regionen. Ein Unternehmen mit vielen Chefs hat Vorteile. Wo immer sinnvoll, konnten sich unterschiedliche Produktlinien Buchhalter und Vertriebsmitarbeiter teilen, um sogenannte *cross-product synergies* zu erzeugen – Wirtschaftsjargon dafür, dass das Ganze mehr als die Summe seiner Teile ist. Globale Produktmanager waren nun in der Lage, die Einführung neuer

Produkte auf allen P&G-Märkten zu koordinieren und so die Vermarktung von Innovationen zu beschleunigen. Die Zusammenfassung der gesamten Produktion in einer einzigen globalen Lieferkette förderte ihre Straffung und Rationalisierung (ein weiteres Modewort der damaligen Ära). Unterdessen gaben die Länderverantwortlichen Feedback und Ratschläge mit Blick auf die jeweiligen lokalen Marktanforderungen.

Doch man bekommt, in organisatorischer Hinsicht, selten etwas umsonst, was immer ein Professor an der Columbia Business School sagen mag. Konkurrierenden Chefs mit disparaten Zielen Kompetenzen zu geben, führte zu Spannungen und Konflikten. Die Koordination der drei Schienen wiederum erzeugte zusätzliche Konferenz- und Verwaltungsebenen und Unübersichtlichkeit. Die Hauptlast dieser allgemeinen Unübersichtlichkeit und der Spannungen hatten diejenigen zu tragen, die in der Matrix lebten und arbeiteten. Das erklärt vermutlich die durchwachsenen Ergebnisse bei den zahlreichen Unternehmen, die in den 1970er-Jahren die Matrix übernommen hatten: Bei manchen funktionierte sie, andere gaben sie wieder auf.

Die für Produktlinien, Regionen und Funktionen zuständigen Chefs zerrten P&G und seine Beschäftigten in drei unterschiedliche Richtungen. In den Reihen der Manager gerieten die auf Qualität fixierten, zu Höchstleistungen drängenden Forschungsleiter mit den Herstellungsleitern aneinander, deren Leistung vor allem anhand der Kostendämpfung bewertet wurde. Die Länderchefs genossen derweil weitgehend unbekümmert um die Gesamtkosten der lokalen Marktanpassung ihre neu gewonnene Autonomie.

So war es vielleicht unvermeidbar, dass P&G 1998 eine milliardenschwere Umstrukturierung begann, um die Matrix durch eine Struktur namens «Organization 2005» zu ersetzen (benannt nach dem Jahr, in dem der Prozess seinen Abschluss finden sollte). Gemäß dem Mantra des neuen Vorstandschefs Durk Jager über «Reichweite, Innovation und Tempo» sollte P&G eine agile, wendige Kraft der Innovation werden – eher schnelle Eingreiftruppe als katholischer Kirchenapparat. Jagers Initiative richtete sich gegen eine Unternehmenskultur, die sich unter der damals sprichwörtlichen Bürokratie von P&G herausgebildet hatte. Diese Bürokratie hatte Arbeitnehmer, «Proctoiden» genannt, hervorgebracht, die für ihren absoluten Gehorsam und ihre ebenso absolute Einfallslosigkeit bekannt waren. Zur Förderung einer neuen Unternehmenskultur der Initiative wurden die Entscheidungsprozesse verschlankt und von den Ausschüssen, bei denen im Geflecht der Matrix die Macht gelegen hatte, stärker in die Eigenverantwortung des Einzelnen verlagert.

Niemand würde Organization 2005 als eine Matrix – vermeintlicher Grund für die Jahre stagnierender Umsatzzahlen und florierender Bürokratie – bezeichnen. Dennoch prägten sie dieselben Konflikte und Spannungen zwischen Produktmanagern, die Qualität, und Herstellungsleitern, die Kostendämpfung im Blick hatten, und dieselben Widersprüche zwischen Anreizen: Innovatoren wurden für Innovationen, Kostendämpfer für Kostendämpfung, Verkaufsleiter für Verkäufe bezahlt. Die große Ironie, und der Grund für das Scheitern der Matrix, bestand darin, dass all diese starken und klaren Anreize zu so viel Streit und Hinterhältigkeit führten, dass der Betrieb erlahmte.

Als Organization 2005 nicht die erhoffte Wende brachte – für die man Jager allerdings auch nur 17 Monate gegeben hatte –, beförderte P&G Alan G. Lafley auf den Vorstandssessel. Auf die Gefahr hin, die klaren Vorgaben für die Beschäftigten zu verwässern, verordnete Lafley der Matrix eine gewisse Dosis abteilungsübergreifende Empathie. Kostensenker in der Herstellung zum Beispiel, die bei Kollegen im übrigen Unternehmen Beschwerden hervorriefen, bekamen bei der Evaluation Abzüge. Außerdem wurde allen Beschäftigten ein breiteres Bündel an Leistungskriterien wie etwa Marktanteil, Gewinn und Umsatz vorgegeben, das ihnen eher das Gefühl gab, ein Team zu sein.

Lafleys Unternehmenskultur, die weithin als Rückkehr zu den alten Zeiten bei P&G gesehen wurde, setzt auf den Gemeinschaftsgeist der Proctoiden – aber ausgehend von der nüchternen Erkenntnis, dass jeder Einzelne bei seiner Arbeit auf die Bemühungen und das Entgegenkommen anderer angewiesen ist, die er seinerseits in derselben Weise unterstützen muss. In gewissem Sinn lautet die Maxime dieser Kultur, dass eine Hand die andere wäscht. Lafley schrieb sein Verständnis der Beziehungen im Betrieb mit der Formulierung von «wechselseitiger Abhängigkeit als Lebensweise» auch im Unternehmenscredo fest. Es ist eine Kultur, die gut für die Matrix geeignet ist.

Alles muss zueinander passen

Es wäre jedoch zu einfach, Durk Jager zum Verlierer und Alan G. Lafley zum Gewinner zu erklären und zu meinen, wenn man dessen Vorbild folge, werde alles funktionieren. So viel auch über Lafleys Erfolg geschrieben wurde (nicht zuletzt von ihm selbst), wäre das die vielleicht falscheste

Schlussfolgerung aus diesem Kapitel. Wenn die Geschichte von P&G eine Lehre bietet, dann nicht aufgrund des Scheiterns der Matrix oder des Triumphs von Alan G. Lafley. Es geht um eine viel subtilere Geschichte von Versuch und Irrtum auf der Suche nach einer besseren Organisationsweise. Wenn P&G im vergangenen Jahrzehnt wieder auf den richtigen Weg gelangt ist, dann auch aufgrund der Einsicht, dass eine Vielzahl von Chefs weniger Konflikte verursacht, wenn man ihnen dafür weniger Gründe gibt.

Die richtige Organisationsweise zu finden, ist schwierig. Erinnern wir uns an die Mühen der Methodisten und das schwierige Verhältnis zwischen Zielen, Überzeugungen, Markt und Mitgliedermotivation. Selbst die klügsten Manager mit den besten Absichten werden um etliche Versuche und Irrtümer nicht herumkommen und manchmal auch grandios scheitern. Lafley kamen die Lehren aus den Irrungen und Wirrungen seiner Vorgänger und sicherlich auch zumindest ein bisschen Glück zugute. Dass er die grundlegende Ökonomie des Unternehmens verstanden hatte, half aber sicherlich auch.

Kapitel 4

Lob der Innovationsblockade

Auf dem Campus der US-Militärakademie in West Point geht es ausschließlich ums Siegen. So verkündet es eine Tafel am Kontrollposten, den Besucher passieren müssen («Die Bundessieger 2009 im Judo, Boxen, Orientierungslauf und Schießen»). So steht es an der Wand des weißen schindelbedeckten Hauses des Rektors («Vorwärts, Army, schlag die Navy!»). So lautet der oberste Auftrag des Direktorats der Abteilung für Athletik (Ziel eins: «Um den Sieg kämpfen», Ziel zwei: «Die Air Force besiegen, die Navy besiegen»).

Athletik ist hier nur ein Mittel zu dem Zweck, junge, ehrgeizige Männer und Frauen auf die viel größere Mission der US Army einzuschwören: «Für unsere Nation Kriege zu führen und zu gewinnen». Football und Boxen sind lediglich Metaphern für die Kämpfe, die den Kadetten in den Tälern Afghanistans, den Straßen Bagdads und überall dort, wohin geopolitische Interessen sie verschlagen werden, bevorstehen.

Der Appell zum Siegen dient auch der Disziplin. Die Kadetten folgen Befehlen, vom Stiefelpolieren als Extremsport bis zu Liegestützen auf Kommando des Ausbilders. Es geht um Gehorsam, von der strengen Kleiderordnung (einschließlich auf Hochglanz polierter Stiefel) bis zu der Uhrzeit, zu der sich die 5000 Kadetten im riesigen Speisesaal am Mittagstisch einfinden müssen: pünktlich um fünf nach zwölf. Den Kadetten mögen viele der mit zahllosen Tadeln und Strafen verbundenen Routinen frustrierend sinnlos erscheinen (schließlich sind im Handel Messingknöpfe erhältlich, die keine Politur benötigen), die Führung in West Point hingegen weiß, dass die durch ordentliches Marschieren geförderte Fügsamkeit und Pedanterie Leben retten können.

Doch West Point ist auch die Kaderschmiede für das Offizierskorps, die zukünftige Führung der US Army (Ziel drei der Athletik: «Unter den Studierenden Athleten heranbilden, die das Korps führen»). Nach dem Abschluss beginnen die Kadetten ihre fünfjährige Pflichtzeit im aktiven

Dienst bereits mit dem Rang eines Zweiten Leutnants, dem eine Einheit von durchschnittlich dreißig Soldaten untersteht. In den letzten Jahren wurden viele von ihnen direkt in den Irak oder nach Afghanistan geschickt, wo sie sich bei den Herausforderungen der Friedenssicherung, des Aufbaus der Wirtschaft und in Kampfeinsätzen bewähren mussten.

Im Kampf muss der frischgebackene Zweite Leutnant, beaufsichtigt von einem deutlich erfahreneren Unteroffizier, komplizierte Einsatzregeln berücksichtigen und dafür sorgen, dass seine Soldaten die Unmenge von verwirrenden und widersprüchlichen Gegebenheiten vor Ort im Blick haben. Ebenso muss er die vagen strategischen Direktiven der Generäle im Pentagon – die Wirtschaft fördern, Aufständische bekämpfen, so wenig Zivilisten wie möglich töten – in konkrete Handlungen umsetzen. Sollte der Schwarzmarkt für Sprit geschlossen werden, oder lässt man ihn besser bestehen? Kann man den religiösen Führern im Ort trauen? Was ist das richtige Gleichgewicht zwischen Aufbau der Zivilgesellschaft und Repression? Blinde Konformisten, die noch nie einen eigenen Gedanken hatten, werden solche Fragen nicht selbstständig beantworten können. Und die wenigen Absolventen, die später einmal das Abzeichen eines Generals tragen werden, müssen dann mehreren Zehn- oder Hunderttausend Soldaten Marschbefehle erteilen.

Die Army braucht also einen Kader von Offizieren, die blind gehorchen, aber intelligent führen können; die unkonventionell denken, aber auf Anweisung fügsam sind. Diese gegensätzlichen Erfordernisse zwingen die Army zu einem schwierigen Balanceakt, um weder eine Organisation voller Schafe (wie ein reformorientierter Major seine Kollegen nannte) noch Chaos zu erzeugen, indem sie in West Point lauter innovative Freigeister ausbildet.

Vor dieser Herausforderung steht nicht nur die US Army oder das Militär im Allgemeinen. Bürokratische, überdimensionierte Organisationen in aller Welt kennen das Spannungsverhältnis zwischen Zentralisierung und Innovation und versuchen herauszufinden, wie sie unter der drückenden Last von Regeln und einer Kultur der Befehlsausführung gleichwohl Kreativität und Einfallsreichtum fördern können. Wie sorgt man dafür, dass alle im Gleichschritt marschieren, während man gleichzeitig die nächste bedeutende Innovation vorbereitet?

Unternehmen, die sich auf dem Markt behaupten müssen, können es sich nicht leisten, einfältig oder träge zu werden, fürchten sie doch, von dynamischen Start-ups verdrängt und Opfer jener «schöpferischen Zerstörung» zu werden, in der der Ökonom Joseph Schumpeter das zentrale Charakteristikum des Kapitalismus erkannte. Doch wenn irgendeine Organisation einen Anreiz zur Bewältigung dieses Balanceakts hat, dann sollte man meinen, dass es die US Army ist. Schließlich geht es in West Point nicht deshalb ums Siegen, weil es ein solches Vergnügen ist, die Navy zu schlagen, sondern weil Verlieren Menschenleben kosten würde. Allerdings geht die Army in ihrem Ringen um die richtige Balance von der aus jahrzehntelangen Erfahrungen gewonnenen Erkenntnis aus, dass die Einhaltung von Regeln und das Ausführen von Befehlen unabweisbare Notwendigkeiten sind.

Die zwingende Notwendigkeit von Koordination

Die größte Leistung der Alliierten im Zweiten Weltkrieg war die Landung in der Normandie am D-Day, dem 6. Juni 1944, im Rahmen der Operation Overlord. Kriege zu gewinnen, ist auch eine Frage von Heroismus, doch um die Helden überhaupt lebend an den Strand zu bekommen, ist kühle, rationale Planung erforderlich. Der Militärhistoriker Stephen Ambrose hat Operation Overlord als «eine Planungsaufgabe scheinbar unendlichen Ausmaßes» bezeichnet. In den Worten Winston Churchills handelte es sich um «die komplizierteste Operation, die je stattgefunden hat», eine Behauptung, die auch heute noch zutreffen könnte.

Unter dem Oberkommando von General Dwight Eisenhower sollte diese unendlich komplexe Serie koordinierter Angriffe den alliierten Streitkräften einen Brückenkopf in der Normandie verschaffen, um von dort aus den Feldzug gegen Hitler in Westeuropa zu führen und den Krieg zu beenden. Die deutschen Militärstrategen waren sich bei der Planung ihrer Abwehr nur zu bewusst, wie wichtig es war, die Küste Frankreichs zu halten. Eisenhowers Gegenspieler Feldmarschall Erwin Rommel hatte deshalb die Errichtung des Atlantikwalls angeordnet, ein teuflisches Ensemble aus mehreren Millionen See- und Landminen, massiven Betonbunkern, die Panzerabwehrraketen und Maschinengewehren Schutz boten, und mehreren Panzerdivisionen. Zur Behinderung von Fallschirmjägern wurden Gebiete im Hinterland geflutet.

Um diese starke Abwehr zu überwinden, koordinierte Eisenhower die Landung von 175 000 Mann samt Ausrüstung, darunter 50 000 Fahrzeuge, von Motorrädern bis zu Bulldozern. Nach einer Schwächung der deutschen Verteidigungsstellungen durch Angriffe vom Wasser und aus der

Luft sollten sie an Land stürmen; die Landungen und Attacken waren bis auf die Sekunde genau geplant. Im Landungsabschnitt Omaha Beach etwa sollten um genau 6 Uhr 25 – unmittelbar nach Ende des Beschusses durch alliierte Schiffe und Flugzeuge – zwei Kompanien Schwimmpanzer an Land gehen, um die dann folgenden Landungen der Infanterie zu unterstützen. Fünf Minuten danach, zur «H-Hour», war die Landung einer weiteren Panzerkompanie vorgesehen, eine Minute später sollten die ersten Bodentruppen an mehreren Stellen die Küste erreichen, gefolgt von weiteren Landungen 3, 30, 40, 50, 57 und 60 Minuten nach H-Hour. Und das war nur die erste Stunde.

In England waren unterdessen Tausende mit der Verschiffung von Öl, Nahrungsmitteln und Munition beschäftigt, um die Invasion voranzutreiben. Schon zuvor waren an der Heimatfront immense Anstrengungen unternommen worden, um die Industrieproduktion auf die Erfordernisse der Pläne von Eisenhower und seinem Stab umzulenken und eine Transportinfrastruktur für die Auslieferung der benötigten Güter aufzubauen. Anfang 1944, Monate vor der Invasion, hatten die Alliierten zudem damit begonnen, die Logistik und die Nachschubkapazitäten der Deutschen durch anhaltende Luftangriffe auf Fabriken und Raffinerien zu schwächen.

Im großen historischen Maßstab betrachtet war das Verständnis von Krieg, dem dieser minutiös geplante und choreografierte Angriff entsprang, etwas relativ Neues für einen befehlshabenden General. In einem Interview sagte Eisenhower einmal, bis zu Beginn der Kampfhandlungen sei Planung *alles*. Durchzusetzen begann sich diese Erkenntnis laut dem Historiker John Keegan mit Preußens Sieg über Österreich und Frankreich im Jahr 1866, ein Ergebnis vor allem des – teils in Staatsbesitz befindlichen – ausgedehnten Schienennetzes, das die preußischen Truppen rasch an die Front beförderte. Das war den Befehlshabern der übrigen europäischen Heere eine Lehre. Das deutsche Heer, das 1944 die Küste der Normandie verteidigte, verfügte seit 1876 über eine eigene Eisenbahnabteilung – eine Anerkennung der Tatsache, wie wichtig koordinierte Logistik ist, um im Bedarfsfall militärische Mobilität zu gewährleisten.[50]

Die sorgfältige Planung, verbunden mit beachtlichem Heroismus, zahlte sich aus. Nach der Landung in der Normandie marschierten die alliierten Truppen durch Frankreich nach Belgien, nahmen die Niederlande ein und erreichten noch vor Jahresende deutschen Boden. Die Streitkräfte, die Hitler besiegten, schufen und verwalteten später ein Arsenal von zig Tausend Sprengköpfen und sicherten während des Kalten Krieges den Frieden.

Nach ihrer Heimkehr arbeiteten die demobilisierten Soldaten in Firmen, die in vielem dem Leben in der Armee ähnelten. Wie das Militär hatten viele der großen amerikanischen Unternehmen die Bedeutung von Logistik und Planung erkannt und sich so zu jenen Wirtschaftsgiganten entwickelt, die die industrielle Revolution antrieben. Das moderne Organigramm mit seiner Gliederung des Unternehmens in Abteilungen und den einseitigen Pfeilen, die die Beziehungen zwischen Chefs und Managern sowie Managern und Arbeitern symbolisieren, wurde 1855 von Daniel McCallum, Generaldirektor bei Erie Railway, erfunden, um den Überblick über die Arbeitskräfte und Ressourcen des damals größten Eisenbahnunternehmens der Welt zu behalten. McCallum versuchte ein Unternehmen zu schaffen, in dem ähnlich wie später in Eisenhowers Armee die Verantwortlichkeiten klar verteilt waren, Befehlsketten den Obersten Macht gaben, Kommunikationskanäle zur Berichterstattung über die Ausführung von Aufträgen bestanden und der Generaldirektor (McCallum selbst) über die erforderlichen Mittel verfügte, um über alle Vorgänge im Bild zu sein und auf sie zu reagieren.[51]

Bürokratische, zentral geplante Organisationen dominierten die Wirtschaft, die Ronald Coase während seines Jahrs in Amerika studierte. Zu dieser Zeit bestand kein Grund für Zweifel an dem Modell. Die pyramidenförmig aufgebaute Organisation hatte sich im Straßenbau, in der Stahlproduktion und in der Raffination von Öl gleichermaßen als effektiv erwiesen. Sie hatte die Koordination von Divisionen im Dienste taktischer und strategischer Ziele ermöglicht, Millionen von Männern und Millionen Tonnen Material um die Welt befördert und so den Sieg über die deutsche Kriegsmaschine in Europa und die japanische im Pazifik gebracht. *V for Victory!* Das Organigramm, mit dem Präsidenten an der Spitze der Pyramide, war rational und gut, ja geradezu eines Platon würdig.

Für die Soldaten der 101. Luftlandedivision jedoch, die in der Nacht zum D-Day im Hinterland abgesetzt wurden, lagen die Mängel des militärischen Modells bereits offen zutage – sie hatte einen ganz anderen Blick auf die Leistungen der Militärplaner.[52] Während Eisenhowers Drehbuch für die Invasion in der Normandie mögliche Komplikationen aufgrund schlechten Wetters weitgehend ausgeblendet hatte, hingen bei nahendem Vollmond am 6. Juni dichte Wolken über der französischen Küste, die die alliierten Piloten daran hinderten, Männer und Gerät in sauberer Kampfformation abzusetzen. Die Einheiten wurden verstreut, und am Boden bildeten sich von selbst Ad-hoc-Gruppen von Soldaten heraus. Zwei noch unerprobte Innovationen, die die Militärführung anlässlich der größten Invasion der Weltgeschichte präsentierte, bereiteten den Fallschirmspringern zusätzliche Probleme.

Abendelang hatten die Männer herauszufinden versucht, wie sie die ihnen ausgehändigten *leg bags* verwenden sollten. Britische Fallschirmjäger hatten diese Taschen bereits benutzt, die jedem Soldaten Platz für Maschinengewehrstative, medizinisches Gerät und andere beim Absprung hinderliche Dinge boten. Mit einem sechs Meter langen Seil am Bein des Soldaten befestigt, ließen sie sich kurz vor der Landung schnell lösen, sodass sich der Soldat auf seine Ausrüstung fallen lassen konnte und bereit für den Kampf war. Die Soldaten der 101. Luftlandedivision stopften alle nur erdenklichen Dinge in ihre Taschen: zusätzliche Munition, Bodenplatten für Mörser, Maschinenpistolen. Und während die jeweils 18-köpfigen Einheiten unter Witzen über ihren «10 000-Dollar-Sprung» (die US Army bot eine Lebensversicherung über 10 000 Dollar an) in die C-47-Maschinen stiegen, durften sie von der zweiten Innovation kosten: Tabletten gegen Luftkrankheit. Was die Tabletten enthielten, weiß bis heute niemand genau, aber sie versetzten zahlreiche Soldaten in den Schlaf. Viele der Männer wachten nie mehr auf: Sie kamen beim Abschuss der Maschinen ums Leben. Und viele mehr fühlten sich aufgrund der Tabletten schwindlig und benommen, als sie abspringen mussten.

Diejenigen, die mitsamt *leg bag* den Absprung schafften, mussten feststellen, dass die Piloten schneller (240 statt 145 Stundenkilometer) und niedriger als geplant geflogen waren. Das ist vollkommen vernünftig, um feindlichem Geschützfeuer auszuweichen, aber weniger gut für den Fallschirmspringer. Aufgrund des zusätzlichen Gewichts der Taschen landeten die Soldaten nur wenige Sekunden nach der Öffnung des Fallschirms. Und in diesen wenigen Sekunden rissen die Seile – infolge des Schocks, den ein Absprung bei 240 Stundenkilometer verursacht, sowie der vollgestopften Taschen, die mehr als das Dreifache des zulässigen Gewichts wogen. Man frage also einen benebelten, unbewaffnet dastehenden Soldaten am Morgen des D-Day, wie zufrieden er mit der Planung von Eisenhower & Co. ist.

Der oberste Planer selbst hätte den Männern der 101. Luftlandedivision vielleicht sogar beigepflichtet. Denn seiner Äußerung, dass Planung vor der Schlacht alles sei, hatte Eisenhower hinzugefügt, sobald die Kampfhandlungen einmal begonnen hätten, seien Pläne wertlos.[53] Eisenhower hätte die skeptischen Truppen am Boden darauf hinweisen können, dass sie nur das Negative sahen, denn die Planungen im Vorfeld der Invasion verschafften den alliierten Truppen viele Vorteile. Ohne sie wäre es schier unmöglich gewesen, mehrere Hunderttausend Mann an Land zu bringen und ihre Angriffe zu koordinieren. Die Invasion war ein vertracktes Puzzlespiel von Offensiven, deren Erfolg jeweils von der effektiven Durchführung aller anderen abhing. Während die *leg bags* nicht wie geplant funktionierten, bewährten sich viele andere Innovationen durchaus, von den Schwimmpanzern, die den landenden Truppen vom Wasser aus Deckung gaben, bis hin zu dem gewaltigen im Ärmelkanal verlegten Schlauch, der die Invasionsstreitmacht mit Treibstoff versorgte.

Krieg ohne Planung

Um Eisenhowers Auffassung würdigen zu können, empfiehlt sich ein Blick auf den Verlauf von Invasionen, die ohne die erforderliche Planung, Koordination und Zentralisierung durchgeführt wurden. Die Ausfälle der Alliierten am D-Day wurden auf 10 000 geschätzt, darunter 2500 Tote. Doch wäre der Oberbefehlshaber jener Admiral gewesen, der knapp drei Jahrzehnte später den Einmarsch in ein kleines karibisches Land leitete, dann hätte es wesentlich schlimmer kommen können.

1983 nutzte US-Präsident Ronald Reagan einen blutigen Staatsstreich in Grenada, der für amerikanische Medizinstudenten im Land angeblich bedrohlich war, als Vorwand, um ein mit Fidel Castros Kuba verbündetes marxistisches Regime zu beseitigen. Der US-Einmarsch mit dem Codenamen Operation Urgent Fury traf auf eine Streitmacht von insgesamt 2000 Mann – überwiegend schlecht ausgerüstete Grenader und Kubaner sowie einige Sowjets, Ostdeutsche und Angehörige anderer Nationen.

Goliath siegte, aber nicht ohne Todesopfer unter den eigenen Soldaten. So besaßen etwa die Army Ranger an der Spitze der Invasionstruppen ungenügenden Schutz, was unter anderem dem Versäumnis geschuldet war, die Funkfrequenzen der beteiligten Zweige des Militärs zu koordinieren. Infolgedessen boten ihnen die Kommandeure der Marines keine Hilfe, obwohl dies möglich gewesen wäre – die beiden Abteilungen redeten buchstäblich aneinander vorbei. Beim Sturm auf die Villa des regierenden Generals wurde eine Einheit der Navy SEALs durch Hubschrauber der Marines festgehalten, die sie aufgrund desselben Funkchaos nicht wegschicken konnten (eine Situation, für die im Zweiten Weltkrieg die Redewendung *snafu* geprägt wurde: *situation normal, all fouled up* – alles wie immer, nichts klappt). Schließlich gelang ihnen dies, indem sie vom Telefon in der Villa aus im Stützpunkt Fort Bragg anriefen. Wie ein Kommentator bemerkte: «Operation Urgent Fury wurde zum militärischen Pendant eines japanischen Kabuki-Tanzes, bei dem drei bis vier Choreografen, die unterschiedliche Sprachen sprechen, unabhängig voneinander Regie führen.»[54]

Nach dem militärischen Missgeschick in Grenada unterzeichnete Reagan 1986 den Goldwater-Nichols-Act, dessen erklärtes Ziel eine verbesserte Koordination und Kommunikation zwischen den Zweigen des Militärs war. Doch Militärtraditionen sind zählebig, und ein gutes Jahrzehnt nach der Fehlkommunikation bei der Grenada-Invasion schossen zwei F-15-Kampfjets der Air Force zwei Black-Hawk-Helikopter des Heeres in der Flugverbotszone über dem Irak ab, wobei alle 26 Passagiere und Crew-Mitglieder ums Leben kamen – eine höhere Opferzahl als beim gesamten Einsatz in Grenada. Schuld daran war ein Ausfall der Kommunikation zwischen den Militärzweigen, obwohl eine ganze Reihe von Absicherungen genau eine solche Katastrophe hätte verhindern sollen.

Die von den Kampfjets überwachte Flugverbotszone war Teil umfassender Anstrengungen der UN, im Nordirak eine Schutzzone für die Kurden einzurichten, die Opfer von Gräueltaten der Republikanischen Garde Saddam Husseins geworden waren. Um die humanitäre Arbeit vor Ort zu unterstützen, stellte eine Staatenkoalition Militärflugzeuge zur Sicherung des Luftraums bereit, die von einer gemeinsamen Task Force unter US-Führung befehligt wurden. Die Amerikaner beteiligten sich mit unterschiedlichen Zweigen ihrer Streitkräfte, darunter Army und Air Force, an der Task Force.

Am 14. April 1994 überquerten zwei F-15 die Grenze von der Türkei in den Irak, um die Zone von möglichen feindlichen Flugzeugen zu «säubern». Der Pilot des ersten Jets, Captain Eric Wickson, bemerkte zwei unidentifizierte Hubschrauber im Tiefflug. Wenige Tage nach der Verhängung der UN-Sanktionen im Jahr 1991 hatten die Iraker einen MiG-Kampfjet aus sowjetischer Produktion von Bagdad in den Norden geschickt, um die Entschlossenheit der Koalition zu prüfen. Beim Eindringen in die Flugverbotszone wurde die MiG sofort abgeschossen, und seitdem hatte Ruhe geherrscht. Dennoch: Die Helikopter waren nicht im Flugplan verzeichnet, der die im Nordirak verkehrenden alliierten Luftfahrzeuge aufführte, und als die F-15-Piloten mit dem üblichen Funksignal um «Erkennung Freund oder Feind» baten, kam keine Antwort. Nachdem sie die Black Hawks im Vorbeiflug fälschlicherweise als sowjetische Hind-Hubschrauber identifiziert hatten – ein Modell, das die Iraker verwendeten –, setzten sie ein in der Nähe befindliches Kommandoflugzeug des AWACS (Airborne Warning and Control System) über ihre Absicht in Kenntnis und schossen die beiden Helikopter mit infrarotgesteuerten Raketen ab. Ihr entsetzlicher Irrtum wurde ihnen erst nach der Rückkehr auf den Stützpunkt in der Türkei bekannt.

Zum Abschuss der Black Hawks kam es durch ein tragisches Zusammenspiel von Pech und mangelhafter Koordination, die – einmal mehr – ein Kommunikationsloch zwischen den Kampfjets und den unbewaffneten Hubschraubern zur Folge hatte.[55] Trotz des kurz zuvor integrierten Kommandos der Streitkräfte hatten Army und Air Force selbst innerhalb der gemeinsamen Task Force völlig unterschiedliche Operationsweisen entwickelt. Die Helikopter tauchten in dem Flugplan, dem die F-15-Piloten die Bewegungen im nordirakischen Luftraum an jenem Tag entnahmen, nicht auf: Er verzeichnete nur «Luftfahrzeuge», zu denen die Air Force nur solche mit Starrflügeln, nicht aber Hubschrauber zählte. Auf das Funksignal der F-15 wiederum konnten die Hubschrauberpiloten nicht antworten, weil die Air Force einige Jahre zuvor eigene Signale zur Erkennung von Freund und Feind entwickelt hatte – ohne dies der Army mitzuteilen. Und trotz der Vorschrift, dass alle Luftfahrzeuge beim Eintritt in den irakischen Luftraum die für die Flugverbotszone geltende Funkfrequenz einstellen müssten, folgten sie der bei der Army üblichen Praxis und blieben – selbst in der Flugverbotszone – auf ihrer «En route»-Frequenz, sodass sie zu keinem Zeitpunkt mit demselben Flugleiter in der AWACS-Maschine in Kommunikation standen wie die F-15-Piloten. Fehlkommunikation erwies sich in diesem Fall als tödlich.

So wie wir den Vorfall geschildert haben, erscheint es als ein unfassbarer Verstoß gegen die Vorschriften, dass die Hubschrauberpiloten nicht die Funkfrequenz wechselten, als sie von der Türkei in den Irak eindrangen. Doch diese Praxis hatte sich während dreier Jahre eingebürgert, in denen es im irakischen Luftraum friedlich geblieben war. HBS-Professor Scott Snook, ein Oberst der US Army im Ruhestand, der bei der Grenada-Invasion versehentlich unter Beschuss durch die eigenen Truppen geriet, bezeichnet solche allmählichen Entwicklungen als «praktisches Auseinanderdriften» – indem wir unsere Praktiken innerhalb der eigenen Gruppe beständig ändern, erschweren wir die Koordination mit anderen.

Jede einzelne Gruppe handelte aus eigener Sicht vernünftig. Die Hubschrauber drangen nie tief in den Irak ein – das war Sache der Air Force –, und mitten während des Flugs die Funkfrequenz zu wechseln, ist gefährlich. Deshalb verständigten sich die Piloten irgendwann darauf, die «En route»-Frequenz beizubehalten. Ihr Fehler war es, bei ihren Entscheidungen nicht die anderen Streitkräfte mitzubedenken. Und das Fehlen der Black Hawks im Flugplan? Diese Frage kann die zuständige Mitarbeiterin der Air Force beantworten, die am Morgen des 14. April den Plan erstellte. Sie verzeichnete die Helikopter zwar in ihrem Logbuch, in den Flugplan sollte sie aber nur die Routen aller *Luftfahrzeuge* eintragen. Da Helikopter niedrig, F-15 dagegen sehr hoch fliegen, begegneten sie sich so gut wie nie. Deshalb entwickelte die Air Force die Praxis, nur die für die Einsätze der F-15 relevanten Starrflügelflugzeuge zu verzeichnen. Warum sollte sie auch die Flugpläne mit unwichtigen Informationen überfrachten? Aus eigener Sicht befolgte die zuständige Mitarbeiterin ihren Auftrag bis aufs Wort.

Innovationsblockade auf die harte Art

Scheinbar autoritäre Bürokratien sollen nicht nur verhindern, dass es aufgrund mangelnder Koordination zu Katastrophen kommt. Sie dienen auch den Oberen dazu, die Fußtruppen auf dem Kurs des Gesamtunternehmens zu halten. Sie sind ein grobes Werkzeug, im Rahmen der Organisationshierarchie aber oftmals die beste Option. Da ein Vorstandschef oder Brigadegeneral keine Durchgriffsmöglichkeit auf die untersten Ränge hat, um dort Fehler zu korrigieren – auch wenn er dazu manchmal versucht sein mag –, muss in der Organisation ein strenges Regiment der Regelbefolgung herrschen.

Bei McDonald's wurden Eigeninitiativen für Innovationen bereits zu einem sehr frühen Zeitpunkt in der Unternehmensgeschichte gedeckt. 1955 kaufte Ray Kroc den Gründern das noch kleine Unternehmen ab und versuchte unter großen Mühen ein Fast-Food-Imperium aufzubauen, das günstige, einheitliche Produkte anbieten sollte. Kroc folgte einem Franchisemodell, bei dem der lokale Manager das Restaurant besitzt und gleichzeitig von der Marke und den Produkten von McDonald's profitiert. Dass zentrale Kontrolle nötig ist, um die wertvolle Marke und Identität des Unternehmens zu schützen, lag für ihn von Anfang an auf der Hand.

Kroc gewann viele der ersten Franchisenehmer unter den Mitgliedern des Rolling Green Country Club nahe seinem Heimatort in Illinois, darunter Bob Dondanville, Anzeigenverkäufer beim *Ladies' Home Journal*. Dondanville empfand seine Arbeit als «einen einengenden Job, der seinem freigeistigen Naturell zuwiderlief», wie John Love in einer umfassenden Unternehmensgeschichte über McDonald's schreibt. Da ihm der Broterwerb in der Anzeigenabteilung eines Frauenmagazins keine Selbstverwirklichung erlaubte, lebte er seine Extravaganz als Betreiber eines McDonald's-Restaurants aus. Dondanville hatte nicht vor, bloß Hamburger zu verkaufen.[56]

Es sollte ein erstklassiger Laden sein, in dem auch Roastbeef serviert wurde. Und als Reklamefuchs sorgte Dondanville dafür, dass dies niemandem entging. Wie Love schreibt, «platzierte er einen üppigen Braten im Schaufenster, (…) setzte sich die Kochmütze auf und ließ die Kunden dabei zusehen, wie er das Fleisch selbst tranchierte». Hinzu kam sein Bart, der Kroc offenbar noch mehr störte. Kroc war ein Verfechter sorgfältiger Körperpflege und hatte für die Beschäftigten bei McDonald's strikte Vorschriften in puncto Gesichtsbehaarung aufgestellt – Vorschriften, die Dondanville ignorierte. Angeblich versuchte Kroc ihn einmal mit einem Werbegag zu überlisten: Dondanville sollte mit viel Tamtam den millionsten McDonald's-Burger servieren und danach neben dem Tranchiertisch in einem Frisierstuhl für eine feierliche Rasur Platz nehmen. Dondanville servierte den millionsten Burger, aber behielt seinen Bart.

Die Roastbeef-Innovation mag Dondanville gefallen haben, fügte sich aber schlecht in Ray Krocs landesweite Vision für McDonald's. Und auch wenn sie Dondanvilles Ego entgegenkam– er tranchierte den Braten mit großem Vergnügen –, förderte sie wohl kaum seinen Gewinn. In dieser Anfangszeit hatte er offenbar mit finanziellen Schwierigkeiten zu kämpfen.

Trotz ihrer Freundschaft gab Kroc Dondanville nie die Lizenz für ein weiteres Restaurant. Er kam zu dem Schluss, dass die Marke McDonald's gewissenhafte Vertreter braucht, die sich an die Regeln halten. Der heutige Vorstand würde es nicht zulassen, dass innovative Roastbeef-Angebote seinen Gewinn gefährden, der sich einem über Jahrzehnte hinweg erarbeiteten Ruf verdankt. 2010 wurde der Wert der Marke McDonald's auf mehr als 35 Milliarden Dollar geschätzt.[57] Ein kleines Start-up hat wenig zu verlieren, McDonald's dagegen riskiert Milliardenverluste, wenn es den Franchisenehmern zu viel Spielraum lässt.

Das Risiko, Millionen, Milliarden oder auch nur Tausende von Dollar zu verlieren, erklärt teilweise, warum globale Unternehmen mitunter von offenkundigen Kontrollfreaks geführt werden. Michael Eisner verließ sich als Vorstandschef von Disney (Markenwert 2011: 29 Milliarden Dollar) nicht auf die bestehenden Regeln. Er war für Einmischungen in Details der Filmproduktion bekannt, von denen man meinen könnte, dass sie besser dem Produktionsteam überlassen blieben. In *The Big Picture*, einer neueren Geschichte der Filmbranche, beschreibt Edward Jay Epstein, wie Eisner «das Skript von *The Hot Chick – Verrückte Hühner* (2002) mit dem Rotstift durcharbeitete und zwanzig Witze anstrich, die ihm nicht zum Image von Disney zu passen schienen. Er mailte seine Änderungswünsche dem zuständigen Mitarbeiter im Studio, der sie dem Produzenten weiterleitete. Natürlich wurden die Änderungen angenommen.»[58]

Was Eisners Rotstift und Ray Krocs Bartfixierung möglicherweise verhindert haben, lassen die kleineren Fehlschläge erahnen, die McDonald's im Lauf der Jahre mit seinen Innovationen erlebte. Das Unternehmen verkraftete Patzer wie die auf Bestellung gefertigte und am Tisch servierte McPizza (bei McDonald's erwartet man einen schnellen Service und keine Tischbedienung, und nicht Fast Food aller Art, sondern Burger), den McLean-Burger (ein Burger muss schmecken, nicht gesund sein) und – am allerschlimmsten – das McAfrica-Sandwich, dessen Markttest 2002 in Norwegen erfolgte, als in Äthiopien und anderen afrikanischen Ländern gerade eine schwere Hungersnot wütete. Diese Ironie ging den norwegischen Kunden zu weit.

Bei der Prüfung neuer Ideen macht die McDonald's-Zentrale somit zwar auch Fehler, angesichts der Risiken, die jede Markteinführung eines neuen Produkts mit sich bringt, ist dies aber unvermeidbar. Im Nachhinein weiß man, dass der McLean- und der McAfrica-Burger gewaltige McPatzer waren, damals schienen sie gute Ideen zu sein. Es waren kalkulierte Risiken, die sich nicht auszahlten. Was von der 35-Milliarden-Dollar-Marke übrig bliebe, würde McDonald's seine Beschäftigten und Franchisenehmer nicht an der kurzen Leine halten, kann man nur erahnen.

Die Kosten der Nichtkonformität

Beim Militär kann Konformität die Opferzahlen senken. In expandierenden multinationalen Unternehmen senkt sie die Kosten. Standardisierung ist billig, Anpassung an Kundenwünsche teuer. Warum sind vorgefertigte Burger und Pommes so viel günstiger als handgemachte? Das hat teilweise technische Gründe. Wenn alle McDonald's-Filialen dasselbe Produkt anbieten, lassen sich im Arbeitsprozess leichter Innovationen einführen.

Durch koordinierte Massenproduktion kann McDonald's zudem alles bis auf den Frittiervorgang in zentralen Werken erledigen, in denen Milliarden von Kartoffeln gewaschen, geschält, geschnitten, vorgegart und tiefgefroren werden. Wenn die Pommes dann quer durchs Land und in alle Welt ausgeliefert werden, weiß die Zentrale, dass sie alle mit der Fritteuse am jeweiligen Zielort kompatibel sind. Jedes Glied der Produktionskette fügt sich nahtlos in das nächste.

McDonald's stützt sich auch weiterhin auf den Markt, aber nur dann, wenn er den peniblen Vorgaben – ein Vermächtnis Krocs – gerecht wird. Als das Unternehmen in der ehemaligen Sowjetunion tätig wurde, musste es seine gesamte Produktionskette selbst aufbauen – von Rinderfarmen für die Burger über den Weizenanbau für die Brötchen bis hin zu Feldern, auf denen die richtige Russet-Kartoffel für die Pommes angebaut wurde. Da die Anbieter vor Ort nicht zuverlässig, Abweichungen von den Standards aber nicht hinnehmbar waren, machte McDonald's alles selbst.[59]

Für den Kunden bietet diese obsessive Standardisierung die Gewähr, dass er bei McDonald's an jedem Ort der Welt weitgehend dasselbe bekommt. So kann sich ein Tourist aus Peoria ganz wie zu Hause fühlen, ob er nun gerade auf den Eiffelturm blickt, in Lateinamerika Sightseeing treibt oder sich um die Ecke einen Burger holt. Eine Fritte ist wie die andere – bei McDonald's bekommt man wohl nicht die besten Pommes seines Lebens, aber schlechtere hat man vermutlich auch schon gegessen.

Unterschiede zwischen den Filialen in Paris und Peoria sind vor allem Folge menschlichen Urteils und Irrtums, und auch dies versucht McDonald's mit viel Aufwand auszuschalten. Seit der frühzeitigen Einführung des legendären Kartoffel-Computers ist es keine Frage mehr von Schätzungen, die Standard-Pommes herzustellen. Heutzutage macht der Mann an der Fritteuse kaum mehr, als sie zu beladen und die fertigen Pommes herauszunehmen. Trotzdem ist das McDonald's-Betriebshandbuch mehrere Hundert Seiten lang.

Mechanisierte Unternehmen haben es in gewisser Hinsicht leicht. Bei geringer Automatisierung ergibt sich die zusätzliche Belastung, die gewünschten Standards durch Ausbildung, Vorschriften und dergleichen zu gewährleisten – ähnlich dem System von Regeln und Sanktionen in West Point. Cheesecake Factory, eine Kette mit 150 Restaurants in 35 Bundesstaaten, hat überall dieselbe Speisekarte mit mehreren Hundert Angeboten. Den Köchen wird beigebracht, bei jeder einzelnen Speise genauen Anweisungen zu folgen, und das Bedienungspersonal bekommt ein Skript, damit der Kunde in jedem Restaurant auf eine ungemein freundliche und vertraute Kellnerin trifft.

Der standardisierte Alltag in Restaurantketten wie Cheesecake Factory – oder auch Applebee's und T.G.I. Friday's – wird in der Filmkomödie *Alles Routine* anhand der kaum fiktionalisierten Kette Chotchkie's verspottet, die nur unwesentlich reglementierter ist als ihre Vorbilder in der Wirklichkeit. Da sich der Charme von Chotchkie's auch den «Tschotschkes» (Jiddisch für Nippes, Accessoires) der Angestellten verdankt, ist das Tragen von sogenannten «Flair-Buttons» vorgeschrieben, durch die sie «sich einbringen» sollen. Das führt zu einem Streit zwischen der Kellnerin Joanna (gespielt von Jennifer Aniston) und ihrem Manager – ein Schlagabtausch, den sich wohl jeder kleine Angestellte auf der Welt in seinem standardisierten Leben schon einmal ausgemalt hat:

Joanna: Wissen Sie was, Stan? Wenn Sie von mir verlangen, dass ich 37 Flair-Buttons anstecke, wie Ihr Schnucki Brian da drüben, warum setzen Sie dann nicht das Minimum auf 37 Flair-Buttons hoch?

Stan (Manager): Nun, ich glaube, Sie haben gesagt, dass Sie sich mehr einbringen wollen.

Joanna: Ja, das mach ich auch. Wissen Sie was? Ich werd mich jetzt 'n bisschen mehr einbringen, okay? Aber dazu brauch ich keine 37 Flair-Buttons.

[Sie zeigt ihm den Mittelfinger – ihre Art, sich einzubringen – und geht.]

Der Marketingchef von Cheesecake Factory, Mark Sears, nennt sein Pendant zu den Buttons «Wow», wie er in einem Radiointerview erklärte: «Wir wollen immer ein *Wow* hören. Das Wort ist sehr wichtig für uns. Wenn ich sage, dass wir ein bisschen drüber sind und alle Sinnesorgane ansprechen, dann meine ich *Wow*. Wenn das Gericht aus der Küche kommt, dann heißt es *Wow*, wenn ich es probiere, heißt es *Wow*. Wie das Dessert angerichtet ist – *Wow!*»

Was soll man da noch sagen, außer: *Wow*?

So ungern Arbeitnehmerinnen wie Joanna es auch hören mögen, Stan und Sears haben nicht ganz unrecht. Wie der Autor des *Time Magazine* (und bekennende «Food Snob») John Cloud bemerkt, pflegen wir einen nostalgischen Blick auf alteingesessene Lokale, in denen es «knusprige

Hühnchen und saftigen Blaubeerkuchen» gibt, liebevoll zubereitet von einem Koch, der dort seit Jahrzehnten am Herd steht, und einer älteren Dame, deren Kuchen auf jedem Jahrmarkt der Renner sind. Doch was Cloud bei einem Besuch in Jamestown, North Dakota, in einem solchen gerühmten Lokal serviert wurde, war unvergleichlich schlechter als das, was Applebee's und Cheesecake Factory zu bieten haben: ein fast schon ungenießbar zähes und fades Bisonsteak, als Beilage Pommes frites, die nach altem Fett schmeckten. Daraufhin schrieb er einen Artikel «Zur Verteidigung von Applebee's», deren Filiale in Jamestown er ebenfalls besucht und zufrieden, ja beschwingt verlassen hatte. Dort will er wieder essen gehen, im Wissen, dass es «jedes Mal gleich schmeckt und man merkt, dass es das auch soll – ein Ort, der nirgends und überall zugleich ist». Genau darum geht es.[60]

Die Vorteile der Standardisierung sind so immens, dass Varianz in der amerikanischen Unternehmenswelt inzwischen als Feind schlechthin (und namentlich des Gewinns) gilt. Deshalb gibt es heute ein breites Spektrum an Management-Gurus, die internationale Qualitätszertifikate vergeben (Musterbeispiele dafür sind ISO 9000 und 9001) und Six-Sigma-Lösungen anbieten. Für diejenigen, die den entsprechenden Praktiken noch nicht unterzogen wurden: Six Sigma bezieht sich auf die Fehlerquote in der Herstellung. Ein Sigma bedeutet, dass nur 31 Prozent der Produkte fehlerfrei sind, bei sechs Sigma weisen nur 3,4 von einer Million Produkten Mängel auf. Inzwischen gibt es Heerscharen von Beratern, die auf dem Weg zum ISO-9000-Status Hilfe bieten, und von Six-Sigma-«Schwarzgurten», den Ninjas der Standardisierung. Standardisierung steigert die Renditen der Aktionäre. Und natürlich erzielt der Satz «Six Sigma Sucks» bei Google 1,44 Millionen Ergebnisse.

Innovative Bürokratien

Da sie im Fast-Food-Krieg an der Front stehen, haben die Franchisenehmer von McDonald's einen wertvollen direkten Einblick in die Kundenwünsche, der dem Vorstand in Oak Brook verwehrt bleibt. Ihre Vorschläge werden in der Zentrale deshalb durchaus ernst genommen und haben den Unternehmenswert in manchen Fällen vermutlich um Milliarden gesteigert.[61] Einige der erfolgreichsten McDonald's-Produkte gehen auf Franchisenehmer zurück. Umsatzsäulen wie der McMuffin Egg und der Filet-o-Fish entstanden in den 1960er- und 1970er-Jahren als lokale Innovationen und wurden rasch vom übrigen Unternehmen übernommen.

Bevor auch nur ein einziges Fischfilet oder ein McMuffin über den Tresen gehen konnte, musste allerdings zunächst die Zentrale zustimmen, und erst nach sorgfältiger Prüfung, Markttests und weiterer Optimierung wurden solche lokalen Erfolgsprodukte im großen Maßstab eingeführt. Um zum McDonald's-Produkt zu werden, muss die Idee eines Franchisenehmers zunächst etliche Stufen der Genehmigung und Modifizierung durchlaufen, weshalb neben allerlei furchtbaren Ideen sicherlich auch einige großartige in den Vorschlagsbriefkästen schmorten.

Ein Beispiel dafür ist der Filet-o-Fish. Das Fischsandwich wurde in den frühen 1960er-Jahren von Lou Groen vorgeschlagen, der als Restaurantbetreiber in einer stark katholischen Gegend an fleischlosen Freitagen kaum Burger verkaufte. Als Groen sah, wie der Imbiss Bob's Big Boy ein paar Häuser weiter gute Geschäfte mit Heilbuttsandwichs machte, schlug er McDonald's vor, dasselbe zu tun. Fisch stieß in Oak Brook grundsätzlich auf Vorbehalte, doch nachdem Groen seine Idee in der Zentrale persönlich vorgestellt hatte, bekam er die Genehmigung für sein Sandwich mit paniertem Heilbutt. Der Umsatz an Freitagen verfünffachte sich und an den anderen Tagen wurden auch mehr Burger verkauft, denn nun konnten Burger-Fans auch mit Partnern und Kindern, die kein Fleisch mochten, bei Groen essen gehen.

Für das Gesamtunternehmen war Groens Fischsandwich allerdings genauso ungeeignet wie Dondanvilles Roastbeef. Ähnlich wie Dondanville filetierte Groen den Fisch von Hand und panierte und frittierte ihn dann an Ort und Stelle für das freitägliche Geschäft. Außerdem war Heilbutt nur begrenzt lieferbar, und hätte McDonald's das Sandwich überall eingeführt, wäre die weltweite Fischerei an ihre Grenzen gestoßen. Das ist ein reales Problem: Würde McDonald's Krabben verkaufen, so HBS-Professor Clayton Christensen, wären die weltweiten Bestände möglicherweise rasch erschöpft.[62]

Die Produktentwickler und Fischlieferanten von McDonald's präsentierten schließlich ein Erzeugnis, das in einem zentralen Werk filetiert, tiefgefroren und paniert und nach Auslieferung in die Filialen in einer eigens dafür entwickelten Fischfritteuse ausgebacken wurde. Es bestand aus Kabeljau und wurde mit Tatarensoße und einer Scheibe Käse abgerundet.[63] Günstig in Massenfertigung herstellbar, entwickelte sich das Fischsandwich vom Nischenprodukt einer Filiale zum festen Bestandteil der McDonald's-Küche.

Doch je größer McDonald's wurde, umso schwieriger wurden Innovationen. Fragen, die die Lieferketten betrafen – etwa welche Produkte nicht gleich das Aussterben einer Spezies bewirken würden und sich zudem für eine industrielle Fertigung eigneten –, waren angesichts von 30 000 Restaurants wesentlich komplizierter als bei der Einführung des Fischsandwichs, als es nur 200 Franchisenehmer gab. Mit dem steigenden Wert der Marke wuchs zudem wohl auch die Abneigung der Manager, mit neuen Produkten ein Fiasko zu riskieren.

Das *Wall Street Journal* berichtete 2007, dass die Franchisenehmer schon seit Jahren kein markttaugliches Produkt mehr angeregt haben. Wie die Kunden machen sie zwar weiter Vorschläge, doch die Produktentwicklung ist aus den Küchen der Restaurants in ein kulinarisches Innovationszentrum in Oak Brook umgezogen, das laut McDonald's bis zu 1800 Rezepte im Jahr testet. Aus diesem Fast-Food-Forschungslabor stammen kleine Snacks, mit denen das Unternehmen in den Markt für Zwischenmahlzeiten vorgedrungen ist, höherwertiger Kaffee, der der Konkurrenz durch Newcomer wie Starbucks standhalten soll, und natürlich Produkte, die einen besseren Burger ergeben sollen. McDonald's hat den Innovationsprozess selbst bürokratisiert, industrialisiert und zentralisiert und speist seine Ergebnisse umsichtig in das Gesamtunternehmen ein.

Das «Skunk Works»-Modell

McDonald's betreibt marktbasierte Forschung und Entwicklung, um neue Produkte hervorzubringen, und berücksichtigt dabei das Erfordernis, Ressourcen, Standardisierung und Vermarktung auszubalancieren. Was aber tut eine Unternehmensleitung, die ungehinderte Kreativität in Reinform fördern möchte? Ein dafür geeignetes Modell, bei dem ein kleines Team außerhalb der üblichen Einengungen für Innovationen sorgt, geht auf das Jahr 1943 zurück, als Lockheed Martin eine handverlesene Elite von Ingenieuren in seiner Entwicklungsabteilung damit beauftragte, ausgehend von dem Strahltriebwerk Goblin, das die Briten geliefert hatten, ein Flugzeug zu entwerfen. Unter der Leitung von Clarence «Kelly» Johnson und abgesondert in einem gemieteten Zirkuszelt, zu dem nur die direkt Beteiligten Zugang hatten, machte sich das Team an die Arbeit. Da das Zelt zufällig nahe einer Kunststofffabrik stand, die ungeheuren Gestank verbreitete, bekam die streng geheime Lockheed-Abteilung den Spitznamen Skunk

Works (Stinktier-Werke) – ein Begriff, der sich inzwischen generell für autonome Abteilungen innerhalb eines Unternehmens eingebürgert hat. (Skunk Works wurde auch zu einem geschützten Markennamen von Lockheed Martin, auf dessen Webseite alle erdenklichen Produkte von Skunk-Works-Schnapsgläsern bis zu Skunk-Works-Taschenmessern feilgeboten werden.)

Johnsons Team wurde damals sicherlich primär zwecks Geheimhaltung vom übrigen Unternehmen abgeschirmt, schließlich sollte es einen Kampfjet entwickeln und die Air Force konnte sich nicht auf die Verschwiegenheit Tausender Lockheed-Beschäftigter verlassen. Dadurch wurde die Gruppe eigenwilliger Tüftler aber zugleich den Kontrollmechanismen der Unternehmensbürokratie entzogen. (Wobei auch Innovatoren eine Bürokratie haben, wie «Kellys 14 Regeln», nachlesbar auf der Lockheed-Webseite, zeigen. Regel 5: «Es darf nur ein Minimum von Berichten angefordert werden, wichtige Arbeit aber ist sorgfältig zu dokumentieren» – eine Regel zur Minimierung von Regeln.)

Johnsons Skunk Works haben heute einen Platz im Pantheon der legendären Innovationswerkstätten. Lockheed Martin rühmt sich gern der Tatsache, dass dem ersten Projekt, dem Kampfjet P-80, kaum mehr als ein Handschlag und grobe Vorgaben der Air-Force-Generäle vorausgingen und es weit vor der vereinbarten Frist abgeschlossen wurde. Und das war nur der erste Erfolg der Skunk Works. Später entwickelten sie bekannte Modelle wie das Spionageflugzeug U-2 und konnten so ihren Ruf als ein autonomes Unternehmen innerhalb des Unternehmens wahren, in dem hervorragende Wissenschaftler ungehindert von jeglicher Bürokratie Spitzenleistungen erbringen können.

Bis heute folgen Unternehmen, die sich in Größe und Komplexität durchaus mit McDonald's messen können, dem Skunk-Works-Modell. Gleichwohl geriet das Modell später in Verruf, als es nur noch als eine Kostenstelle neben anderen galt, wenngleich eine, in der lauter erfinderische Wissenschaftler kühne Ideen entwickelten. Das Problem bestand darin, dass diese kühnen Ideen häufig an der Wirklichkeit vorbeigingen. Heutige Varianten von Skunk Works ähneln deshalb mindestens zur Hälfte eher dem Forschungs- und Entwicklungslabor von McDonald's: Manager achten darauf, dass die Wissenschaftler und Ingenieure regelmäßig mit der Marketing- und Verkaufsabteilung kommunizieren, damit ihre kühnen Ideen schlussendlich in markttauglichen Produkten zur Anwendung kommen. Das Ergebnis waren oft gewaltige Verkaufsschlager, wenn nicht gar wissenschaftliche Durchbrüche: Der Apple Mac und der IBM PC wurden in Projekten ähnlich den Skunk Works entwickelt. Auch das sehr erfolgreiche Razr-Handy von Motorola entstand in einem eigenständigen Labor in kilometerweiter Entfernung von der Forschungs- und Entwicklungsabteilung des Unternehmens.[64]

Beim Militär dienen Spezialeinheiten als Brutkasten für innovative Technologien und Taktiken. Sie werden häufig bei taktischen Operationen eingesetzt und haben mit ihrem Praxiswissen Neuerungen wie der Verwendung von Nachtsichtgeräten bei nächtlichen Tiefflügen oder dem schnellen Abseilen aus Hubschraubern den Weg bereitet.

Warum besteht dann nicht das gesamte Militär aus Spezialeinheiten? Weil sie bewusst als Elite konzipiert sind. Nur die Besten und Klügsten bewerben sich dort überhaupt, und nur die besten und klügsten Bewerber bestehen die Aufnahmeprozedur. Wer einen Infanteristen in die Spezialeinheit aufnimmt, kann gleich wieder zum dickeren Regelbuch greifen. Das sind die Vor- und Nachteile dabei.

Um die so gewonnenen Innovationen «auf den Markt» zu bringen, wurde als Verbindungsglied die Asymmetric Warfare Group (AWG) gebildet, die dem übrigen Militär in den «asymmetrischen» Kriegen gegen Al-Qaida und andere zahlenmäßig schwache, aber todgefährliche Feinde Hilfe bieten soll. Ihr Auftrag ist es, kampferprobte Innovationen, die Spezialeinheiten wie auch reguläre Infanteristen im Einsatz entwickelt haben, im gesamten Militär zu verbreiten. Dabei steht die AWG allerdings häufig vor denselben Herausforderungen wie die Menüplaner bei McDonald's: Sie muss bei den Taktiken, die die über den Globus verstreuten Einheiten anwenden, die Spreu vom Weizen, also gewissermaßen die McMuffins von den McAfricas der militärischen Innovation trennen, das Produkt dem konservativen Management vor Ort – den 70 000 sorgfältig ausgewählten Konformisten, die das US-Offizierskorps bilden – verkaufen und punktuelle Innovationen zu verallgemeinerbaren weiterentwickeln, auch wenn es sich statt McMuffins um Abseiltechniken handelt.

Sowohl Fast-Food-Ketten wie das Militär benötigen Standardisierung, aber sowohl McDonald's wie die US Army sind sich deren Grenzen bewusst. Krocs Nachfolger, die das McDonald's-Imperium auf 119 Länder ausgedehnt haben – zeitweilig waren es 125, doch der arabische Frühling hat seine Opfer gefordert –, mussten zur Kenntnis nehmen, dass es keine globale Einheitslösung gibt. Trotz des amerikanischen Kulturimperialismus ist Essen ein kulturell sensibles Produkt.

Selbst McDonald's musste sich deshalb örtlichen Vorlieben beugen. 1996 eröffnete das Unternehmen sein erstes Restaurant in Indien, heute betreibt es dort mehrere Hundert. Das beinahe einzige Produkt, das sich auf der indischen wie der amerikanischen Speisekarte findet, ist der Filet-o-Fish. Da die meisten Inder weder Rind noch Schweinefleisch essen, kommen echte Hamburger kaum infrage. Das heißt aber nicht, dass es keine Nachbildungen gäbe. So entstanden im Entwicklungslabor von McDonald's ein würziger Burger aus Kartoffeln und Erbsen (McAloo Tikki), die leichtere, ebenfalls vegetarische Variante (McVeggie) und der Chicken Big Mac (Chicken Maharaja Mac). Innerhalb Indiens bemüht sich McDonald's durchaus um die Verallgemeinerung lokaler Erfolge. Immerhin gibt es dort heute so viele Filialen wie in den Vereinigten Staaten, als der Filet-o-Fish geboren wurde – eine Größenordnung, die reichlich Spielräume bietet, ohne dass jedoch Gefahr bestünde, die weltweiten Krabbenbestände aufzuzehren. Auch wenn sich nicht alle Restaurants auf der Welt gleichen können, kann sich McDonald's wenigstens um die Standardisierung der Abläufe im jeweiligen Land und um die des Kundenerlebnisses bemühen – welche Zutaten sie auch enthalten, die Produkte des Unternehmens sehen sich weltweit gespenstisch ähnlich.

Auch die US Army muss gewisse lokale Anpassungen vornehmen. Zwar scheinen alle Feinde Amerikas eine Vorliebe für unkonventionelle Bomben und Brandsätze zu haben, die jüngsten Kriege jedoch wurden ebenso in dünn besiedelten Tälern in Afghanistan wie in übervölkerten Slums in Bagdad ausgetragen. AWG-Mitglieder werden Einheiten in Kampfzonen jeweils für zwei bis drei Monate zugewiesen, um festzustellen, was dort gut gemacht wird, und um Vorschläge für die Implementierung von Taktiken zu unterbreiten, die sich unter vergleichbaren Umständen als effektiv erwiesen haben. (Tatsächlich ist es gut möglich, dass das AWG-Team zuvor den Truppen zugeordnet war, die durch die aktuell betreute Einheit abgelöst wurden, sodass es die Effektivität unterschiedlicher Taktiken im Kampf gegen denselben Feind am selben Ort vergleichen kann.) Von der AWG erhofft sich die US Army allgemeine Strategien der Aufstandsbekämpfung, die jedoch mit Bedacht den jeweiligen lokalen Bedingungen angepasst werden sollen – sie versucht in der Aufstandsbekämpfung das Äquivalent des Fehlers zu vermeiden, den Kunden in Mumbai Pasteten aus hundert Prozent Rindfleisch anzubieten.

Mit Innovationen experimentieren

Die meisten Organisationen finden letztlich einen Mittelweg. Sie schaffen einen Sonderbereich, nennen ihn Skunk Works und wirken durch gewisse Kontrollmechanismen ungezügelter Innovation entgegen, wodurch sie Kreativität und Initiative zwar etwas bremsen, zugleich aber sicherstellen, dass nichts aus dem Ruder läuft. Wenn die Wahl zwischen Freiheit und Bürokratie keine Entscheidung zwischen Extremen, sondern Abstufungen ist, wie viel Innovation ist dann ausreichend? Dass es in Scott Urbans Einmann-Brillenwerkstatt weniger Bürokratie und Aufsicht gibt als bei McDonald's, versteht sich von selbst, hilft dem Management von McDonald's aber kaum bei der Frage weiter, ob seine Kontrollmechanismen übertrieben sind.

Gewisse Richtlinien gibt es durchaus. Organisationen, die durch Fehler im Produktionsablauf viel zu verlieren haben, brauchen dreifache Kontrollen und eine strenge Aufsicht, auch wenn dies beispielsweise die Entwicklung eines noch raffinierteren Raumschiffs behindert – ein einziger mangelhafter Dichtungsring reichte hin, um das Schicksal der Raumfähre *Challenger* zu besiegeln. Organisationen, die Koordination benötigen – zur Kostendämpfung in einer globalen Produktionskette oder zur Invasion der Normandie –, werden zwangsläufig mehr zentrale Planer und Bürokraten haben.

Was das «richtige» Maß an Kontrolle ist, bleibt gleichwohl unklar. Bedenkt man außerdem, dass jede Entscheidung Nachteile hat – man kann immer auf widerspenstige Beschäftigte oder aber auf die lähmenden Auswirkungen der Bürokratie verweisen, um für mehr oder für weniger Kontrolle zu argumentieren –, dann überrascht es vielleicht nicht, dass die vorherrschende Meinung darüber, wie man eine höchst innovative und zugleich vollkommen verantwortliche Organisation aufbaut, beständig zwischen diesen beiden Polen schwankt.

Wenn Organisationen wachsen, stellen sie fest, dass sich der im Namen der Kreativität tolerierte Schlendrian summiert. Plötzlich realisieren sie, dass den Beschäftigten zu viel Freiraum gewährt wurde, oder umgekehrt: dass sie im Namen der Effizienz jede Kreativität durch ein Übermaß an Zentralisierung erstickt haben. Da sie das Problem natürlich beheben wollen, wenden sie sich an Berater und Management-Gurus, die das neueste Patentrezept anpreisen. So stimmte Tom Peters in *Kreatives Chaos* ein Loblied auf den selbstständigen Erfindungsgeist an, drohte Amerika ihm zufolge doch unter einer erdrückenden Bürokratie seinen Innovationsvorsprung zu verlieren. Daraufhin strafften Unternehmen ihre Leitfäden und Vorschriften, und schon erfolgte der unvermeidliche Gegenschlag: Der Managementexperte Chris Bart argumentierte, dass die zu schlanken Unternehmen am Chaos erstickten – es mangele ihnen an einem Verwaltungsapparat, der den Innovationsprozess steuern und anderweitig Ziele definieren könne.

Natürlich hatten beide recht – allerdings eher in dem Sinne, dass es einer gewissen Tüftelei und Feinabstimmung bedarf, um die richtige Balance zu finden, auf veränderte Bedingungen zu reagieren und mit Wachstum und Wandel des Unternehmens selbst umzugehen.

Diese Pendelbewegung kann gewiss sinnlos sein, aber auch das ernsthafte Bemühen ausdrücken, den sich wandelnden Anforderungen an die perfekte Organisation gerecht zu werden.

Im *Wall Street Journal* war 2010 zu lesen, wie sich dieser Prozess in der Pharmaindustrie abspielte, in der es an der Wende zum 21. Jahrhundert zu einer Welle von Megafusionen zwischen ohnehin schon riesigen Unternehmen kam. Sanofi und Synthélabo wurden zu Sanofi-Synthélabo, fusionierten danach mit Aventis (seinerseits Ergebnis des Zusammenschlusses von Hoechst und Rhône-Poulenc) und waren nunmehr als Sanofi-Aventis gemessen am Umsatz mit verschreibungspflichtigen Medikamenten das viertgrößte Pharmaunternehmen der Welt (2011 strich das Unternehmen Aventis aus seinem Namen und ein Viertel der Stellen in den USA). Glaxo übernahm 1995 Wellcome und fusionierte fünf Jahre später mit SmithKline Beecham (seinerseits 1988 durch die Fusion von SmithKline Beckman und Beecham entstanden), woraus mit GlaxoSmithKline das viertgrößte Pharmaunternehmen der Welt schlechthin hervorging.

Diese Fusionen brachten – neben einer Fülle von zusammengesetzten Namen – enorm starke Verkaufs- und Marketingabteilungen hervor. Damit diese neue Arzneimittel verkaufen konnten, hoffte man außerdem auf noch stärkere Forschungsabteilungen. Pharmaunternehmen brauchen Innovationen, um zu überleben. Zwanzig Jahre lang sind ihre Erfindungen durch Patente geschützt – danach sind sie der Konkurrenz durch billige Generikahersteller ausgesetzt, die die Preise und Gewinne nach unten treiben.

Dass größere Forschungsabteilungen zu größeren Gewinnen führen würden, schien eine begründete Annahme zu sein. Tatsächlich wurden neue Arzneimittel bis zur Mitte der 1970er fast ausschließlich von Großunternehmen entwickelt, die als einzige finanzstark genug waren, um mit Milliardenbeträgen auf neue Produktentwicklungen zu wetten.

Die Arzneimittelentwicklung, so die Annahme, sei ein industrieller Prozess wie jeder andere. Zunächst stellen Heere von Chemikern gewaltige «Bibliotheken» von chemischen Verbindungen her, die den Forschern als Grundzutaten dienen. Diese Moleküle werden dann einem «Hochdurchsatz-Screening» unterzogen und die vielversprechendsten für weitere Tests und Herstellung ausgewählt – Prozesse mit hohen Fixkosten. In einem fernen Büro mehrere Ebenen über den Laborchemikern entscheiden die Abteilungsleiter über die weitere Forschungsrichtung, schließlich haben sie den Überblick über die aussichtsreichsten Entwicklungen. Bei der Massenproduktion von Arzneimitteln, so meinte man, sei die Größenordnung genauso entscheidend wie bei der von Hamburgern.[65]

Doch auf die Fusionen angesprochen, bezeichnete der Chef von Sanofi-Aventis die folgende Ära als «ein verlorenes Jahrzehnt». Den zusammengelegten Forschungsteams war es nicht gelungen, die nächste Welle von milliardenschweren Erfindungen hervorzubringen. Der Grund dafür? Auf ihnen lastete ein Verwaltungsapparat, der jegliche Innovation lähmte.

Während des «verlorenen Jahrzehnts» hatten die Großunternehmen ihre Bedeutung als Innovationszentren weiter zugunsten von Biotech-Start-ups eingebüßt, in denen kleine Teams von hoch motivierten Wissenschaftlern die Forschungsergebnisse aus Universitätslaboren dazu nutzten, vielversprechende Arzneimittel zu entwickeln. So stellte sich heraus, dass Arzneimittelentwicklung nicht nur eine Wissenschaft, sondern auch eine Kunst ist, dass sie ganzheitliches Denken statt rationeller Arbeitsteilung, individuelle Motivation statt Kontrolle und anstelle der einengenden Aufsicht durch gewinnorientierte Vorstände Kreativität erfordert.

Diese Einsicht hatte zur Folge, dass die Partnerschaften zwischen Pharmagiganten und Biotechfirmen explosionsartig zunahmen – während der 1990er-Jahre um mehr als das Dreifache. Und sie führte zur Abkehr von einem industriell organisierten Forschungs- und Entwicklungsprozess. Glaxo teilte seine mehrere Tausend Forscher zunächst in halb autonome Gruppen von jeweils 400 Mitarbeitern auf, die über ein eigenes Budget und mehr Entscheidungsspielräume verfügten. In einem weiteren Schritt wurden diese Gruppen in jeweils 20 bis 60 «Discovery Performance Units», kurz DPUs, unterteilt. (Nicht einmal den Freigeistern im Unternehmen bleibt der bürokratische Jargon erspart.) Die von Glaxo übernommenen Biotechfirmen können eine gewisse Distanz zur Unternehmensbürokratie wahren, da sie nicht kurzerhand geschluckt, sondern als eigenständige DPUs geführt werden.

Doch sofern man das Start-up nicht vollständig ausgliedert, wird das Management Einfluss haben. Die DPU-Leiter wissen, dass sie drei Jahre Zeit haben – können sie dann keine Erfolge ihrer selbstständigen Forschung vorweisen, wird die Finanzierung eingestellt. Und auch in der Zwischenzeit müssen sie sich bestimmte Forschungsanträge von der Glaxo-Bürokratie bewilligen lassen und mit Managern aus anderen Bereichen auseinandersetzen, die sich in ihre Arbeit einmischen. Skunk Works sehen anders aus.

Für eine große Unternehmensbürokratie kann dies trotzdem die beste Lösung sein, um ein neues Modell für Innovationen zu finden, ohne die immerwährende Notwendigkeit von Kontrolle zu vernachlässigen.

Der Mittelweg der US Army

Die Akademie in West Point beansprucht, der älteste ununterbrochen genutzte Militärstandort in Amerika zu sein, dessen Ursprung sich bis auf den Unabhängigkeitskrieg zurückverfolgen lässt. 1802 offiziell zur US-Militärakademie erklärt, standen in West Point anfangs die angewandten Wissenschaften im Vordergrund, da es den Gründern missfiel, dass sie während der Revolution von Artilleristen und Ingenieuren ausländischer Herkunft abhängig gewesen waren. Im frühen 19. Jahrhundert gewannen die militärische Disziplin und das zivile Bauingenieurswesen an Bedeutung – die Akademie förderte den Aufbau der Infrastruktur der jungen Nation mit ausgebildeten Ingenieuren, von denen einer zum Beispiel den Bau des Panamakanals leitete. Im Bürgerkrieg kämpften Absolventen der Akademie auf beiden Seiten, und danach verlagerte sich der Schwerpunkt des Lehrplans auf Führungsqualitäten und die höhere militärische Ausbildung. Nach dem Ersten Weltkrieg begann die körperliche Ertüchtigung als Teil militärischer Kampfbereitschaft ins Zentrum zu rücken. Nach dem Zweiten Weltkrieg verschob sich der Lehrplan abermals, diesmal in Reaktion auf «dramatische Entwicklungen in Wissenschaft und Technik, die zunehmende Notwendigkeit, fremde Kulturen zu verstehen, sowie das allgemein höhere Bildungsniveau beim Militär».[66]

Diese kurze Geschichte ist eine lange Beschreibung der Tatsache, dass sich die US Army der Herausforderung, Zentralisierung und Innovation auszutarieren, beziehungsweise ihres Bedarfs an Innovatoren durchaus bewusst ist. Die im Rotationsverfahren lehrenden Offiziere sowie die von ihnen ausgebildeten Rekruten zeugen von der Anerkennung dieses Bedarfs und von einer behelfsmäßigen Lösung, die nähere Betrachtung lohnt. Um die zukünftige Führung der Army auszubilden, umfasst die Akademie heute nicht nur einen Zweig für Ingenieurswissenschaften, sondern alle Fachrichtungen, die auch erstrangige amerikanische Colleges bieten.

An der sozialwissenschaftlichen Fakultät in West Point lehren sowohl – wie an jeder anderen amerikanischen Universität – Zivilisten, darunter viele promovierte Wirtschafts- oder Politikwissenschaftler, wie auch Militärs, die sich in der Mitte ihrer Karriere befinden und häufig ebenfalls einen Doktortitel erworben haben. Diese Militärs tragen dieselbe Offiziersuniform, besuchen dieselben Wettkämpfe zwischen Army und Navy und folgen weitgehend denselben Regeln wie andere Angehörige der Akademie. Die meisten wurden selbst in West Point ausgebildet. Viele von ihnen sind auf der Überholspur zu Führungsposten und nutzen ihre Zeit an der Fakultät, um unkonventionelle Gedanken darüber zu entwickeln, in welche Richtung die Army geführt werden sollte.[67]

Andere sind (gemessen an Army-Standards) langhaarige «Dissidenten», die sich an der Kultur der Konformität in der Army stoßen und ihre Karriere meist als Akademiker fortsetzen. Dennoch bietet die Fakultät einigen dieser Wissenschaftler-Soldaten einen geschützten Raum, in dem sie anders denken, neue Ideen mit anderen unternehmerisch gesinnten Offizieren teilen und die Grenzen ihres Denkens dabei ausloten können, die Probleme der Army zu lösen.

Oberstleutnant Reid Sawyer stand mindestens mit einem Bein im Lager der intellektuellen Dissidenten.[68] Er ist Absolvent der Akademie und gehört einer Eliteeinheit der Army an. Dort wurde er zwar als Logistikexperte aufgenommen – und als seine Hauptbeschäftigung in West Point neben der Lehre nennt er das Debattieren –, aber er kann sich aus einem Helikopter abseilen und beim Schießen Ziele auf 900 Meter Distanz treffen. Von 2008 bis 2011 leitete er das Zentrum für Terrorismusbekämpfung in West Point, ein Thinktank und Ausbildungszentrum der Army.

Die Kriege des 21. Jahrhunderts wurden bislang eher gegen diffuse globale Netzwerke terroristischer Zellen als gegen stehende Heere geführt. Diese militärische Herausforderung stand im Mittelpunkt von Sawyers Arbeit: Wie kann man amerikanische Städte vor Angriffen schützen und die Fähigkeit erlangen, in Ländern wie Somalia und Afghanistan inmitten einer feindseligen Bevölkerung Aufständische aufzuspüren? Wie viele andere ist Sawyer der Überzeugung, dass solche Konflikte eine ganz andere militärische Organisation erfordern als die Einnahme der Normandie 1944 (oder der kuwaitischen Ölfelder 1991), eine, die davon ausgeht, dass «kein Tal wie das andere ist» und die Army «an unterschiedlichen Orten gegen unterschiedliche Feinde kämpft». Mit Mitte vierzig ist Sawyer alt genug, um erlebt zu haben, wie eine Generation gleichaltriger und auch deutlich jüngerer Offiziere bei Einsätzen im Irak und Afghanistan Täler sichern und Aufständische in den Städten verfolgen musste. Die Kommandozentrale wies sie zum Beispiel an, «den Hügel einzunehmen», gab ihnen aber keine genaueren Instruktionen. Zurück in den USA waren sie mit Absurditäten wie dem Stiefelpolieren und dem ziellosen Marschieren konfrontiert.

Das Zentrum für Terrorismusbekämpfung dient den Streitkräften als interne Beratungsfirma und unterstützt auch Behörden wie das FBI und örtliche Polizeidirektionen im Kampf gegen den Terror. Welche Blockaden und Frustrationen er bei seinen Bemühungen erlebt hat, der Army und anderen bei der Erfüllung ihres Auftrags zu helfen, kann Sawyer wie auf Knopfdruck erzählen: wie eine Einrichtung sich weigerte, anderen ihren «Leitfaden zur Terrorismusbekämpfung» zur Verfügung zu stellen – nicht etwa wegen Sicherheitsbedenken, sondern weil sie etwas, wofür sie Sawyer bezahlt hatte, nicht mit anderen teilen mochte –, wie langsam sich Innovationen in der Army durchsetzen und welcher strengen Beaufsichtigung und Kontrolle sein Zentrum ausgesetzt war. Sawyer führte, wie er sagt, «einen Aufstand gegen die Militärbürokratie».

Oberstleutnant David Lyle ist vielleicht kein Aufständischer, aber bei allem Respekt sieht er die Organisationsweise des US-Militärs zumindest mit einer gewissen Skepsis. Er will den Verwaltungsapparat zwar nicht abschaffen, aber erreichen, dass er auf Grundlage logischer Analysen statt althergebrachter Gewohnheiten arbeitet. Lyle ist direkt, nüchtern und ernsthaft. Er ist ebenfalls Absolvent der Akademie, an der er zum Ingenieur ausgebildet wurde – und beinahe Klassenbester war. Nach seiner Pflichtzeit als Offizier promovierte er an der wirtschaftswissenschaftlichen Fakultät des MIT, die viele für die beste der Welt halten. Einer seiner Betreuer beschrieb ihn als «frühreif», eine durchaus begründete Charakterisierung: Während die meisten Wirtschaftsstudenten am MIT fünf Jahre benötigen, um ihre Seminare zu absolvieren und eine Dissertation zu schreiben, brauchte Lyle nur drei.

Grob gesagt befasste sich Lyles Dissertation mit den Effekten der Ausbildungsorganisation in West Point: Machen Kadetten, die von Koryphäen unterrichtet werden, einen besseren Abschluss? (Die Antwort ist Ja.) Sollten Kadetten, die auf unterschiedlichen Gebieten begabt sind, in durchmischten Klassen oder besser getrennt ausgebildet werden? (Eine Durchmischung ist besser.) Mittlerweile wieder bei der Army, würde Lyle seine Theorien über die Allokation menschlicher Ressourcen gerne dazu anwenden, die Effizienz des Militärs zu steigern. Als Ingenieur sieht er darin vor allem ein Problem der Ressourcenoptimierung, das sie deutlich hinter ihrem Potenzial herhinken lässt.

Gegenwärtig funktioniert die Aufgabenverteilung an die Unteroffiziere ähnlich wie die Verteilung von Brot und Schuhen in der Sowjetunion – nach Verwaltungsvorschriften. Entsprechend zufällig ist das Ergebnis: Eine Aufgabe wird demjenigen Ingenieur zugewiesen, der gerade oben auf der Liste steht. Wer das Brückenprojekt in Alaska leiten soll, wird wie im Losverfahren entschieden, unabhängig davon, ob er oder sie in Alaska leben möchte und überhaupt etwas von Brücken versteht. Die Maschine braucht ein Rädchen, und als solches ist ihr jeder grundsätzlich qualifizierte Soldat recht. Darin besteht das Ziel der militärischen Ausbildung: Sie soll einigermaßen kompetente Generalisten für eine Bandbreite konkreter Aufgaben hervorbringen.

Lyles Lösungsvorschlag lautet, in der Army Marktmechanismen einzuführen: Es müssen durch geeignete Systeme detaillierte Informationen verfügbar sein, auf deren Grundlage höhere Offiziere um die besten Kandidaten für ein Brückenbauprojekt konkurrieren können, und die Absolventen müssen die Möglichkeit haben, ihre Präferenzen hinsichtlich Stationierungsort und Tätigkeit anzugeben. So entstünde innerhalb der Army ein Arbeitsmarkt für Ingenieure, reguliert vom Verwaltungsapparat.

Für das Management dieses Markts wären die obersten Generäle zuständig, die bereits das Budget der Army verwalten, die Beziehungen zum Kongress pflegen, Werbestrategien für potenzielle Rekruten entwickeln und den Soldaten neue Initiativen nahebringen. Die Stellenbeschreibung eines Vier-Sterne-Generals lässt folglich eher an einen Konzernchef als an einen Soldaten denken, doch das entspricht Lyle zufolge genau dem, was die Army braucht. Nicht weil er unbedingt ein besserer Kämpfer, sondern weil er ein besserer Planer als General George Patton gewesen sei, habe man Eisenhower zum Befehlshaber der Invasion am D-Day ernannt, bemerkt Lyle.

Lyle arbeitet mit Oberst Jeff Peterson zusammen, der an der sozialwissenschaftlichen Fakultät von West Point den Fachbereich Wirtschaft leitet. Während Lyle ein Tüftler und Sozialtechniker ist, betrachtet Peterson die

Ökonomie der Army von ihrer menschlichen Seite her. Peterson, der ruhig und bedächtig spricht, ist ein Mann von imposanter Statur. Bevor er den Fachbereich Wirtschaft übernahm, war er in Bagdad als Kommandeur der Stryker Cavalry Task Force für einen der Abschnitte mit den meisten Gewalttaten zuständig. Seine Aufgabe bestand in der Befriedung der Haifa Street, eines der blutigsten Schlachtfelder der Stadt. Von übervölkerten Wohnhochhäusern gesäumt, ließ sich die Straße nicht Haus für Haus unter Kontrolle bringen.

Peterson führt seine erfolgreiche Senkung der Zahl von Anschlägen zum Großteil auf Glück zurück[69] und betont, dass die entscheidende Schlacht, die den aufständischen Elementen in der Haifa Street das Rückgrat brach, bereits vor seinem Eintreffen von einer Infanterieeinheit unter Oberstleutnant Van Smiley ausgefochten worden sei. Dass er die Hoheit in der Gegend behaupten konnte, verdankte sich aber zweifellos den anderen Grundpfeilern der Aufstandsbekämpfung – eine neuere Innovation in der Army –, wie Peterson und seine Männer sie praktizierten: Kontrolle, Partnerschaft, zivile Arbeiten und politische Steuerung. Die Straße zu sichern und zu kontrollieren, war zwar eine wesentliche Voraussetzung für die Beendigung der Anschläge, genauso wichtig aber war eine zur Beruhigung beitragende Verbesserung der wirtschaftlichen Situation durch kleinere Entwicklungsprojekte, bei denen darauf geachtet wurde, dass die Mittel nicht versickerten oder veruntreut wurden.

Nicht allen Soldaten in Petersons Einheit gefiel diese Herangehensweise. Nachdem sie mehrere Wochen lang experimentiert, diskutiert und die Situation ausgewertet hatten, waren einige von ihnen laut Peterson noch immer für eine traditionelle Kriegführung. Ein Journalist, der die Einheit eine Weile begleitete, fasste diese Haltung mit folgender Äußerung eines Infanteristen zusammen: «Wir sind zum Militär gegangen, um diese üblen Kerle zu bekämpfen und zu töten, das haben wir geübt und das sollten wir jetzt auch tun.» Petersons Reaktion? «Sie können denken, was sie wollen, aber sie müssen sich wie Soldaten verhalten und ihre Aufgabe erfüllen – und egal, was sie denken, genau das tun sie auch.«

Als Oberst Peterson 2007 den Irak verließ, wurde die Haifa Street häufig als Modell dafür angeführt, wie das US-Militär dort «siegen» könnte. Nach seiner Rückkehr entschied er sich unter mehreren Stellenangeboten für die sozialwissenschaftliche Fakultät in West Point, wo es ihm möglich schien, aus seinen Erfahrungen im Irak einige Leitprinzipien für Kampfeinsätze der US Army zu entwickeln. Inzwischen meint er, dass vom Militärapparat keine besseren Befehle zu erwarten sind, deshalb müsse jeder Einzelne, von der Spitze der Befehlskette bis zum untersten Infanteristen, selbstständiges Denken lernen. Peterson würde den Kadetten, dem zukünftigen Offizierskorps, gerne beibringen, zu experimentieren und das Militär mit derselben respektvollen Skepsis wie Oberstleutnant Lyle zu betrachten. Er würde gerne eine Armee von Innovatoren schaffen.

Diese drei Dozenten in West Point verfolgen drei ganz unterschiedliche Perspektiven und Reformansätze. Das militärische Modell mit seinen Befehlsketten, in dem alles von oben erfolgt, versuchen sie weitgehend nicht zu verändern. Aber sie wollen ein System verändern, das sich Veränderungen entschieden – und mit Erfolg – widersetzt. Wenn die Vergangenheit Prognosen erlaubt, dann ist es nicht unwahrscheinlich, dass die gut gemeinten und durchdachten Innovationen von Sawyer, Lyle und Peterson an derselben militärischen Kultur blinder Regelbefolgung scheitern werden wie bisher. Und noch wahrscheinlicher ist es, dass jegliche Veränderung im Schneckentempo vonstattengehen wird. Trotzdem erlaubt es die Army der Akademie in West Point und der dortigen sozialwissenschaftlichen Fakultät, solche vergleichsweise radikalen Innovationen zu fördern, denn ihr ist bewusst, dass sie es sich nicht leisten kann, all diese Köpfe zu verlieren. Die Army weiß, dass sie immer ein paar Innovationen in der Hinterhand haben muss.

Kapitel 5

Wozu das Management gut ist

Das Britische Empire beruhte wenigstens teilweise auf dem Vermögen, in den kolonisierten Gebieten Wert abzuschöpfen. Und im Falle Mumbais (bis 1995 Bombay) bestand eine der besten Möglichkeiten dazu in der Herstellung billiger Stoffe. Die erste Textilfabrik dort eröffnete Mitte des 19. Jahrhunderts in einer Gegend, die später als Girangaon, Marathi für «Fabrikdorf», bekannt wurde. Mit der Eröffnung des Suezkanals 1869 gewann Mumbai als Tiefseehafen an Bedeutung, woraufhin auch die Textilindustrie einen Aufschwung erlebte.

Heute befinden sich in Girangaon nicht mehr die Textilfabriken der Stadt; nach dem großen Textilarbeiterstreik von 1982/83 wurden sie größtenteils geschlossen. Auf Tausenden von Quadratmetern ehemaliger Produktionsfläche entstehen nun stattdessen Einkaufszentren und Luxusapartments, und die verbliebene Textilindustrie hat sich gen Norden verlagert.

Auf dem NH 8, dem National Highway zwischen Mumbai und Neu-Delhi, erreicht man nach einer beziehungsweise zwei Stunden in nördlicher Fahrtrichtung Tarapur und Umbergaon, die zwei größten verbliebenen Textilstandorte im Bundesstaat Maharashtra. In den meisten Fabriken dort herrscht ein unbeschreiblicher, teilweise sogar gefährlicher Schlendrian – in den Lagerräumen verrottet Material, schwere Maschinen blockieren die Durchgänge. In einigen dieser Fabriken wurde ein Experiment unternommen, um eine Frage zu beantworten, die das moderne Unternehmen seit jeher verfolgt: Sind Manager zu irgendetwas gut? Wenn ja: für was? Und wenn sie zu etwas gut sind – stimmt das wirklich?

Für Arbeitnehmer, die sich ständig über die absurden Maßnahmen des Abteilungsleiters ärgern oder noch heute mit Wut an irgendeine Anmaßung des Managements erinnern, wird die Antwort überraschend, ja vielleicht befremdlich sein. Denn was die indischen Textilfabriken wirklich brauchten, um ihre Probleme in den Griff zu bekommen, waren einige professionelle Manager – Männer und Frauen, die im Studium gelernt hatten, mit welchen Strukturen man Arbeiter und Betriebsabläufe im Blick behält und lenkt, für pünktliche Auslieferungen und ordentliche Lagerbestände sorgt und den Eigentümern versichern kann, dass alles ordnungsgemäß und effizient funktioniert.

Die meisten Menschen, die schon Zeit am Arbeitsplatz absitzen mussten, stellen sich eine Welt ohne Manager als eine Art Paradies vor, in dem die Arbeitnehmer von sinnloser Bürokratie, stupider Papierarbeit und inkompetenten Chefs befreit sind; als einen Ort, an dem tatsächlich etwas geschafft wird. Die Textilfabriken in Tarapur und Umbergaon bieten ein anderes Bild, und das dort durchgeführte Experiment zeigt sehr deutlich, wozu Manager gut sind. Das stimmt wirklich.

Ein Experiment über gutes Management

Das von Ökonomen der Weltbank und der Stanford University gemeinsam durchgeführte Experiment sollte klären, ob gute Managementpraktiken auch gut fürs Geschäft sind. Man könnte meinen, dass die Frage in jedem Fall einfach zu beantworten ist. Doch es besteht weithin nicht einmal Einigkeit darüber, was genau Management überhaupt ist.

Die an der Studie beteiligten Forscher beanspruchten nicht, eine allgemeingültige Definition des Begriffs vorzulegen, sondern suchten lediglich nach einer auf die indischen Fabriken anwendbaren Beschreibung. Dabei stützten sie sich auf Arbeiten von Nick Bloom, Wirtschaftsprofessor in Harvard und Mitglied des Teams, der im Rahmen einer internationalen Langzeitstudie zur vergleichenden Erfassung von Managementpraktiken bereits eine Definition von gutem Management entwickelt hatte.

Der World Management Survey (WMS) kommt wissenschaftlichen Standards auf dem unscharfen Gebiet der Managementforschung noch am nächsten. Sein Fragenkatalog evaluiert drei Bereiche: Aufsicht, Definition und Erreichen von Zielen sowie Anreizgestaltung. Konzipiert in Zusammenarbeit mit McKinsey, einer führenden Beratungsfirma, wurde die Studie von Betriebswirtschaftsstudenten durchgeführt, in Blooms Worten «eine laute, freche und selbstbewusste Truppe», die über das nötige Rüstzeug verfügte, um Industriemanager in aller Welt über ihre Tätigkeit zu befragen. Die ausführlichen Interviews mit Managern von zehntausend Firmen in mehr als zwanzig Ländern stellten ein immenses Unterfangen dar. Heraus kam dabei ein einheitlicher Maßstab, mit dem der WSM internationale Vergleiche der Managementqualität durchführt.

Die Arbeiter in Tarapur wären über die Ergebnisse, nachlesbar auf worldmanagementsurvey.org, nicht überrascht: Indien belegte den drittletzten Platz, knapp vor China und Brasilien. Die drei Spitzenplätze sicherten sich Unternehmen aus den Vereinigten Staaten, Japan und Deutschland – drei der reichsten Länder der Welt.

Darin könnte man ein Problem sehen. Der Studie liegt natürlich die Heilsbotschaft von McKinsey über gutes Management zugrunde, der viele eine westliche Voreingenommenheit attestieren würden. Definiert man als gutes Management die Art und Weise, wie Unternehmen in Amerika geführt werden, dann schneiden amerikanische Unternehmen logischerweise gut ab und wird ein Land umso weiter von den «guten» amerikanischen Praktiken entfernt sein, je weniger «westlich» es ist.

Eine weitere Schwierigkeit für Bloom war das unklare Verhältnis von Ursache und Wirkung. Ist es tatsächlich das Management, das US-Firmen profitabel und effizient macht? Amerikanische und indische Unternehmen unterscheiden sich schließlich in vieler Hinsicht. Ein solcher länderübergreifender Produktivitätsvergleich ähnelt einem Vergleich von Betriebswirtschaftsstudenten mit Schulabbrechern. Und selbst wenn Systeme im Sinne von McKinsey in amerikanischen Firmen funktionieren, wer weiß schon, ob sie auch die Textilproduktion in indischen Fabriken optimieren würden? Aus diesem Grund begann Bloom nach einer Methode zu suchen, um herauszufinden, ob ein gutes Management westlicher Art auch nicht westlichen Unternehmen Vorteile bietet. Die Baumwollwebereien in Tarapur und Umbergaon sollten sein Versuchsgelände für die Einführung einiger optimaler Managementmethoden in Unternehmen sein, die bislang gar keine hatten.

Die Studie von Bloom und anderen hatte den Titel: «Spielt das Management eine Rolle?» Im ursprünglichen akademischen Text wurden 38 Praktiken ähnlich denen im WMS aufgeführt, darunter Routineverfahren zur Feststellung und Analyse von Qualitätsmängeln, Systeme zur Produktions- und Materialerfassung sowie eine klare Verteilung von Aufgaben und Verantwortung.

Mit Mitteln der Weltbank wurden die Wirtschaftsberater von Accenture ins Boot geholt. Sie waren im Wesentlichen für die Implementierung der 38 Managementmethoden in einer Gruppe mittelgroßer Textilunternehmen zuständig, die Baumwolle zu Stoff verarbeiten, der nach Weiterverarbeitung in Färbereien auf den Großhandelsmarkt gelangt.[70] Die Dienste von Accenture wurden den Baumwollspinnereien kostenlos angeboten.

Die Forscher wandten sich an 66 indische Unternehmen. Nur 17 (mit insgesamt 20 Fabriken) erklärten sich zur Teilnahme bereit, die anderen 49 hatten an kostenloser Beratung im Wert von 200 000 Dollar kein Interesse – eine klare Aussage darüber, welchen Wert sie Managementpraktiken beimessen. 14 Fabriken wurden schließlich umfassend beraten, 6 dienten als Kontrollgruppe, so wie bei medizinischen Studien eine Gruppe von Patienten nicht behandelt wird, um die Wirksamkeit einer neuen Therapie zu ermitteln.[71]

Vorher/Nachher

Bevor die Berater eintrafen, herrschte Chaos in den Fabriken. Bloom erinnert sich an Lagerräume, in denen Garn, weder nach Farbe, Qualität oder irgendeinem anderen Merkmal sortiert, auf dem Boden verrottete – die Arbeiter mussten herumwühlen, um das benötigte Material zu finden, sofern es dort überhaupt zu finden war. Viele Spindeln waren zerbrochen, sodass das Garn vor der Verarbeitung zuerst neu aufgerollt werden musste. Auf dem Boden lag alles durcheinander, die Durchgänge waren mit schweren Maschinen zugestellt und mit kaputten Teilen und ausrangiertem Werkzeug übersät. Die Maschinerie war in desolatem Zustand, verdreckt und häufig vollkommen veraltet. Ein Eigentümer trug den Schlüssel zum Lagerraum um den Hals, sodass er jedes Mal gerufen werden musste, wenn jemand neues Material brauchte. In einer Fabrik mussten die Arbeiter jedes Mal ein schweres Gerät wegschieben, um an die Verladerampe zu kommen. Kaum besser als um die Werke war es um die Unternehmensorganisation bestellt. Im Durchschnitt wurden in den Fabriken nur zehn der 38 optimalen Managementmethoden angewendet, die Accenture und die Forscher fördern wollten.

Vor der Beratungsphase wurden in jeder der 20 Fabriken einen Monat lang Management und Leistung beobachtet – eine Art Gesundheitscheck. In den 14 ausgewählten Fabriken folgte darauf eine viermonatige Optimierung der Managementpraktiken durch die Berater von Accenture, die anderen 6, die Kontrollgruppe, blieben nach der Diagnose sich selbst überlassen. Die Manager wurden größtenteils nicht ausgewechselt, ihre Ad-hoc-Verfahren aber durch die Standards modernen Managements ersetzt, die die Berater auf der Wirtschaftshochschule gelernt hatten. Um festzustellen, ob ihre Eingriffe mehr Leistung bewirkt hatten, nahm Accenture abschließend eine Folgeevaluation aller 20 Fabriken vor.

Die Vorher-Nachher-Fotos der Lagerräume und Fabrikhallen sagen im Grunde schon alles.[72] Aus Chaos wurde Ordnung: In den Lagerräumen waren die Garnspindeln nun sorgfältig aufgestapelt und sortiert und lagen zum Schutz vor Feuchtigkeit nicht mehr auf dem Boden. Die zuvor mit ungeordneten Papierstapeln übersäten Büros verfügten nun über Tafeln, die Prioritäten vorgaben und den Weg der Inputs und Outputs durch den neu organisierten Produktionsprozess anzeigten. Die Fehlerquote sank um die Hälfte, der Materialverbrauch um fast 20 Prozent, obwohl der Output um 5 Prozent stieg. Insgesamt, so berechneten die Autoren der Studie, werde der Jahresgewinn jeder Fabrik – sofern die neuen Praktiken beibehalten werden – um mehr als 200 000 Dollar steigen. Bereits im ersten Jahr hätte der Zusatzprofit somit gereicht, um die Berater von Accenture regulär zu bezahlen, und in den folgenden Jahren ein dickes Plus ergeben.[73]

Die von den Beratern eingeführten Maßnahmen zogen von selbst weitere Veränderungen in den Fabriken nach sich. Die vielen neuen Aufsichts- und Kontrollmechanismen erzeugten eine für den Chef mitunter kaum mehr zu überblickende Datenflut. Als Abhilfe setzten die optimierten Fabriken verstärkt Computer ein, eine Veränderung, die die Jobaussichten qualifizierter Arbeiter wahrscheinlich verbesserte, während ungelernte Arbeiter durch die gesteigerte Effizienz der Fabriken nun arbeitslos zu werden drohten.

Da den Unternehmenschefs nunmehr detaillierte Informationen über den Betrieb in den einzelnen Fabriken vorlagen, konnten sie deren Leitern guten Gewissens mehr Spielräume geben. Jeder Produktionsrückgang – und jedes mysteriöse Verschwinden von Garn aus dem Lager – würde die computerisierten Warnsignale aufblinken lassen. Tatsächlich stellten die Forscher fest, dass nach der Einführung der neuen Managementpraktiken mehr Verantwortung an die Fabrikleiter delegiert wurde.

Management in einer Welt ohne Manager

Um Missverständnisse zu vermeiden: Es ist nicht so, dass die indischen Fabriken *kein* Management gehabt hätten. Im Gegenteil gaben sie sich wahrscheinlich alle Mühe, das Beste aus ihrer Situation zu machen, und waren durchweg zu relativ großen und komplexen Unternehmen geworden. Im Durchschnitt bestanden sie bereits seit zwanzig Jahren, manche hatten sich zudem diversifiziert und waren neben der Textilproduktion auch in anderen Branchen wie Immobilienwirtschaft und Einzelhandel tätig. Die Unternehmen hatten durchschnittlich 270 Beschäftigte, Vermögensposten von 13 Millionen Dollar und einen Jahresumsatz von 7,5 Millionen Dollar. Eines war sogar an der Börse in Mumbai notiert. Wären sie in den Vereinigten Staaten angesiedelt gewesen, hätten sie dort nach Beschäftigten zu den obersten 2 Prozent und nach Umsatz zu den obersten 5 Prozent der Unternehmen gezählt.

Um zu verstehen, wie sie zurechtkamen – und warum sie nach der Generalüberholung durch Accenture mehr leisteten –, lohnt ein Blick auf die Abläufe innerhalb des effizientesten Unternehmens, das die Forscher vor dem Beratungsprozess in Tarapur vorfanden.

Folgt man einfacher Wirtschaftstheorie oder auch nur dem gesunden Menschenverstand, dann wäre zu erwarten, dass der effizienteste Hersteller auch der größte wird. Die Fabrik mit den niedrigsten Produktionskosten kann die Konkurrenz unterbieten und sich einen größeren Marktanteil sichern. Dadurch entsteht ein positiver Kreislauf der Effizienz: Je mehr man etwas tut, umso besser tut man es (die sogenannte «Erfahrungskurve»), sodass der billigste Hersteller die Konkurrenz noch weiter unterbieten kann.[74] An einem bestimmten Punkt überwiegen die Schwierigkeiten, ein immer größeres Textilimperium zu koordinieren, diese Effizienzgewinne (darin bestand Ronald Coase' Einsicht in die Grenzen der Unternehmensexpansion), wodurch die Konkurrenten eine Überlebenschance erhalten. Doch wenn sich die Turbulenzen auf dem Markt für Textilien oder irgendein anderes Produkt schließlich gelegt haben, wird die effizienteste Firma auch die größte sein.

Das am besten geführte Textilunternehmen in Tarapur verfügte jedoch nur über eine Fabrik. Viele der Konkurrenten waren dagegen auf mehrere Standorte angewachsen, beschäftigten mehr Arbeiter und verkauften mehr Stoff als der Mann, der eigentlich der Baumwollkönig von Tarapur hätte sein müssen. Bloom traf diesen Mann – nennen wir ihn Herrn Samata, was auf Hindi grob übersetzt Herr Effizienz heißt – im Rahmen seiner Feldforschung vor dem Managementexperiment und fragte ihn, warum sein Betrieb so bescheiden geblieben war. Samata schüttelte den Kopf und erklärte traurig, aber nüchtern, er habe «keine Söhne, keine Brüder».

Samata war kein Einzelfall. Wie Bloom und seine Koautoren in einem Bericht schrieben: «In allen von uns untersuchten Firmen waren sämtliche höhere Managementposten mit Angehörigen der Eigentümerfamilie besetzt. Die Zahl der für solche Posten verfügbaren erwachsenen Männer begrenzt somit das Wachstum.» Warum sind Söhne und Brüder so entscheidend für die Expansion und wieso können sie studierte Manager ersetzen?

Samata kann nur die Vorgänge in einer Fabrik persönlich im Auge behalten. Aus schlichter Notwendigkeit praktizierte er wie Bill Hewlett und Dave Packard in den Anfängen von HP ein «Management durch Herumlaufen». Doch während Bill und Dave wollten, dass sich alle als Teil der HP-Familie fühlen, unternahm Samata seine Patrouillen, um die Beschäftigten am Diebstahl von Garn oder anderem Material zu hindern. Er trug den Schlüssel zum Lagerraum um den Hals, weil er sich nicht darauf verlassen konnte, dass sich bei unverschlossener Tür nicht einer der Arbeiter mit ein paar Spindeln davonmachen würde.

Würde Samata eine weitere Fabrik eröffnen, dann bräuchte er jemanden, der sie ebenfalls durch Herumlaufen managt und dem er einen Schlüssel zum Lagerraum anvertrauen müsste. Zu einem solchen Vertrauensvorschuss war er offenbar nicht bereit. Wie könnte er auch sichergehen, dass sein Stellvertreter nicht Inventar, Garn, fertigen Stoff oder Geld stehlen, sich ausgedehnte Pausen genehmigen oder zulassen würde, dass die Beschäftigten es tun? Wenn die Gewinne dort niedriger oder die Kosten höher wären als in der von Samata geführten Fabrik, wer wüsste dann schon, ob dies Unterschlagung aufseiten des Fabrikmanagers geschuldet ist oder schlicht seiner geringeren Effizienz?[75]

Daraus erklärt sich die Bedeutung von Brüdern und Söhnen. Auch sie sind zwar grundsätzlich zu Betrug in der Lage, aber trotzdem die Einzigen, denen Samata in einem wachsenden Textilimperium als Stellvertretern getraut hätte. Söhne wissen, dass sie zumindest einen Teil des Familienvermögens erben werden, dessen Wachstum folglich in ihrem eigenen Interesse liegt. Brüder halten mitunter Anteile am Unternehmen – wenn es im Familienbesitz ist, wurde es wahrscheinlich vom Vater vererbt –, sodass auch hier weitgehende Interessenharmonie besteht. Und falls unter den Brüdern Streit darüber ausbricht, wer wen bestiehlt, gibt es immer eine höhere Autorität, an die sie sich wenden können – die Mutter. Bloom erkundigte sich nach Schwagern und Schwiegersöhnen, die aber offenbar nicht vertrauenswürdig sind. An wen könnte man sich bei Konflikten mit ihnen wenden? An die Schwiegermutter? Wohl kaum. Schwestern und Töchter wiederum kamen von vornherein nicht in Betracht. (Bei einer

Familienhochzeit muss einer der Brüder oder Söhne die Stellung in der Fabrik halten, damit sie während der Feier am Wochenende nicht geplündert wird.)

Die Alternative zu zuverlässigen Verwandten bestünde darin, Systeme zur Kontrolle von Materialbeständen, Leistung und den Betriebsabläufen im Allgemeinen einzuführen – in Management. Nur dadurch könnten Unternehmen überhaupt der Welt von Herrn Samata entfliehen, in der «keine Brüder, keine Söhne» zu haben ein Expansionshindernis war.

Die Ursprünge des Managements

Die Situation in diesen indischen Fabriken ist gar nicht so weit vom allgemeinen Zustand des Unternehmens vor dem 20. Jahrhundert entfernt. Wie wir von dieser Zeit vor dem Konzern zur Blütezeit des Großraumbüros gelangt sind, hat der Wirtschaftshistoriker Alfred D. Chandler Jr. als Erster aufgeschlüsselt.

Als Chandler 1977 sein Meisterwerk *The Visible Hand* veröffentlichte, wurden der Industriekapitalismus und der Alltag der Arbeitnehmer längst von professionellen Managern beherrscht. Warum das so war, konnte Chandler auf gut 600 Seiten erklären. Der Titel seines Buchs war eine Anspielung auf Adams Smiths unsichtbare Hand, jene starke und allgegenwärtige Metapher für die komplexen Mechanismen des Marktkapitalismus. Chandlers sichtbare Hand bezeichnete demgegenüber die höchst konkrete Macht, die die Ressourcen innerhalb des einzelnen Unternehmens steuert – die Entscheidungsmacht des professionellen Managers.

Chandler unterteilte die Geschichte des Unternehmens in zwei Phasen, wobei er den Scheidepunkt um 1850, als die industrielle Revolution an Fahrt gewann, verortete. In der ersten Phase dominierten Familienbetriebe die Wirtschaft – Betriebe, die von den Samatas der vorindustriellen Welt geführt wurden. Solche Unternehmen, deren Form jahrhundertelang im Wesentlichen unverändert geblieben war, wurden von einer einzigen Person geleitet und beschränkten sich auf nur einen Standort und eine bestimmte Art von Produkt.

Stark vereinfacht ließe sich eine Wirtschaft im 18. Jahrhundert so beschreiben: Bauern bestellten das Land, Bergleute bauten Erz ab und verarbeiteten es zu einem nutzbaren Produkt weiter. Beide verkauften ihre Erzeugnisse an die örtlichen Händler – jene Mittelmänner, die Smiths unsichtbarer Hand ihr Zauberwerk ermöglichten. Die Händler wiederum verkauften Weizen, Eisen und andere Inputs an Handwerker weiter, die daraus Endprodukte wie Brot, Werkzeuge oder Kleidung herstellten, und diese gelangten schließlich durch dieselben Händler an die Landwirte und Bergleute.

Bauern, Handwerker und Händler gleichermaßen bildeten Partnerschaften, die ganz ähnliche Geschäftspraktiken wie die Kaufleute von Venedig während der Renaissance verwendeten, etwa die doppelte Buchführung und den Handelskredit.

Um die Mitte des 19. Jahrhunderts jedoch kam die transkontinentale Eisenbahn auf, aus Chandlers Sicht das erste nach modernen Managementprinzipien geführte Unternehmen. Dabei wirkte die Notwendigkeit als Mutter der Erfindung. Mit dem Aufkommen der Dampflokomotive konnten Menschen und Frachtgüter viel schneller als zuvor von der Pferdeeisenbahn transportiert werden. Damals gab es nur eingleisige Strecken – fuhr ein Zug nach Süden, durfte ihm nicht ein anderer gen Norden entgegenkommen. Um Frontalzusammenstöße zu vermeiden, aber auch um eine gewinnträchtige Streckenauslastung zu gewährleisten, brauchte es daher sorgfältige Aufsicht und Koordination. Gleichzeitig waren Bau und Wartung der Strecken so viel teurer als frühere Unternehmungen wie Baumwollplantagen oder Textilfabriken, dass sie nicht von Familienunternehmen betrieben werden konnten. Nicht einmal die vermögendsten Dynastien Amerikas waren dazu imstande. Wer Eisenbahnen bauen wollte, besorgte sich das erforderliche Kapital in New York, dessen Investitionsmärkte dadurch einen Schub erhielten, während der Betrieb in den Händen professioneller Manager lag, die einen planmäßigen Zugverkehr gewährleisten konnten.

Diese Erfordernisse trieben die Eisenbahn ins Zeitalter des modernen Managements. Die Zuständigkeiten waren klar definiert und lagen bei geografisch verstreuten Einheiten, deren Abläufe folglich koordiniert werden mussten. Neuartige Organisationsdiagramme zeigten Weisungsbefugnisse und Informationswege. Um die Betriebsabteilungen und -unterabteilungen zu organisieren, wurden zahlreiche Managementebenen eingeführt; um die Leistung der einzelnen Bereiche zu messen, wurde die Kostenrechnung entwickelt. Anhand von wenige Stunden alten Daten konnten die Manager die Züge genau verfolgen, abschätzen, was der Transport einer Tonne Frachtgut pro Meile kostete, und entscheiden, ob sie die Preise anpassen sollten. Diese Manager koordinierten den Betrieb durch die

Anwendung derselben Techniken (Kostenrechnung, Finanzbuchhaltung, Statistiken) auf dieselben Daten (Kosten, Zeiten, Routen), um optimale Resultate zu erzielen. Gut, besser, am besten – das war der Takt der Effizienz.[76]

In der Massenproduktion und dem auf Massenabsatz zielenden Einzelhandel, beide durch den schnellen, zuverlässigen Eisenbahntransport ermöglicht, wurden diese Techniken mit großen Erfolg übernommen. Chandler zufolge prosperierten solche modernen Großunternehmen dank höherer Produktivität, niedrigeren Kosten und höheren Gewinnen. Die Managerklasse wurde zu einer Notwendigkeit, um das zunehmend komplexe und interdependente Handelssystem zu koordinieren. Die Revolution des Managements hatte Amerika erreicht.

Chandlers Buch erblickte zwar erst in den späten 1970er-Jahren das Licht der Welt, er hatte jedoch bereits in den 1950er-Jahren daran gearbeitet, als er auch Alfred P. Sloan, dem langjährigen Präsidenten und Vorstandschef von GM, beim Verfassen seiner Memoiren *Meine Jahre mit General Motors* half. Sloan war selbst ein führender Praktiker der neuen Wissenschaft des Managements, den Chandler in seinem Schlusskapitel über «die Reifung des modernen Geschäftsunternehmens» auftreten ließ, und ihre Gespräche veranlassten Chandler dazu, über die Ursprünge des kapitalistischen Managements nachzudenken. *The Visible Hand* ist stark von seiner Zeit geprägt – genau der Mitte jener Periode, die den Gedanken des amerikanischen Jahrhunderts aufkommen ließ. Die erste Fortune-500-Liste aus dem Jahr 1955 umfasste solche riesigen Konzerne wie GM, Exxon, U.S. Steel, General Electric, Chrysler, Armour und DuPont.[77] Was das amerikanische Jahrhundert aus Chandlers Sicht antrieb, war ein Heer von professionellen Managern.

Der Untertitel von Chandlers Buch, «The Managerial Revolution in American Business», beschwor zwar die erhabene Größe des Unternehmens im 20. Jahrhundert herauf, aber dies war schließlich auch die Zeit, in der Titel wie *Der Mann im grauen Anzug, Herr und Opfer der Organisation* und *Die einsame Masse* erschienen – der ausgeprägte Individualismus der protestantischen Arbeitsethik war Konformität und Anpassung gewichen. Der Finanzjournalist Michael Lewis sprach vom «bedauernswerten, durchgetakteten Leben des amerikanischen Geschäftsmanns», der morgens in den erwähnten grauen Anzug schlüpfte, seiner Frau einen Kuss gab, dem Sohn über den Kopf streichelte und sich mit seinesgleichen in den Zug zur Arbeit setzte – «wie Lemminge in glänzende Metallkästen gezwängt», so

Gordon Summers unvergessliche Formulierung –, wo er belanglose Gespräche mit diesen Männern führte, die einander bis hin zur Haarlänge, dem Rasen im Vorgarten und ihren Vorlieben für bestimmte Fernsehsendungen oder Scotch- und Ginsorten exakt glichen.[78]

Als *The Visible Hand* 1977 in die Buchläden kam, hatte Amerika gerade ein Jahrzehnt der Kulturrevolution erlebt und die zuvor übliche Konformität hinter sich gelassen. Die Industriegiganten, die die Revolution des Managements hervorgebracht hatten, schienen nicht länger unerschütterlich zu sein. Die Vereinigten Staaten waren mit der schärfsten Rezession seit der Großen Depression konfrontiert, und noch bezeichnender war vielleicht der wirtschaftliche Zusammenbruch des Eisenbahnsystems. (Der Fernverkehr im Land wurde 1971 vom Staatsunternehmen Amtrak übernommen.)

Doch auch um die nächste Generation von Fortune-500-Unternehmen und kleinere Firmen zu führen, brauchte es Manager und Management. Chandlers Befund – dass das Unternehmen, wie wir es kennen, auf dem mittleren Management beruhte – war unbestreitbar, auch wenn sich die Mode von grauen Anzügen über Dreiteiler mit breiten Aufschlägen zu Steve Jobs' Jeans und schwarzem Rollkragenpullover und Mark Zuckerbergs unverwechselbarem Kapuzenpullover gewandelt hatte. Die IT-Revolution mochte flachere Hierarchien bewirkt und Schreibstuben durch Laptops ersetzt haben, Management und Manager aber blieben. Management bedeutete, für Unternehmen unterschiedlichster Form und Größe, Kostensenkung und mehr Effizienz.

Heute besteht sogar ein ganzes Ausbildungssystem, um den «generalistischen Manager», den Master of Business Administration oder MBA, hervorzubringen, der im Zuge der von Chandler beschriebenen Revolution des Managements aufkam. Vorher hatte es Amerikas neuen modernen Unternehmen spürbar an einem mittleren Management zur Organisation ihrer rapide wachsenden Geschäfte gemangelt. Edmund James, ein früher Verfechter der Managerausbildung, bemerkte 1903, die amerikanischen Banken existierten «in einem chronischen, an Panik grenzenden Angstzustand», während die von Chandler als Zeichen des Erfolgs eines modernen Managements angeführten Eisenbahnunternehmen «eindeutig der Steuerbarkeit entwachsen waren» – Unternehmen, die für drei Viertel des Schienennetzes zuständig waren, gingen bankrott.

Ein Wunder: Die Lehrpläne der damaligen Wirtschaftshochschulen waren für die Ausbildung der neuen Klasse von professionellen Managern vollkommen ungeeignet, standen dort doch Fächer wie Buchhaltung, Arithmetik und Handschrift im Vordergrund (eine Schule hatte sogar neben einer Abteilung für Allgemeine Schreibkunst noch eine Abteilung für Höhere Schreibkunst). Doch aufgrund der Nachfrage nahmen sich die Universitäten, oftmals widerwillig, der Aufgabe der Managerausbildung an. Und so wurde der MBA geboren; Manager und Management breiteten sich aus. Einer Schätzung zufolge vervierfachte sich der Manageranteil unter den amerikanischen Berufstätigen von 1900 bis 1980 beinahe.[79]

Die Harvard Business School eröffnete ihren MBA-Studiengang 1910, dessen ursprünglicher Auftrag, reihenweise professionelle Manager für Amerikas Unternehmen zu produzieren, noch heute in dem Versprechen deutlich wird, mit dem sie diese bewirbt: «Wandel ist das Einzige, was Sie mit Gewissheit erwarten können. Deshalb haben wir den MBA-Lehrplan sorgsam darauf ausgerichtet, dass Sie jene Fähigkeiten zur Analyse, Beurteilung und zum Handeln entwickeln, die in jeder Karriere, für die Sie sich entscheiden, anwendbar sind.»[80]

Während viele HBS-Absolventen Stellen im Management antreten, geht rund ein Viertel ins Beratungsgeschäft und wird dort zu jener Art von zupackender Arbeiterbiene, die Accenture auf die indischen Fabriken losließ und die der Welt beibringt, wie man quantifiziert, organisiert und managt.

Die Wissenschaft des Schaufelns

In den 1890er-Jahren, als die Vereinigten Staaten gerade in die zweite industrielle Revolution eintraten und mit der transkontinentalen Eisenbahn die Frontier verschwand, entwickelte einer der ersten Wirtschaftsberater der Welt, Frederick Winslow Taylor, die Idee der «wissenschaftlichen Betriebsführung» (auch als Taylorismus bekannt), indem er wissenschaftliche Methoden auf den Arbeitsprozess anwendete. Laut Visitenkarte war Taylors Spezialgebiet die «Systematisierung von Betriebsführung und Produktionskosten», ein Fachwissen, das er als Tischlerlehrling in der Industrie, Maschinist, Gang-Boss, Vorarbeiter, Forschungsleiter und schließlich Chefingenieur erworben hatte. Im Fernstudium hatte er auch einen Abschluss als Maschinenbauingenieur gemacht.

Ausgehend von diesen Erfahrungen versuchte Taylor herauszufinden, warum Arbeiter unterschiedlich produktiv sind und wie man sie alle auf Höchstgeschwindigkeit bringen könnte. Seine Antwort? Standardisierung.

Durch sein wichtigstes Instrument, die Zeit- und Bewegungsstudien, wollte Taylor die jeweils optimale Weise, eine Arbeit zu verrichten, bestimmen. Management hieß aus seiner Sicht zum Beispiel auch, die effizienteste Technik des Schaufelns zu ermitteln (das optimale Gewicht für eine Schaufelladung betrug laut Taylors Studie 9,5 kg) und dafür zu sorgen, dass alle Arbeiter sie übernehmen.

Die wissenschaftliche Betriebsführung betrachtete die Arbeiter als austauschbare Rädchen – ein Ansatz, der vielen modernen Büroangestellten bekannt vorkommen dürfte. Denn auch wenn Taylors ursprüngliche Ideen in ihrer späteren Anwendung durch ein gewisses Maß an Menschlichkeit abgeschwächt worden sind, zählen die Prinzipien des Taylorismus noch immer zum Kern dessen, was als gutes Management gilt – sei es im Lehrplan der HBS, der Six-Sigma-Zertifizierung für geringere Fehlerquoten oder der Best-Practice-Checkliste von Accenture. Entscheidungen über die Verwendung von Unternehmensressourcen müssen sich auf Informationen stützen: Welche Stoffarten verkaufen sich am schnellsten, welche werfen die höchsten Gewinne ab, welche Arbeitnehmer verdienen eine Beförderung und welche sollte man entlassen? Diese Datenflut veranlasste die Eisenbahnunternehmen im 19. Jahrhundert zur Entwicklung von Informationssystemen. Um eine Unordnung wie in den Fabriken von Tarapur zu vermeiden, braucht es Informationssysteme, die einen Überblick gewährleisten.

Nicht jeder muss bis ins letzte Detail wissen, was in der Fabrik passiert. Der für das Lager zuständige Vorarbeiter muss praktisch jedes Stück Garn im Auge behalten. Weiter oben in der Unternehmenspyramide, wo Herr Samata und andere Fabrikbesitzer oder der GM-Manager Alfred P. Sloan sitzen, genügen zusammenfassende Informationen über den Güterfluss durch die Fabrik. Zu viele Details wären erdrückend.

Effektives Management erfordert also nicht nur ein effizientes Zusammentragen von Informationen, die Daten und Zahlen müssen auch zu denen gelangen, die sie brauchen. Herr Samata sollte nicht den Lagerraum verwalten, auch wenn er dies mangels effektiver Managementsysteme tut. Und Alfred P. Sloan sollte sich nicht über die Aufgabenverteilung am Fließband den Kopf zerbrechen oder die Zusammenstellung des Entwurfsteams für Radkappen beaufsichtigen. Topmanager sollten sich mit den allgemeinen strategischen Fragen befassen, vor denen ihr Unternehmen steht: Eröffnen wir ein zweites Werk? Erhöhen wir nächstes Jahr beim neuen Modell die Preise? Stellen wir die Gewerkschaft bei den Lohnverhandlungen auf die Probe? Nachdem solche Entscheidungen gefallen sind, erfolgen die Unternehmenshierarchie hinab die entsprechenden Anweisungen – ein weiterer Informationsfluss –, und danach beginnt der Prozess von Neuem. Funktionieren die Managementsysteme, dann lässt sich überprüfen, ob alles ordnungsgemäß erledigt wird, und zudem entscheiden, was als Nächstes zu tun ist.

Herr Samata stand nicht an der Spitze einer solchen Hierarchie, und mangels modernen Managements musste er den Lagerschlüssel um den Hals tragen. Alfred P. Sloan dagegen schrieb 1924 in einem Essay über das GM-Management, die höheren Manager würden sich «gewöhnlich kaum mit Einzelheiten befassen. Die dringen zu uns gar nicht durch. Ich arbeite recht hart, aber an besonderen Fragen.»[81]

Die Nachteile dieses Systems liegen auf der Hand: Wenn ein Mitarbeiter eine wichtige Information für den Chef des Chefs seines Chefs hat, hindern die Regeln ihn daran, sie ihm zu geben. Außerdem fühlt er sich von den Entscheidungen abgeschnitten, die den Kurs des Unternehmens bestimmen.

(Es gibt noch einen anderen Grund, warum man nicht unter Umgehung der Unternehmenshierarchie seinen Vorgesetzten anschwärzen kann, und der betrifft die Leistungsmaximierung im mittleren Management.[82] Stellen wir uns eine Verlagslektorin vor, die neue Talente entdecken und unter Vertrag nehmen soll. Mit Autoren freundschaftlich zu verkehren, gefällt ihr, und ihre Interessen sind eher literarischer als kommerzieller Art. Trotzdem kann sich der Verlagschef dafür entscheiden, ihr die Vollmacht für Verträge mit neuen Autoren zu geben, damit sie bei der Suche nach vielversprechenden Manuskripten vollen Einsatz zeigt. Wenn sie ständig befürchten muss, überstimmt zu werden, wird sie nur halbherzig bei der Sache sein. Der Lektoratsassistent findet vielleicht, dass die Lektorin zu oft mit Literaten zu Mittag speist, und könnte damit drohen, ihren Vorgesetzten zu informieren. Damit die Lektoren wirklich die Hoheit über neue Verträge haben – und durch viele Stunden Arbeit die nötigen Beziehungen aufbauen –, muss sich der Verlagschef deshalb strikt an die Regel halten, mit den unteren Ebenen nur durch die jeweiligen Vorgesetzten zu kommunizieren.)

Die wesentliche Rolle des Managers, zumindest in der wirtschaftlichen Logik des Unternehmens, besteht darin, Informationen zu sammeln, zu verarbeiten und dann nach oben und unten weiterzugeben, die Kontrolle der Eigentümer zu stärken und Anregungen seitens der Beschäftigten zu filtern. Ohne einen solchen Informationsfluss landen wir wieder in der

Welt von Herrn Samata oder sogar des Ein-Mann-Unternehmens eines Scott Urban.

Die Schattenseiten des Managements (I): Beförderung in die Inkompetenz

Wenn Sie unter fünfzig sind, haben Sie höchstwahrscheinlich noch nie von Dr. Laurence Peter gehört. Vermutlich wissen Sie nicht einmal, wie sein Prinzip lautet. Doch sofern Sie nicht das Leben eines Einsiedlers führen, kennen Sie es bestimmt: «In einer Hierarchie neigt jeder Beschäftigte dazu, bis zu seiner Stufe der Unfähigkeit aufzusteigen.» Das ist das «Peter-Prinzip». Sobald ein Arbeitnehmer auf dieser Stufe angelangt ist, werden seine Vorgesetzten keine weitere Beförderung mehr vorschlagen, woraus sich «Peters Schlussfolgerung» ergibt: «Nach einer gewissen Zeit wird jede Position von einem Mitarbeiter besetzt, der unfähig ist, seine Aufgabe zu erfüllen» – eine prägnante Formulierung dessen, was Manager und die von ihnen geführten Massen gleichermaßen plagt.

Peter stellte sein Prinzip im Januar 1967 in der Zeitschrift *Esquire* vor und entwickelte seine Überlegungen ein paar Jahre später zu einem schmalen Büchlein weiter, das laut Untertitel erklären sollte, «warum immer alles schiefgeht». Darin führte Peter, wie er augenzwinkernd schrieb, die heilsame Wissenschaft der «Hierarchologie» ein.

Das Peter-Prinzip ist eine humorvolle Auseinandersetzung mit den Mängeln von Unternehmen, eine «trockene Satire der heiteren Art», wie ein Rezensent meinte. Es bietet allerlei Taxonomien der Missstände von Hierarchien sowie ein umfangreiches Glossar mit Stichworten wie «Alger-Komplex» und «Völlige Irrelevanz». Besonders schöne Einträge: «Tabula-Gigantismus» («zwanghaftes Streben nach dem größten Schreibtisch») und «Papyromanie» («zwanghaftes Anhäufen von Papier» – der Angestellte versucht «seine Unfähigkeit dadurch zu verbergen, dass er den Eindruck erweckt, er habe «zu viel zu tun»). Im letzten Kapitel, «Erweiterung der Darwin'schen Lehre», werden die Dinosaurier als Opfer der negativen Folgen des Peter-Prinzips dargestellt: Sie wollten die Erde beherrschen, überstrapazierten ihre Fähigkeiten damit und starben aus. Dasselbe Schicksal, so Peter, könnte die Menschheit erleiden – eine These, die vielleicht ihrerseits einer augenzwinkernden Selbstüberschätzung Peters entspringt.

Doch jenseits aller Witze traf das Peter-Prinzip bei den von Managern Geführten dieser Erde einen Nerv. Anderthalb Jahre lang stand es auf den ersten Plätzen der New York Times-Bestsellerliste. Peter wurde ein Dauergast in den Talkshows und von Unternehmerverbänden im ganzen Land zu Vorträgen eingeladen. Einige der größten amerikanischen Konzerne wollten ihn sogar als Berater anheuern. (Peter lehnte ab – das wäre oberhalb seiner Stufe der Kompetenz gewesen.)

Das Peter-Prinzip und sein Erfolg bedeuteten einen weiteren Rückschlag für Chandlers Revolution des Managements, die Amerikas Unternehmen Macht gegeben, die Heere der Angestellten dagegen durch Vorschriften und Bürokratie erdrückt hatte. Die Logik des Prinzips war bestechend: Dass sich jemand auf den unteren Rängen bewährt, besagt noch nicht zwangsläufig etwas über seine Fähigkeit, andere zu führen. (In der Fernsehserie The Office wird der prämierte Verkäufer Michael Scott auf den Posten des Regionalmanagers befördert – wo er sich als hoffnungslos untauglich erweist.) Und es kehrte die Unternehmenshierarchie zugunsten des einfachen Angestellten um. Eine Konsequenz des Peter-Prinzips lautete nämlich: «Die Arbeit wird von den Mitarbeitern erledigt, die ihre Stufe der Inkompetenz noch nicht erreicht haben» – also vom kleinen Mann in der Bürozelle, nicht vom Manager im Vorstandsbüro. Laut Peters Modell hindern die Beschäftigten sogar durch ein subtiles Management von unten ihre Vorgesetzten daran, größeren Schaden anzurichten.

Auch bei seriösen Wissenschaftlern stieß Peters Arbeit auf Interesse – nicht zuletzt, weil sie zumindest teilweise treffend war: Wer ins Management befördert wird, weil er sich auf einer unteren Unternehmensebene bewährt hat, muss noch lange kein guter Manager sein.[83] Selbst mit den ausgeklügeltsten Beförderungsregeln können sich Firmen unterdurchschnittliche Führungskräfte einhandeln. Edward Lazear, Ökonom in Stanford und ehemals Vorsitzender von George W. Bushs Wirtschaftsberaterkreis, bemerkt in seinem Artikel «The Peter Principle: A Theory of Decline», dass manche Arbeitnehmer nur bis zu einer wichtigen Beförderung hart arbeiten und es sich danach bequem machen. Laut dieser Variante des Peter-Prinzips sind Manager nicht beschränkt, sondern schlicht faul. Trotzdem rät Lazear Unternehmen nicht zu einer anderen Verfahrensweise: Die Aussicht auf mehr Gehalt, einen höheren Status und einen Managementposten sporne die Arbeitnehmer zur Konkurrenz um die begehrte Beförderung an, und diese verstärkten Leistungen fallen laut Lazear häufig stärker ins Gewicht als die Kosten trödelnder Manager.

(Eher in die Kategorie Kuriosa fiel die Verleihung des «IgNobel-Preises» 2010, eine amerikanische Parodie auf die schwedische Auszeichnung, an drei italienische Komplexitätsforscher von der Universität Catania, die einen Ausweg aus der von Peter aufgezeigten Falle der Inkompetenz fanden: Sie wiesen mathematisch nach, dass Unternehmen effizienter arbeiten, wenn sie Beförderungen nach dem Zufallsprinzip vornehmen.)[84]

Für Angestellte, die ihre Grenzen kennen und eine Beförderung vermeiden wollen, hat Peter Rat: Selbstdemontage bzw. «Peters Abwehr». Fühlt sich ein Arbeitnehmer auf seiner Stelle wohl, muss er sich durch «schöpferische Unfähigkeit» als ungeeignet für einen höheren Posten darstellen. Dezente Hinweise auf ein moralisch zweifelhaftes Privatleben, eine Überdosis Parfum oder gelegentliches Parken auf dem Parkplatz des Chefs zählen dabei zu Peters Favoriten. Diese Strategie unterliegt allerdings einem Vorbehalt: Seien Sie nicht so unfähig, dass Sie entlassen werden.

Manager nach dem Zufallsprinzip auszuwählen oder vorsätzlich die eigene Beförderung zu sabotieren, scheint etwas absurd zu sein. Wir alle erkennen einen effektiven Manager, wenn wir einen sehen – warum befördert man also nicht einfach die richtigen Leute, unabhängig davon, ob sie ihre bisherigen Aufgaben gut erfüllt haben? Das Problem ist, dass man einem Verkäufer oder Ingenieur seine Talente als Manager nur schwer ansehen kann.

Manche Firmen versuchen es trotzdem. Google zum Beispiel, wie immer ganz das IT-Unternehmen, hat mit viel Aufwand an einem Code für Managerqualitäten gearbeitet. Ausgangspunkt war der Befund, dass bislang vor allem technische Expertise als Beförderungsgrund galt, die hervorragenden Techniker sich aber nicht als hervorragende Manager bewährt haben. In einem der führenden IT-Giganten des 21. Jahrhunderts war das Peter-Prinzip quicklebendig.

Mit der Initiative «Project Oxygen» versuchte Google zu erfassen, welche Eigenschaften die Leiter der produktivsten Teams gemeinsam hatten, um daraus eine Liste von acht Qualitäten exzellenter Manager zu erstellen.[85] Die meisten davon – zum Beispiel das «Verfolgen einer klaren Vision und Strategie» – lassen sich bei einem aufstrebenden Techniker aber nicht unbedingt leicht erkennen. Die Liste mag für das Training neuer Manager geeignet sein, bei der Talentsuche hilft sie aber ebenfalls kaum weiter. Nur Eigenschaft acht, «technische Fertigkeiten», ist leicht zu erkennen und quantifizierbar. Vielleicht ist es schlussendlich gar nicht so absurd, sich an das Peter-Prinzip zu halten.

Die Schattenseiten des Managements (II): Führungskräfte versus Geführte

Ohne Manager würden Unternehmen wahrscheinlich zum Stillstand kommen. Zumindest könnte es schnell so aussehen wie in den indischen Fabriken, wo schweres Gerät die Gänge blockiert und die Eigentümer den Lagerschlüssel um den Hals tragen. Oder wie es ein bekannter Manager von Softwareprogrammierern, der nebenher als Management-Guru tätig ist, formulierte: «Während sie den ganzen Morgen sinnlos auf diesen einen Programmierfehler gestarrt haben, Kollege, habe ich dieses Unternehmen am Laufen gehalten.»[86]

Untersucht man allerdings, womit Manager den Tag verbringen, dann scheinen sie schwerlich der Motor des Unternehmens zu sein. Nehmen wir zum Beispiel einen der natürlichen Lebensräume des Managers: die Sitzung. Sitzungen scheinen oft schlecht vorbereitet, ja eine gewaltige Zeitverschwendung zu sein – und manchmal sind sie dies sicher auch. Während sie für den Manager fester Bestandteil seiner Tätigkeit sind, so der Programmierer und Risikokapitalgeber Paul Graham, kosten sie den «Produzenten» – den Arbeiter, der tatsächlich etwas herstellen möchte – wertvolle Zeit. Graham schreibt: «Es gibt zwei Arten von Tagesablauf, den des Managers und den des Produzenten. Der erste ist etwas für den Chef. Er schlägt sich im traditionellen Terminkalender nieder, der den Tag in einzelne Stunden unterteilt. Wenn nötig, kann man mehrere Stunden für eine bestimmte Aufgabe blocken, aber normalerweise macht man jede Stunde etwas anderes.» Weiter schreibt Graham: «Für den Tagesablauf des Produzenten sind Sitzungen ein Desaster. Eine einzige Sitzung kann einen ganzen Nachmittag ruinieren, indem sie ihn in zwei Teile zerschneidet, die beide zu kurz für anspruchsvolle Aufgaben sind.»[87]

Wie das Peter-Prinzip nimmt sich diese Feststellung wie eine wohltuende Portion gesunder Menschenverstand in einer Welt organisatorischen Unsinns aus, betont sie doch die Tatsache, dass es der durchschnittliche Arbeiter ist, der tatsächlich etwas schafft. Ohne Produzenten, so der Gedanke, gäbe es überhaupt keine Unternehmen. Das stimmt – und welcher einfache Arbeitnehmer würde das nicht gerne hören? Die scheinbare Nutzlosigkeit von Sitzungen erklärt sich aber zumindest teilweise daraus, dass die Übermittlung «weicher» Informationen – all das, was sich nicht in einer Tabelle erfassen lässt – von Natur aus ineffizient vonstattengeht. Die schriftlichen Pendants zur Sitzung, Memos und Berichte, sollen ebenfalls Informationen bündeln und das Unternehmen damit füttern, und sie lenken den Produzenten ebenfalls von der «wirklichen» Arbeit ab, die getan werden muss.

Aus demselben Grund, weshalb McDonald's den Franchisenehmern kein Roastbeef auf der Speisekarte erlaubt, müssen Großunternehmen daher ein gewisses Maß an Uniformität durchsetzen. Dafür sind die Manager zuständig – sie müssen die Inputs, auch Informationen, einer Qualitätskontrolle unterziehen. Diesem Zweck dienen Sitzungen, Memos und Berichte als wesentliche Mittel des Managements, auch wenn es den Anschein haben kann, dass sie nur die Arbeit derer stören, die sich als die einzigen produktiven Arbeiter sehen.

Auf Managern lastet insofern der doppelte Fluch, ein organisatorisches Erfordernis durchsetzen zu müssen und damit bei den Beschäftigten auf Ablehnung zu stoßen. Sie beaufsichtigen und koordinieren die schwierigen Arbeiten, die der Markt nicht übernehmen kann – das erfordert weiche Informationen und Sitzungen, die gleichermaßen wichtig wie unbeliebt sind. Indem wir die Manager für dieses Ärgernis verantwortlich machen, begehen wir einen «fundamentalen Attributionsfehler», wie es in der Psychologie heißt: Wir weisen die Schuld der Person zu, nicht ihrer schwierigen Situation. Eine kurz angebundene Kellnerin halten wir für eine unhöfliche, brüske Person, anstatt ihre Überforderung durch den hektischen Mittagsbetrieb wahrzunehmen. Ebenso werfen wir Managern vor, uns zu gängeln, obwohl sie ihre Aufgabe gar nicht anders erfüllen können.

Es ist außerdem eine traurige Tatsache, dass die meisten von uns häufig ungern zur Arbeit gehen und lieber am Strand, bei der Familie oder im Urlaub wären. In David Mamets Drehbuch für den Film *Heist – Der letzte Coup* heißt es: «Jeder braucht Geld. Deswegen will es ja auch jeder haben.» Leicht abgewandelt könnte man auch sagen: «Niemand braucht Arbeit. Deswegen will ja auch niemand arbeiten.»

Firmengründer wie Scott Urban haben eine eigene Motivation: Sie sind von dem leidenschaftlichen Drang getrieben, revolutionäre Technologien zu erfinden und die Welt zu verändern, ja zu verbessern. Wenn sie über ihre Firmen reden, bekommen sie leuchtende Augen. Die ersten Mitarbeiter teilen diesen Eifer häufig noch. Wenn das Unternehmen jedoch wächst, werden die meisten Mitarbeiter eher durch den monatlichen Gehaltsscheck motiviert. Aufgabe des Managers ist es, dafür zu sorgen, dass auch eine Mitarbeiterin, die nicht mit leuchtenden Augen über die Firma spricht, effizient arbeitet. Und wie sehr man seine Arbeit auch mag, es gibt immer bestimmte Dinge, die man lieber nicht täte.

Wer lieber Solitär spielen oder im Internet seinen nächsten Urlaub buchen würde, ja selbst ein engagierter Mitarbeiter, der trotzdem die angenehmen Aufgaben den weniger angenehmen, aber genauso wichtigen vorzieht, wird sich durch die Beaufsichtigung durch den Manager häufig gestört fühlen.

Aber der Manager soll auch nicht der beste Freund des Arbeitnehmers sein, sondern ihn zur Arbeit antreiben. Aus der Perspektive des Arbeitnehmers zeichnet sich ein guter Vorgesetzter durch Empathie und Verständnis aus. Aus Sicht des Unternehmens ist gegen Empathie nichts einzuwenden, solange sie nicht die Produktivität senkt. Es ist aber vielfach belegt, dass man es dabei auch übertreiben kann. Eine Studie über kambodschanische Textilfabriken ergab, dass Empathie-Trainings für Vorgesetzte zufriedenere Arbeiter zum Ergebnis hatten, die ihren Vorgesetzten auch mehr Sympathie entgegenbrachten, aber nicht produktiver als vorher waren.[88]

Umgekehrt können Manager die Produktivität auch durch Methoden steigern, die die Moral der Beschäftigten untergraben. Erinnern wir uns an das Datensystem CompStat, das Peter Moskos bei der Polizei in Baltimore kennenlernte. Detaillierte Informationen über die wöchentlichen Straftaten in jedem Abschnitt ermöglichen es der Polizeiführung, rechtzeitig Problemgebiete zu erkennen und die leitenden Beamten im Falle eines Versagens zur Rechenschaft zu ziehen. Das Magazin *New York* attestierte der New Yorker Polizei in einem Bericht von 2012 «zwei hervorstechende Eigenschaften: Effektivität und Unzufriedenheit». Seit der Einführung von CompStat waren die Straftaten in der Stadt um mehr als ein Drittel gesunken – ebenso aber die Moral der Beamten.

Und was ist mit guten Arbeitnehmern, möchten Sie wissen? Will sagen: Warum kann *Ihr* Arbeitgeber nicht *Sie* in Ruhe lassen? (Denn sicherlich zählen Sie zu den guten Arbeitnehmern.) Vergegenwärtigen Sie sich einfach, was jeder Nachbar eines Serienmörders sagt: «Er war freundlich und ruhig. Ein guter Nachbar.» Ganz genau – bis man anfing, die Leichen in seinem Garten auszugraben. Und so hat auch Herr Samata nur gute Arbeitnehmer – bis er die Lagerbestände einer Inventur unterzieht.[89]

Besseres Management kann Leben retten

Falls das Managementexperiment in Indien noch nicht überzeugend gewesen sein sollte, lässt sich auf einen nüchternen Vergleich der Bedeutung von Managern und Arbeitern verweisen, den Ethan Mollick von der Wharton School unternommen hat. Mollick untersuchte 854 Hersteller von Computerspielen mit einem Gesamtumsatz von mehr als vier Milliarden Dollar, um herauszufinden, welche Beteiligten am meisten zum Erfolg des Produkts beitragen. Computerspiele werden von Projektteams aus ein paar Dutzend Programmierern und Technikern entwickelt, die einige Monate lang intensiv zusammenarbeiten. Die Aufsicht liegt bei einem Produzenten, der für die Einhaltung von Zeitplan und Budget verantwortlich ist. Treibende Kraft der Spielentwicklung ist der Projektdesigner: Er führt das Team von den ersten Entwurfszeichnungen zur fertigen Software und wirkt dabei als der entscheidende Innovator und Macher, als kreativer Motor der Softwareentwicklung. Der Produzent fungiert dagegen als ein häufig unbeliebter Projektmanager, der ständig Kosten und Termine im Blick haben muss.

Da die Spielentwicklung auf Projektbasis organisiert ist, arbeiten die Designer, Produzenten und Programmierer in ein und demselben wie in verschiedenen Unternehmen in ständig wechselnden Teams zusammen. Dadurch konnte Mollick ihren jeweiligen Anteil am Erfolg oder Misserfolg eines Spiels ermitteln. Wenn zum Beispiel ein Designer durchweg Blockbuster entwickelt, egal mit welchem Produzenten oder Unternehmen er zusammenarbeitet, dann dürfte dies seiner Brillanz und nicht den jeweiligen Kooperationspartnern zu verdanken sein. Ebenso wird ein Produzent wahrscheinlich selbst dafür verantwortlich sein, wenn er ständig Flops auf den Markt bringt. Anhand des Ausmaßes, in dem Erfolg und Misserfolg der Spiele mit der Beteiligung bestimmter Produzenten und Designer korrelierten, konnte Mollick das Gewicht der unterschiedlichen Jobs bestimmen.

Mollicks Ergebnisse widerlegen die Vorstellung, dass die eigentlichen Arbeiter wichtiger seien als die Manager. Die Differenzen im Umsatzerfolg der Spiele sind ihm zufolge zu 30 Prozent allein auf die Designer und Produzenten zurückzuführen, vor allem aber auf Letztere.

Wie Mollick trocken formulierte: «Unterschiede im mittleren Management wirken sich besonders stark auf die Unternehmensleistung aus, viel stärker als Unterschiede unter Personen mit kreativen Aufgaben. Um die Unternehmensleistung in kreativen, innovativen und wissensintensiven Industrien zu fördern, braucht es ein mittleres Management.» Mit anderen Worten: Der langweilige Manager hat mehr Anteil am Erfolg des Projekts als der Designer, wie extravagant dessen Brille auch sein mag.

Zu ähnlichen Befunden kamen Nick Bloom von der Stanford University und seine Koautoren, als sie den World Management Survey erweiterten, indem sie eine internationale Studie über die Managementpraktiken von Unternehmen, gemeinnützigen Organisationen und staatlichen Institutionen in Sektoren von Gesundheit und Bildung über Einzelhandel bis zur Industrie durchführten. Da die Kompetenzen des Managements stark schwanken, konnten die Forscher prüfen, ob ein gutes Abschneiden der Manager auch mit höheren Gewinnen und höherer Produktivität einhergeht.

Die Ergebnisse waren verblüffend. Durch die Untersuchung von 1500 Schulen in Nordamerika und Europa gelangten die Forscher zu dem Schluss, dass Schüler auf besser geführten Schulen bessere Leistungen erzielen. In einer Studie über kanadische, amerikanische und britische Einzelhandelsunternehmen fanden sie heraus, dass die relativ leistungsschwachen Familienbetriebe im Vergleich zu hoch produktiven multinationalen Ketten mangelhafte Managementpraktiken aufweisen. Und in ihrer Krankenhausstudie zeigte sich sogar, dass Management buchstäblich eine Frage von Leben und Tod sein kann. Für Länder mit besser geführten Krankenhäusern ermittelten sie eine höhere Überlebensrate bei Herzinfarkt, kürzere Wartezeiten und bessere Resultate bei Operationen. Auch wenn die Studien gewisse Mängel haben – schwedische und italienische Krankenhäuser unterscheiden sich nicht nur im Management, sondern auch in vieler anderer Hinsicht –, sollten die Ergebnisse den von Managern Geführten dieser Erde zumindest Anlass sein, etwas genauer darüber nachzudenken, was die Führungskräfte tun.

Kapitel 6

Die Perspektive des Chefs

90 000 Dollar für einen Teppich, fast genauso viel für zwei Sessel, 35 000 Dollar für eine Toilette und 1400 Dollar für einen Papierkorb – dies waren nur einige wenige der Ausgaben für das neue Büro von John Thain, als er im Dezember 2007 Vorstandschef von Merrill Lynch wurde. Insgesamt belief sich die Rechnung auf stattliche 1,2 Millionen Dollar – fast genug, um fünf durchschnittliche Einfamilienhäuser zu kaufen.

Diese Ausgaben waren ein Grund dafür, dass Thain nur ein gutes Jahr später wieder zurücktrat, und sie förderten das verbreitete Bild des in hemmungslosem Luxus schwelgenden Vorstandschefs – vergoldete Armaturen, eichengetäfelte Büros, Mitgliedschaft im exklusiven Country Club, Limousine samt Chauffeur, alles großzügig vom Unternehmen bezahlt. (Allein der Fahrer von Thains Limousine kostete 230 000 Dollar – 85 000 Dollar Grundgehalt, der Rest entfiel auf Überstunden und Zulagen.)

In der Zeit des «Unternehmensmenschen», erklärt Rakesh Khurana, Professor an der Harvard Business School, machten sich auch die Führungskräfte die Hände schmutzig. Sie gelangten durch beharrliche Arbeit nach oben und waren genauso wenig öffentlich sichtbar oder berühmt wie andere Mitarbeiter. Das alles änderte sich jedoch in den 1980er-Jahren mit herausragenden Figuren wie Lee Iacocca, Steve Jobs und Jack Welch – Männer, die meist ein außergewöhnliches Charisma und übergroßes Ego hatten und von den Märkten und der Öffentlichkeit gleichermaßen mit beinahe religiösem Eifer dafür verehrt wurden, als Retter aus dem Himmel herabzusteigen, um Resultate zu erzielen und die Aktienkurse zu beflügeln.[90]

Während Börse und Wirtschaftspresse den Vorstandschefs weiterhin eine wichtige Rolle für leistungsstarke Unternehmen beimessen, gelten sie in der breiteren Öffentlichkeit seit 2008 vor allem als die Verantwortlichen für eine gewaltige Pleitewelle. Die Vorstände der Detroiter Automobilhersteller vermochten selbst bei einem Ölpreis von 120 Dollar pro Barrel nicht über Sprit schluckende Geländewagen hinauszudenken. (Nach der heftigen Kritik daran, dass sie zur Anhörung vor dem Kongress im Privatjet nach Washington angereist waren, durchquerten sie beim nächsten Termin wie Angeklagte auf dem Weg ins Gericht im Wagen das Land.) Vermeintlich unfehlbare Banker hatten unterdessen Subprime-Hypotheken im Umfang von mehreren Billionen Dollar angehäuft, die praktisch wertlos geworden waren.

Je nachdem, wen man fragt und welcher Wochentag gerade ist, gelten Topmanager daher entweder als brillant oder als hoffnungslos unfähig. Doch was immer sie tatsächlich wert sind, sie verdienen Millionen und immer häufiger sogar Milliarden. Was aber tun sie eigentlich? Und sind sie ihr Geld wert?

Ein Tag im Leben eines Vorstandschefs

Henry Mintzberg zählt zu einer kleinen Gruppe von Forschern, die sich darum bemüht haben, uns einen Einblick in die exklusive Welt der Vorstandschefs zu geben. Seit er vor fast vier Jahrzehnten zum ersten Mal in Erscheinung getreten ist, gilt er als Management-Guru – als ein kahl werdender, eigensinniger und streitlustiger Management-Guru. Seine Laufbahn begann Mintzberg allerdings gar nicht als Manager, sondern als Ingenieur. Über Unternehmen lernte er zunächst etwas bei der Kanadischen Eisenbahn. In seinen Memoiren schreibt Mintzberg, den Zusammenstoß zweier schneller Güterzüge zu beobachten, sei eine hervorragende Methode, um die Grundmechanismen von Unternehmensfusionen zu begreifen.

Nach ein paar Jahren kündigte Mintzberg, um zu studieren – nicht mit dem Ziel, später die Karriereleiter bei der Eisenbahn zu erklimmen, sondern eher aus Bequemlichkeit. Er schrieb sich für einen Master-Studiengang an der damaligen Sloan School of Industrial Management am MIT ein.[91] Ein Jahr später, nachdem er seine Seminare absolviert hatte, trennte ihn nur noch die schriftliche Arbeit von einem Doktortitel. Sechs Monate lang drehte Mintzberg Däumchen und wartete darauf, dass sich tiefschürfende Gedanken oder eine göttliche Eingebung für ein bedeutsames Thema einstellten. Dann wandte sich NASA-Direktor James Webb, der die Apollo ins All gebracht hatte, an einen der Betreuer Mintzbergs und bot sich als Forschungsobjekt an. Da sich an der Sloan School, zumindest laut Mintzberg, sonst niemand für Management und Manager interessierte, fiel

Mintzberg die Aufgabe in den Schoß, Webb zu begleiten und herauszufinden, was Manager eigentlich tun.

Webb konnte Mintzberg schlussendlich doch nicht beobachten, aber er blieb bei der Idee und heftete sich für seine Arbeit fünf anderen Führungskräften, vor allem Vorstandschefs, an die Fersen. Sie leiteten Einrichtungen und Unternehmen ganz unterschiedlicher Art: John Knowles das gemeinnützige Krankenhaus Mass General, Charlie Brown das Schulwesen in Newton, Massachusetts, James Gavin die Beratungsfirma Arthur D. Little, Harry B. (für Bulova) Henshel den Uhrenhersteller Bulova und Bernard O'Keefe das Hightech-Rüstungsunternehmen EG&G.

Mintzbergs fünf Forschungsobjekte ergaben bei Weitem keine wissenschaftlich repräsentative Auswahl, und die von ihm vorgelegte Anekdotensammlung würden heutige Akademiker kaum als seriöse Analyse gelten lassen. Seine Ergebnisse aber wurden knapp fünfzig Jahre später durch eine Studie bestätigt, für die HBS-Professorin Raffaella Sadun gemeinsam mit Oriana Bandiera und Andrea Prat von der London School of Economics die Tagesabläufe einer deutlich repräsentativeren Auswahl von mehr als hundert Unternehmenschefs untersuchte. Die Studie gelangte zu ganz ähnlichen Befunden, obwohl sie an italienischen Topmanagern – die Unternehmen ähnlich den amerikanischen Fortune 500 führten – und in einer völlig anderen Ära durchgeführt wurde. (Mintzbergs Führungskräfte kannten noch keine E-Mails, ja nicht einmal Telefonkonferenzen und Faxgeräte.)

Trotz gewaltiger Unterschiede in puncto Kunden, Produkte und Unternehmensgröße verbrachten Mintzbergs fünf Führungskräfte und Saduns hundert Italiener den Tag in sehr ähnlicher Weise: mit Sitzungen.

Der Terminkalender des Vorstandschefs

Die Erkenntnisse, die er durch die Beobachtung der fünf Führungskräfte gewonnen hatte, und einige Befunde ähnlicher Studien über den Tagesablauf von Managern fasste Mintzberg in dem prägnanten Artikel «The Manager's Job» für die *Harvard Business Review* zusammen. Diese Schilderung von «Gebräuchen und Fakten» war der Beginn seiner Karriere.

Mintzbergs Protokolle beschrieben ein von ständigen Unterbrechungen geprägtes Leben. In den insgesamt fünfwöchigen Beobachtungen kam es selten vor, dass eines seiner fünf Studienobjekte länger als 15 Minuten in

Ruhe allein sein konnte. Die Hälfte ihrer Aktivitäten dauerte weniger als neun Minuten – und dies war vor der BlackBerry-Ära –, nur zehn Prozent länger als eine Stunde. Diese längeren Zeitabschnitte wurden von stundenlangen Sitzungen ausgefüllt, auf denen es vor allem darum ging, die neuesten Brandherde und Streitigkeiten in den Griff zu bekommen.[92] Die persönlichen Gespräche der Manager waren zu mehr als 90 Prozent nicht geplant, sondern ergaben sich spontan.

Mintzbergs Befunde widersprachen direkt der damaligen Lehrmeinung an der Sloan School, Management sei eine Wissenschaft wie Physik oder Chemie. Die Bestandteile des Unternehmens, Menschen wie Maschinen, sollten sich in einer berechenbaren, von den ehernen Gesetzen der Sozialwissenschaft bestimmten Weise verhalten, die kluge Beobachter erkennen und kompetente Manager steuern konnten. Die Führung eines Unternehmens galt im Wesentlichen als ein technisches Problem; Management-Informationssysteme, die die Wissenschaftler in Sloan und andernorts entwickelten, sollten den Chefs alle erforderlichen Informationen bereitstellen. Aufgabe des Vorstandschefs war es demnach, die Räder der Maschine einer Feinabstimmung zu unterziehen und ihre nächsten Aufgaben festzulegen.

Doch wie Mintzberg in seinem Essay bemerkte, unterschied sich die tägliche Routine des Unternehmenschefs kaum von der seiner Vorgänger hundert Jahre zuvor. Nicht moderne Systeme, sondern Gespräche versorgten ihn mit dem Großteil seiner Informationen, und die kurzen Phasen, in denen er allein war, dienten nicht der Besinnung, sondern waren dazu da, rasch die Zeitungen durchzusehen und die Korrespondenz abzuarbeiten.

Sadun und ihre Kollegen zielten auf mehr wissenschaftliche Strenge, indem sie die Sekretärinnen der italienischen Topmanager um die Archivierung von Terminkalendern baten. Solche Sekretärinnen sind 365 Tage im Jahr damit beschäftigt, den Tagesablauf ihrer Chefs beinahe im Minutentakt zu organisieren. Wie Rosanne Badowski, langjährige Sekretärin des bekannten GE-Chefs Jack Welch, einmal erklärte: «Mehr als vierzehn Jahre lang war ich ein menschlicher Anrufbeantworter, Telefonnummernspeicher, Textverarbeitungsprogramm, Filtersystem und Rechercheassistentin, ich war Berater, Zugpferd, Kumpel und Überbringerin guter wie schlechter Nachrichten, betätigte mich als Hausdrachen, Diplomatin, Reparaturdienst, Cheerleader und Jasagerin und übernahm unter der Bezeichnung ‹Sekretärin› noch Dutzende andere Rollen.»[93]

Aktivitäten, die weniger als 15 Minuten dauerten, wurden von den italienischen Sekretärinnen nicht näher dokumentiert – sie waren als Zugpferd,

Kumpel, Reparaturdienst und Jasagerin zu beschäftigt, um solche Einzelheiten im Leben des modernen Topmanagers zu verfolgen. Diese kurzzeitigen Aktivitäten summierten sich durchschnittlich zu einem Fünftel der Arbeitszeit – knapp zehn Stunden pro Woche, beinahe exakt der auch von Mintzberg ermittelte Wert. Von den übrigen 37 Stunden verbrachten die Manager nur fünf alleine. Die anderen 32 Stunden entfielen vor allem auf Sitzungen, Telefonkonferenzen und Anlässe wie Einweihungsfeiern.

Die digitale Revolution hat Managern offenbar nicht mehr freie Zeit zulasten persönlicher Kontakte verschafft, aber sich darauf ausgewirkt, wie sie diese Zeit nutzen: Statt Zeitungen und Zeitschriften zu lesen, halten sie sich durch Blogs und Twitter-Feeds über das Weltgeschehen auf dem Laufenden, und statt der Sekretärin Briefe zu diktieren, erledigen sie ihre Korrespondenz vermehrt durch das Smartphone. Die persönliche Interaktion hat den Vormarsch von E-Mail und IT-Systemen überlebt; eine revolutionäre Virtualisierung blieb in dieser Hinsicht aus. Videokonferenzen und Telearbeit haben nicht die direkte Begegnung zwischen Menschen aus Fleisch und Blut ersetzt.

Die Feststellung, dass Steve Jobs' Verpflichtungen bei Apple in der Teilnahme an Sitzungen bestanden, ist jedoch etwa so wie die, dass Shakespeare Worte zu Papier brachte. Das stimmt zwar, ist aber als Beschreibung dessen, was Steve Jobs zu Steve Jobs machte, recht dürftig.

Was also geschieht in solchen Sitzungen? Trotz aller Mängel sind Sitzungen – und nicht Tabellen, Berichte oder Informationssysteme – das effektivste Mittel, um Einzelheiten über die Unternehmensentwicklung zusammenzutragen und die Vision des Chefs unverfälscht den vielen Untergebenen zu übermitteln. Aus diesem Grund nehmen sie im Terminkalender eines Vorstandschefs heute genauso viel Raum ein wie 1968 – oder selbst 1868. Und es gibt keinen Grund anzunehmen, dass sich das in absehbarer Zeit ändern wird.

Warum Sitzungen unverzichtbar sind

Wenn der Unternehmenschef einmal neun Minuten ungestört ist, wirft er vielleicht einen raschen Blick auf Finanzpläne, Tabellen und andere harte Fakten. Auch viele Sitzungen entsprechen durchaus dem Geist der Managementwissenschaft, insofern Bilanzen und Berichte im Mittelpunkt stehen. Doch Topmanager verbringen gerade deshalb so viel Zeit in Sitzungen, weil ihnen solche Dokumente das für die Führung des Unternehmens erforderliche Wissen schlichtweg nicht bieten können.[94]

Die Managementwissenschaftler an der Sloan School, die Sitzungen durch Berichte ersetzen wollten, vertraten eine stark von der Informatik geprägte Theorie des Entscheidungsprozesses. Demnach folgt der Informationsfluss den Berichtswegen des Unternehmensdiagramms, bis er die Wurzel jenes «auf den Kopf gestellten Baums» erreicht, den eine Firmenhierarchie darstellt. Der letzte Empfänger aller Informationen ist der Unternehmenschef. Da die zahllosen Fakten und Zahlen, die durch das Unternehmen strömen, ein einzelnes Gehirn jedoch hoffnungslos überfordern würden, werden sie dem Modell der Managementwissenschaft zufolge auf jeder Stufe von Managern auf Relevanz geprüft, sortiert und vereinfacht und schließlich zur Weiterverarbeitung an die nächsthöhere Stufe übermittelt. Und in gewissem Maß funktioniert es tatsächlich so. Wie wir in Kapitel 5 gesehen haben, werden Topmanager nicht über sämtliche Betriebsanlagen und Mitarbeiter auf dem Laufenden gehalten, sondern nur mit den Zusammenfassungen versorgt, die sie für die strategischen Entscheidungen auf höchster Ebene benötigen.[95]

Viele solcher Informationen lassen sich aber gar nicht in einem Dokument zusammenfassen. Um zu erklären, warum Berichte für Chefs niemals ein Ersatz für Sitzungen sein werden, führt Mintzberg den Historiker Richard Neustadt an, der sich in seinen Büchern über die US-Präsidenten Truman, Roosevelt und Eisenhower auch mit deren Informationsmanagement befasst hat. Die in die Macht des Präsidenten fallenden Entscheidungen etwa über Geopolitik, den Kongress oder die Wirtschaft dürften erheblich komplexer sein als die von Walmart zu treffenden Entscheidungen über die Bestellung von mehr Toastern und T-Shirts. 2010 zählte die US-Bundesregierung über zwei Millionen Beschäftigte auf ihrer Gehaltsliste, eine Walmart, dem größten privaten Arbeitgeber der Welt, vergleichbare Größenordnung. Der Bundeshaushalt im selben Jahr betrug deutlich über drei Billionen, der Umsatz von Walmart 400 Milliarden Dollar.

Doch selbst die Führer der freien Welt erhalten ihre Informationen auf eine Weise, die den Informatikern am MIT hoffnungslos ineffizient erscheinen würde. Neustadt bemerkte dazu: «Nicht Informationen allgemeiner Art, keine Resümees, Überblicksdokumente oder faden Zusammenstellungen helfen dem Präsidenten dabei, sein Ziel in den Blick zu nehmen. Es sind (…) vielmehr winzige ‹konkrete Details›, die sich in seinem Kopf so zusammenfügen, dass sie Licht auf die entscheidenden Fragen werfen. Er muss sich selbst helfen und seine Fühler so weit wie möglich nach jedem Stückchen Information, Einschätzung und Gerede ausstrecken, das seine Interessen und Beziehungen als Präsident betrifft. Er muss sein eigener Geheimdienstchef werden.» Die Entscheidung, den Einsatzbefehl zur Tötung von Osama bin Laden zu geben, traf Präsident Obama nicht allein auf Grundlage von Geheimdienstberichten und Satellitenbildern.

Auch die HBS-Professoren Michael Porter und Nitin Nohria beziehen sich in ihrer Beschreibung der Tätigkeit von Führungskräften auf Neustadt, um die Vielzahl von Sitzungen zu erklären.[96] Und wie sie bemerken, braucht ein Chef selbst im direkten Gespräch ein gewisses Talent, um den Mitarbeitern die gewünschten konkreten Details zu entlocken. Man kann sich beispielsweise gut vorstellen, dass die Ivory-Markenmanager dem Vorstand von Procter & Gamble keine unerfreulichen Anekdoten und Details mitteilen werden, denn andernfalls könnte ihre Abteilung geschlossen oder verkauft werden und wären sie ihren Job los.

Auch deshalb treffen sich die Ebenen unterhalb der Spitze häufig vor Sitzungen: Alle Interaktionen mit dem Vorstandschef müssen sorgfältig orchestriert werden, damit er einen guten Eindruck von der Entwicklung von Ivory bekommt und P&G schlussendlich mehr Ressourcen in die Seifensparte investiert. Selbst die Ad-hoc-Treffen und Begegnungen, die den Arbeitstag des Chefs ständig unterbrechen, sind zumindest ein wenig inszeniert – man präsentiert ihm kleine Informationshäppchen, um sich gefällig zu machen und ihn zu günstigen Entscheidungen zu bewegen.

Ein bleibendes Zeugnis der Höhen (oder Tiefen), die solche Schmeichelei erreichen kann, sind die Abhörprotokolle von Telefonaten des damaligen italienischen Ministerpräsidenten Silvio Berlusconi aus dem Jahr 2007, als wegen Korruptionsvorwürfen gegen ihn ermittelt wurde:

Mitarbeiter: Presidente! Guten Abend, Presidente! Wie geht es Ihnen?
Berlusconi: Ich komm so zurecht ...
Mitarbeiter: Nein ... Sie kommen aber in großartiger Form zurecht, muss ich sagen, trotz der vielen Schwierigkeiten ... Sie sind noch immer die beliebteste Persönlichkeit im Land ...
Berlusconi: Politisch bin ich im Nirgendwo ... aber gesellschaftlich halten sie mich für den Papst.
Mitarbeiter: Genau das mein ich ja, Sie sind der Beliebteste im Land, das sage ich nicht, um Ihnen zu schmeicheln ...

Danach wird es nur noch schlimmer. Dass Berlusconi in einem solchen Gespräch nur mit großer Mühe an die benötigten Informationen kommt, um Italien zu regieren (und sich strafrechtlicher Verfolgung zu erwehren), liegt auf der Hand.

Die Absprachen im Vorfeld und die Jasager im Unternehmen machen Sitzungen nur umso wichtiger, bieten sie dem Vorstandschef doch die Gelegenheit nachzuhaken, die Reaktionen darauf einzuschätzen und sein eigenes Urteil abzugeben.

So wie der Chef die benötigten weichen Informationen nur durch direkte Gespräche bekommen kann, lassen sich die meisten seiner Entscheidungen kaum durch Rundmails, den Jahresbericht oder andere Dokumente den Mitarbeitern angemessen vermitteln. Genau wie bei den Informationen, die den umgekehrten Weg durch die Unternehmenshierarchie nehmen, besteht bei seinen Botschaften das Problem, dass sie unterschiedlich ausgelegt werden können. Die Notwendigkeit, die exakte Bedeutung jedes Wortes aus dem Mund des Chefs zu erfassen, lässt einen an Bill Clintons legendäre Antwort auf den Vorwurf, er habe das amerikanische Volk belogen, denken: Das hänge «davon ab, was die Bedeutung des Wortes ‹ist› ist». Und da dachte man doch, das wüsste man.

Den Botschaften des Chefs ist, wie Nohria und Porter formulieren, die «Klangtreue» verwehrt. Auf dem Weg durch das Unternehmen, zu den Aktionären und den Kunden werden sie – teilweise vorsätzlich – entstellt und falsch interpretiert. Wenn er mehr als 80 Prozent seiner Zeit damit verbringt, in direkten Gesprächen Informationen zu bekommen, vermittelt er deshalb dabei zugleich durch Beispiele, Geschichten und konkrete Details seine eigene Botschaft, um zu verdeutlichen, was genau «unnachgiebiges Bemühen um Innovation», «Ausbau unseres Kerngeschäfts» und die vielen anderen vagen Formulierungen im Jahresbericht und der Presseerklärung bedeuten.[97] Er stellt klar, was solche Allgemeinplätze in der Praxis heißen, und führt das Unternehmen, indem er selbst mit gutem Beispiel vorangeht.

Warum Unternehmenschefs unverzichtbar sind

Der Chef nutzt Sitzungen also dafür, Erkenntnisse zu gewinnen und seine Vision der Unternehmensaufgaben zu vermitteln – er sammelt und verbreitet weiche Informationen, die sich durch standardisierte Kanäle nicht übermitteln lassen. Welcher Aufgabe, die nur er erfüllen kann, dienen diese Sitzungen und Informationen aber?

Alan G. Lafley, durch den erfolgreichen Umbau von P&G zum Management-Guru geworden, veröffentlichte seine Gedanken darüber unter der treffenden Überschrift «Was nur der Vorstandschef tun kann» 2009 in der *Harvard Business Review*. Darin stellte er fest, dass der Chef die meisten praktischen Aufgaben delegiert. Was bleibt dann eigentlich noch übrig?

Diese Frage beantwortete Lafley mit den Worten eines anderen Management-Gurus: Peter Drucker, der während der Arbeit an seiner Theorie der Unternehmensführung verstarb, sodass sie eine Skizze blieb. Lafley zitierte ihn mit der Bemerkung, der Vorstandschef sei «die Brücke zwischen dem ‹Innen›, dem Unternehmen, und dem ‹Außen›, das heißt Gesellschaft, Wirtschaft, Technologie, Märkte und Kunden. Innerhalb des Unternehmens gibt es nur Kosten. Die Resultate zeigen sich nur außerhalb.»

Nehmen wir die Vorstandsmitglieder eine Ebene unter dem Chef. Der Betriebsdirektor ist für die täglichen Abläufe zuständig und stellt sicher, dass die Produkte vom Fließband rollen, wobei sein Blickwinkel durch das primäre Ziel optimaler Ressourcennutzung begrenzt ist. Der Finanzvorstand ist im Grunde der oberste Erbsenzähler, der kaum über die Bilanzen und Gewinn-Verlust-Rechnungen hinausblickt. Für den Marketingchef wiederum ist der Kunde König – er soll dafür sorgen, dass die Produkte mindestens so schnell gekauft werden, wie das Unternehmen sie produzieren kann, und sich nicht weiter um Kostenfragen kümmern.

Die unterschiedlichen Perspektiven der Vorstandsmitglieder auf das Unternehmen erinnern an das viel bemühte, aber aufschlussreiche indische Gleichnis von den blinden Männern, die einen Elefanten beschreiben sollen, aber jeweils nur einen Körperteil befühlen dürfen. Der Blinde, der das Bein befühlt, sagt, der Elefant sei wie eine Säule; der, der den Schwanz befühlt, beschreibt ihn als Seil; der, der den Rüssel befühlt, vergleicht ihn mit einem Ast; der, der den Bauch befühlt, meint, er sei wie eine Wand; und der, der den Stoßzahn befühlt, beschreibt den Elefanten wie eine Röhre.

Um zu verstehen, was ein Elefant ist, muss man die Gesamtheit der unterschiedlichen Teile erkennen, und der Vorstandschef ist gewissermaßen der große Integrator der vielen Ansichten des Elefanten. Wie unvollkommen und ungenau seine Gesamtperspektive auch sein mag, eine andere gibt es nicht. Unter den Blinden ist der Einäugige der Vorstandschef.

Jede Beschreibung des Chefpostens beginnt mit seiner Verantwortung für die Unternehmensstrategie (auch wenn es in den letzten Jahren vermehrt eigene Manager dafür gibt) oder in Lafleys Worten für «die Entscheidung darüber, in welchem Geschäft man engagiert ist».[98] In gewissem Sinn fallen letztlich alle Entscheidungen im Unternehmen in die Verantwortung des Chefs, die meisten werden aber delegiert, damit er sich nicht mit Kleinigkeiten aufhalten muss. Lafley hätte niemals die Zeit, um die Entwicklung der jeweils neuesten Seifenformel zu beaufsichtigen oder ein Urteil darüber zu fällen, ob ein Waschmittel nach Zitrone oder Limone duften sollte. Also gibt er die Entscheidungshoheit darüber an die Manager unter ihm weiter, die sie ihrerseits weiter delegieren.

Fragen wie die hingegen, ob Apple in das Geschäft mit Telefonen einsteigen sollte, können nicht von einer einzelnen Abteilung entschieden werden. Das hängt schließlich davon ab, ob die Verbraucher iPhones wollen, ob Apple ein besseres Gerät dieser Art herstellen kann als andere Unternehmen und wie hoch die Herstellungskosten wären. Ob sie in China oder Korea produziert werden, kann der Betriebsdirektor entscheiden, und das Marketing kann zumindest teilweise dem Marketingchef überlassen bleiben. Die letztendliche Entscheidung darüber, ob Apple überhaupt ein iPhone herstellen sollte, muss jedoch die einzige Person mit der für solche großen strategischen Fragen erforderlichen Gesamtperspektive fällen – der Vorstandschef. Steve Jobs scheint solche Fragen bei Apple weitgehend richtig entschieden zu haben; iPhone und iPad sind gewissermaßen Beweisstücke für seinen immensen Erfolg (auch wenn ihm in seiner ersten Amtszeit als Apple-Chef mit dem PC Lisa kein Glück beschieden war).

Der persönliche Führungsstil

Jobs hatte den Ruf, ein außergewöhnlich dominanter Chef zu sein. Fortune beschrieb ihn als «einen Konzerndiktator, der alle wichtigen Entscheidungen selbst trifft – ebenso wie Unmengen scheinbar unwichtiger, vom Design der Shuttle-Busse, die die Angestellten nach San Francisco und zurück befördern, bis zum Essen in der Kantine».[99] Wenn auch vielleicht weniger drastisch als Jobs, üben die meisten Vorstandschefs eine starke Kontrolle über die Richtung ihrer Unternehmen aus, die ganz unterschiedlich ausfallen kann. Es spielt durchaus eine Rolle, wer an der Spitze steht. Die «Kettensäge» Al Dunlap, auch als «Rambo in Nadelstreifen» bekannt, war für Betriebsverkleinerung und Kostensenkung berüchtigt und baute als Chef von Scott Paper und später von Sunbeam im Namen der Rationalisierung Tausende von Stellen ab.

Sandy Weill war dagegen ein «Einkäufer», der kleinere Firmen schluckte und so gewaltige Unternehmenskonglomerate schuf. Binnen zwei Dekaden als Chef des Finanzriesen Shearson brachte er fünfzehn weitere Gesellschaften unter seine Kontrolle – als er das Unternehmen an American Express verkaufte, hieß es nach zweien der Zukäufe Shearson Loeb Rhoades. Danach wurde Weill Chef der kleinen Verbraucherbank Commercial Credit, mit der er die Großbank Citigroup übernahm – wiederum durch die Strategie reihenweiser Ankäufe (unter anderem kaufte er Shearson – nach einer Fusion inzwischen Shearson Lehmann – zurück).

Die Forscherinnen Antoinette Schoar und Marianne Betrand haben die Karrieren mehrerer Tausend Topmanager verfolgt und sind dabei zu dem Ergebnis gekommen, dass es tatsächlich einen persönlichen Führungsstil gibt, der auch bei einem Unternehmenswechsel beibehalten wird. Manche sind Einkäufer wie Weill, andere senken in der Manier von Dunlap die Kosten; manche nehmen Kredite auf, andere horten Geld; manche investieren in die Zukunft, andere haben nur den nächsten Quartalsgewinn im Blick. Solche scheinbar unbedeutenden Differenzen im Stil können zusammengenommen einen erheblichen Unterschied für das Unternehmen machen und sogar dessen Gewinnentwicklung beeinflussen. Dies wiederum erklärt teilweise, warum Vorstandschefs Millionen verdienen.[100]

Kaum für Bescheidenheit bekannt, scheinen die Vorstände mit ihrem außerordentlichen Gehaltsniveau auch ganz zufrieden zu sein. Als der Börsenreporter Kaveri Niththyananthan den Chef der britischen Fluggesellschaft EasyJet, Andy Harrison, 2009 auf sein Jahresgehalt von fast 4,5 Millionen Dollar ansprach, antwortete dieser lächelnd: «Ich bin es wert.»[101]

Harrisons Selbstwertgefühl erinnert an die Antwort von Ford-Chef Alan Mulally auf den Vorschlag eines Kongressabgeordneten, er möge sich angesichts des Beinahebankrotts der amerikanischen Autoindustrie mit einem Gehalt von einem Dollar bescheiden: Nein, erwiderte Mulally, «ich denke, es ist o.k., wo ich jetzt stehe» – sein damaliges Gehalt belief sich auf fast 17 Millionen Dollar.

Solche Äußerungen mögen für einfache Arbeiter, die für einen winzigen Bruchteil dieser Summen schuften, wie ein Affront wirken. Die beiden Topmanager hatten dabei aber zweifellos die Gewinnentwicklung ihrer Unternehmen vor Augen – Mulally erhielt seine knapp 17 Millionen Dollar, nachdem er Ford aus der Verlustzone geführt hatte: Nach einem Minus von

970 Millionen Dollar machte das Unternehmen nur ein Jahr später fast 700 Millionen Dollar Gewinn, während GM und Chrysler um staatliche Nothilfe bettelten, um nicht unterzugehen.[102] Bei EasyJet waren die Gewinne in dem Jahr, in dem Harrison erklärte, seine Millionen wert zu sein, zwar um 64 Prozent eingebrochen, allerdings konnte er auf fünf Jahre hintereinander mit einem Plus verweisen – eine seltene Leistung für eine Fluggesellschaft. Wenn die Vorstandschefs tatsächlich als Einzige das Ganze im Blick haben, kann man ihnen ihre Anmaßungen vielleicht nachsehen.

Sind solche Chefs tatsächlich so viel klüger (und fähiger, eine Sitzung zu leiten) als alle anderen? Vielleicht. Aber das ist nicht die entscheidende Frage. Um behaupten zu können, dass sie ihr Geld wert sind, müssen Mulally und Harrison gar nicht so viel besser als die Zweitplatzierten sein.

Fragen Sie sich einmal, wie viel Sie einem professionellen Kartenspieler dafür zahlen würden, mit Ihrem Geld Black Jack zu spielen.[103] Auch die besten Kartenzähler der Welt können ihre Gewinnchancen zwar nur um ein paar Prozent steigern, was bei geringen Einsätzen nur einige Cent ausmacht. Für professionelle Glücksspieler aber bedeuten diese paar Prozent eine Menge. Wer bei einem Einsatz von 10 000 Dollar 51 Prozent der Spiele gewinnt, wird für sich und seine Investoren in hundert Spielen einen Gewinn von 20 000 Dollar erzielen. Casinos haben diese Praxis deshalb auch verboten, und wenn sie einen Kartenzähler am Tisch entdecken, setzen sie ihn kurzerhand vor die Tür.[104]

Ein Anfänger, der häufiger verliert als gewinnt, wird rasch sein Geld los sein und wäre gut beraten, einen Experten an seiner Stelle spielen zu lassen, auch wenn er ihm für eine nur geringfügige Optimierung der Gewinnchancen mehrere 10 000 Dollar am Tag zahlen muss. Gehen die Einsätze in die Milliarden, würden Sie jemandem, dessen Gewinnchancen nur minimal über 50 Prozent liegen, sogar *Millionen* zahlen.[105] Und so gelangen wir zu der Behauptung von Harrison und Mulally, dass sie ihr Geld wert seien. Niemand im Unternehmen trifft Entscheidungen von solcher Tragweite wie sie – die Produktivität des Marketingchefs und des Betriebsdirektors hängt davon ab, ob der Vorstandsvorsitzende die Firma in die richtige Richtung geführt hat, ein die gesamte Hierarchie hinab geltendes Muster –, und der Wert eines Vorstandschefs, der die richtigen Entscheidungen trifft, ist ungleich größer als selbst der der nächsthöheren Manager.[106]

Auf «Märkten für Superstars» wie Vorstandschefs kann sich bereits ein geringes Mehr an Können beträchtlich auszahlen, wenn viel auf dem Spiel steht. Deshalb verdienen die Pitcher in der Major League deutlich mehr als in der nächsthöheren Baseballliga, obwohl sie den Ball auch nur ein paar Stundenkilometer schneller werfen. Diese Theorie erklärt auch beispielsweise, warum Baseball-Superstars Verträge über Hunderte von Millionen Dollar unterzeichnen, während die Geringverdiener in der Branche nur den Mindestlohn der Liga bekommen (zu Beginn der Saison 2012 «nur» 480 000 Dollar). Angesichts der Möglichkeit, höhere Eintrittspreise zu verlangen oder mehr Merchandising-Produkte zu verkaufen – ganz zu schweigen vom lukrativen Verkauf der Übertragungsrechte –, sind sie es wert. Auch Hirnchirurgen, deren Erfolgsquote nur wenige Prozentpunkte höher ist als die des nächstbesten Spezialisten, verdienen ansehnliche Prämien, wobei die Logik hier eine etwas andere ist. In diesem Fall geht es nicht darum, dass sich ihre Fähigkeiten auf ein ganzes Unternehmen positiv auswirken oder sie Millionen Zuschauer fesseln. Aber wenn ihr Gehirn auf dem Spiel steht, sind viele Patienten bereit, selbst für nur minimal höhere Erfolgschancen deutlich mehr als ein paar Prozent extra zu zahlen.[107]

Der Marktwert des Vorstandschefs

Im Falle vieler Topmanager reibt sich die Superstar-Theorie an bedauerlichen Realitäten. Besonders augenfällig ist, dass manche immense Summen verdienen, obwohl sie ihre Unternehmen ruinieren. Superstars? Schwerlich. Bilanziert man das Wirken von Unternehmenschefs, dann muss man allerdings bedenken, dass auch richtige Entscheidungen negative Folgen haben können. Apple verzeichnete in den 1990er-Jahren mit dem Newton, einem rudimentären «persönlichen digitalen Assistenten», einen Flop, war aber vielleicht nur seiner Zeit etwas voraus. Spätere Generationen von handlichen Minicomputern, darunter Apples iPhone, wurden millionenfach verkauft. Und auch gute Vorstandschefs treffen mitunter falsche Entscheidungen. Coca Colas desaströse Einführung von New Coke, einem zu süßen und schnell wieder vom Markt genommenen Softdrink, wurde von Unternehmenschef Roberto Goizueta orchestriert, dem Erfolge wie die Diet Coke und die «Coke is it!»-Werbekampagne zugutegehalten werden.

Rechtfertigungen beiseitegelassen – es stimmt tatsächlich, dass milliardenschwere Unternehmen manchmal von den falschen Leuten geführt werden. Beweis eins, als Beispiel für Unfähigkeit: Tony Hayward von BP, der sich nach der Ölpest im Golf von Mexiko als der «inkompetenteste

Unternehmenschef seit Menschengedenken» erwies.[108] Beweis zwei, als Beispiel für Kriminalität: der ehemalige Enron-Chef Jeff Skilling, der nun eine Haftstrafe von 24 Jahren verbüßt. Beweis drei, als Beispiel für die ganze Bandbreite von Inkompetenz bis Kriminalität: der Finanzsektor im Jahr 2008.

Was lässt sich besser belegen? Liegen Topmanager häufiger richtiger als falsch? Sind sie eher kompetent oder unfähig? Sind sie wert, was sie verdienen? Wir können diese Fragen zwar nicht definitiv beantworten, aber es gibt eine Methode, mit der man das Urteil der Investoren ermitteln kann.

Wenn ein Vorstandschef ohne eigenes Verschulden vom einen auf den anderen Tag verschwindet, gibt uns die Bewertung des Unternehmens durch die Investoren davor und danach einen Hinweis darauf, wie sie seinen Beitrag einschätzen. Meistens verschwindet ein Vorstandschef, weil er wegen mangelnder Leistung entlassen wird, sodass das Unternehmen danach eindeutig besser dasteht. Aber in anderen Fällen ist ein Flugzeugabsturz, ein plötzlicher Tod in der Nacht oder irgendetwas anderes, das nicht mit seiner Leistung im Zusammenhang steht, der Grund dafür. Solche «Schocks» nutzen Forscher, um den Wert eines Vorstandschefs zu ermitteln.

In den Jahren, bevor Steve Jobs bei Apple ausschied und 2011 schließlich starb, war ein solches Szenario für die Investoren des Unternehmens gefährlich greifbar – Jobs hatte gesundheitliche Probleme, 2004 war bei ihm Bauchspeicheldrüsenkrebs diagnostiziert worden. Wie kritisch sein Gesundheitszustand eingeschätzt wurde, zeigte sich 2008, als der Nachrichtendienst Bloomberg versehentlich einen Nachruf auf ihn veröffentlichte, in dem die Angaben zu Alter und Todesursache noch fehlten, um im Bedarfsfall schnell ergänzt zu werden. Das war vor Jobs' Lebertransplantation im folgenden Jahr, die die für Diskretion bekannte PR-Abteilung von Apple noch lange nach der Operation geheim hielt. Bereits diese Geheimhaltung sagt einiges darüber, wie der Gedanke eines Apple-Unternehmens ohne Jobs Verbrauchern und Investoren gefiel.

Bei solchen Hiobsbotschaften über Jobs' Gesundheitszustand wurde deutlich, welchen Wert Investoren dem Unternehmen ohne ihn beimaßen. Als auf einer CNN-Webseite kurzzeitig das Gerücht verbreitet wurde, Jobs habe einen Herzinfarkt erlitten, verlor die Apple-Aktie 10 Prozent an Wert. Umgekehrt stieg ihr Kurs, nur weil sich Jobs offenbar gut erholt in seiner Lieblingseisdiele zeigte. (Als Jobs im August 2011 dann tatsächlich seinen Rückzug bekannt gab, reagierten die Märkte gelassen, weil man dies bereits seit Langem erwartet hatte.)

Steve Jobs war ein außergewöhnlicher Fall. Zieht sich ein weniger überragender Vorstandschef zurück, dann muss dies keinen Einbruch der Gewinne oder des Börsenkurses auslösen. Nach ein paar Monaten ist die zweitbeste Person für den Posten gefunden, sei es ein anderes Vorstandsmitglied oder jemand, der von außerhalb des Unternehmens geholt wird, um das Vakuum an der Spitze zu füllen. Im Fall von Jobs mag der Abstand zur zweitbesten Person, dem jetzigen Vorstandschef Tim Cook, erheblich gewesen sein, aber die Regel ist dies wohl nicht.

Um den Wert von Führungskräften zu ermitteln, untersuchte ein Forschungsteam in den frühen 1980er-Jahren, wie die Börsenkurse auf den plötzlichen Tod von 53 Unternehmenschefs und anderen Topmanagern reagierten.[109] Die Schwankungen waren erheblich: In einem Fall sank der Aktienpreis in den Tagen danach um 10 Prozent, in einem anderen kletterte er um mehr als 20 Prozent.

Welche Art von Führungskraft löst durch ihr Ableben eine Euphorie am Markt aus? Um diesen Zusammenhang zu erhellen, konzentrierten sich die Forscher auf Todesfälle von Chefs, die zugleich Gründer des Unternehmens waren. Wer eine Idee hat, die Milliarden wert ist, muss nicht zur Führung einer milliardenschweren Firma befähigt sein. Die Google-Gründer Sergei Brin und Larry Page übergaben den Führungsposten bereits nach wenigen Jahren an Eric Schmidt. Unter dessen Führung wurde Google Hunderte von Milliarden wert. (Kürzlich übergab Schmidt die Staffel wieder an Page, der – so hoffen die Google-Investoren – im letzten Jahrzehnt gelernt hat, was zur Führung des Unternehmens nötig ist.) Bill Hewlett und Dave Packard wechselten sich als HP-Chefs ab und blieben bis 1978 an der Spitze. Beide wussten, wann es Zeit war zu gehen – Jahrzehnte, bevor einer von ihnen starb, übergaben sie die Führung an John Young.

Manche erfolgreiche Unternehmer bleiben indessen bis zum bitteren Ende auf dem Chefsessel. Als der Gründer von Occidental Petroleum, Armand Hammer, am 11. Dezember 1990 im Alter von 92 Jahren starb, führte er seine Firma noch immer selbst. An der Wall Street waren an diesem Tag zwar keine knallenden Champagnerkorken, aber doch erleichterte Seufzer zu vernehmen. Die Meldung über Hammers Tod ließ die Occidental-Aktie um fast 10 Prozent steigen.

Viele Gründer scheinen dem Vorbild Hammers zu folgen und klammern sich zu lange an den Chefposten. Ihr Tod führte laut der Studie im Schnitt zu einem Kursanstieg von rund 3,5 Prozent. Der Tod von Chefs, die keine Gründer waren, galt dagegen eher als schlechte Nachricht und drückte den Aktienpreis um durchschnittlich 1 Prozent.

Gründergeführte Unternehmen können ihre Pechsträhne bei Interesse auch verlängern. Francisco Pérez-González, Ökonom an der Stanford University, zitiert in seiner Studie über die Führungsnachfolge in solchen Unternehmen und anderen Firmen in Familienbesitz Thomas Paine («Einer der stärksten natürlichen Beweise für die Torheit des königlichen Erbfolgerechts ist, dass die Natur selbst es missbilligt, sonst würde sie es nicht so oft lächerlich machen, indem sie der Menschheit einen Esel anstelle eines Löwen schenkt») und John Tyson, der bei Tyson Foods den Chefposten erbte («Der einzige Grund für meine Anstellung ist, dass ich der Sohn des Chefs bin»). Wer seine Kinder als Erben des Firmenthrons sieht, zieht nicht alle potenziellen Kandidaten in Betracht, um die geeignetste Person zu finden. Insofern ist es kein Wunder, dass der Tod von Unternehmensgründern oder anderen Chefs von familiengeführten Firmen nur dann den Aktienkurs beflügelt, wenn der Vorstandsposten nicht an ein anderes Familienmitglied weitergereicht wird.[110]

Der Boss des Bosses

Trotz seines herausgehobenen Postens ist der Unternehmenschef in den meisten Fällen bloß ein Arbeitnehmer. Die Eigentümer stellen Führungskräfte dafür ein, die Firma in ihrem Interesse zu lenken. Und diese Eigentümer sind es schlussendlich, die den Chef auch entlassen und darüber entscheiden dürfen, ob er ein Gehalt von einer Million Dollar verdient (womit sich einige Topmanager angeschlagener Unternehmen in den letzten Jahren begnügen mussten) oder einen Bonus von 100 Millionen Dollar.

Die meisten Großunternehmen gehören Tausenden von Aktionären, die mit ein paar Hundert oder Tausend Aktien jeweils nur einen geringen Anteil des Unternehmens besitzen. Nur sehr wenige Aktionäre haben genügend Interesse am Schicksal der Firma, um die erforderliche Zeit dafür aufzubringen, zu entscheiden, ob der Vorstandschef seinen Job behalten sollte, oder falls nicht: wer ein geeigneter Nachfolger wäre. Angesichts ihres geringen Unternehmensanteils würden ihre Stimmen ohnehin nicht viel zählen.

Selbst wenn die Aktionäre die Aufgabe, eine Führung zu wählen, ernst nehmen würden, die Bewertung von Vorstandschefs wäre zumindest schwierig. Der Aktienkurs könnte ein guter Anhaltspunkt sein, ist aber mitunter irreführend. Warum sollte man John Watson bei einem Kursgewinn der Chevron-Aktie besser bezahlen, der sich einem allgemeinen Boom an der Börse verdankt? Man könnte natürlich berücksichtigen, ob die Chevron-Aktie überdurchschnittlich zulegt. Doch dann bekäme Watson möglicherweise auch dann eine Belohnung, wenn der Kursgewinn nur durch einen Anstieg des Ölpreises zustande kommt, der den Ölgesellschaften ohne jedes Zutun von Watson höhere Gewinne beschert. Ein Vergleich von Äpfeln mit Äpfeln, sprich: von Chevron mit ExxonMobil und ConocoPhillips, würde uns einer Bewertung von Watsons Leistung schon näher bringen. Das könnte Watson jedoch den unheilvollen Anreiz bieten, durch geschönte Zahlen kurzfristige Kursgewinne zulasten der langfristigen Unternehmensentwicklung zu erzielen, zumal der Horizont mancher Hedgefonds-Manager und -Händler heute nur noch Minuten beträgt.

Selbst wenn die Investoren die Leistung des Chefs sinnvoll bewerten könnten, wie sollten sie dies in eine entsprechende Vergütung übersetzen? Kann unser Kleinaktionär eine begründete Wahl zwischen Geld, Aktien und Aktienoptionen treffen, wenn er nicht einmal weiß, was eine Option ist – von den heutigen zahllosen Varianten ganz zu schweigen?

In der Regel müssen sich Aktionäre um solche Dinge nicht kümmern. Stattdessen beauftragen sie eine Gruppe kluger Männer und Frauen damit, den Chef zu beaufsichtigen – den Aufsichtsrat. Wo es einen solchen gibt, brauchen die Aktionäre nicht über die Leistung des Chefs abzustimmen oder sich mit ihm über große strategische Fragen zu beraten. Sie ernennen einen Aufsichtsrat, der dies stellvertretend für sie tut.

Damit wird das Problem gegensätzlicher Anreize jedoch nur um eine Ebene verschoben. Wie finden die Aktionäre kompetente und objektive Personen, die bei der Beaufsichtigung und Bewertung des Vorstandschefs ihre Interessen vertreten? Ein gutes Dutzend potenzielle Aufsichtsratsmitglieder zu beurteilen, ist nicht einfacher, als die Leistung des Vorstandschefs zu bewerten. Einige sehr vermögende Investoren, die größere Aktienpakete halten, werden sich selbst einen Sitz im Aufsichtsrat sichern. Von den 15 Walmart-Aufsichtsratsmitgliedern gehören zwei der Gründerfamilie Walton an, die bis heute 40 Prozent der Anteile hält. Jim und S. Robson Walton zeigen bei ihrer strengen Beaufsichtigung von Vorstandschef Michael Duke und dem übrigen Walmart-Management beachtliches Stehvermögen.[111]

Die Zusammensetzung von Aufsichtsräten kann aber auch dubioser ausfallen. So ernannte *Business Week* den Aufsichtsrat von Disney 1999 und 2000 auch deshalb zum schlechtesten in ganz Amerika, weil er schamlos mit Vertrauten von Vorstandschef Michael Eisner besetzt worden war – unter anderem mit Eisners Anwalt, seinem Architekten, dem Leiter einer Grundschule, die eines seiner Kinder besucht hatte, und dem Rektor einer Universität, der Eisner eine Million Dollar gespendet hatte. Dieser Aufsichtsrat bewilligte Eisner während seiner Jahre als Disney-Chef ein Gehalt von über einer Milliarde Dollar.[112]

Es wäre sicher ungerecht, aufgrund dieser inzestuösen Praxis bei Disney gleich alle Aufsichtsräte ins Zwielicht zu rücken. Allerdings gibt es ein viel verbreiteteres Problem: Vetternwirtschaft unter Vorstandschefs, die sich gegenseitig beaufsichtigen. In den meisten Aufsichtsräten ist mindestens ein Chef eines anderen Unternehmens vertreten. Der Gedanke dahinter leuchtet ein: Wer sollte besser wissen, wie man einen Großkonzern lenkt, als jemand, der dies selbst tut (oder getan hat)? Leider können die Vorstandschefs dadurch aber auch ein engmaschiges Netz der Günstlingswirtschaft knüpfen und sich als Gentlemen sagen: Wenn ich in Ihrem Aufsichtsrat sitze und Sie in meinem, werden wir zu einer (stillschweigenden oder ausdrücklichen) Übereinkunft gelangen, wie wir uns gegenseitig helfen können.[113]

Austauschprogramme dieser Art – *board interlocks* genannt – waren laut Kevin Hallock, Ökonom an der Cornell University, in den 1990er-Jahren durchaus verbreitet. 8 Prozent der Aufsichtsräte wiesen mindestens ein *interlock* auf, berücksichtigt man Vorstandschefs im Ruhestand, waren es sogar 20 Prozent. Die Analystengruppe The Corporate Library deckte in einer Studie von 2002 sogar eine unziemliche *ménage à trois* von Anheuser-Busch, der Telefongesellschaft SBC Communications und Emerson Electric auf, die jeweils im Aufsichtsrat der beiden anderen vertreten waren.

Was geschieht, wenn sich zwei Chefs gegenseitig beaufsichtigen und bewerten, ist nur zu vorhersehbar. Einige der ungeheuerlichsten Folgen dokumentierte die *New York Times*-Reporterin Alison Leigh Cowan in den frühen 1990er-Jahren. Damals konnten die Vorstandschefs sogar gegenseitig ihr Gehalt festlegen, indem sie am zuständigen Unterausschuss des Aufsichtsrats teilnahmen. Und so kam es, dass der Chef von B. F. Goodrich, John D. Ong, 1992 zu den vier Aufsichtsratsmitgliedern der Lebensmittelkette Kroger gehörte, die das Gehalt von Vorstandschef Joseph A. Pichler bestimmten, und Pichler seinerseits zu den vier Aufsichtsratsmitgliedern bei Goodrich zählte, die über die Vergütung von Ongs Leistungen entschieden. Offenbar müssen die Topmanager nicht einmal dem Gehaltsausschuss angehören, um ihren Freunden zu helfen. Laut Hallocks Untersuchung verdienten die Vorstandschefs 17 Prozent mehr, wenn ihr Unternehmen ein *interlock* aufwies.

Die Mitgliedschaft von Managern in mehreren Aufsichtsräten, die solche inzestuösen Beziehungen hervorbringt, könnte aber auch ihr Gutes haben. Akademiker, die Netzwerke erforschen, haben schon viel Papier mit Analysen darüber gefüllt, ob dieses Beziehungsgeflecht zwischen Aufsichtsräten irgendeinem sinnvollen Zweck dient. Möglicherweise fördert es die Verbreitung optimaler Praktiken, und es könnte auch sein, dass dieselben Gesichter deshalb immer wieder in den Aufsichtsräten erscheinen, weil sich eine Vielzahl von Unternehmen um die rar gesäten Managementtalente bemüht.[114] Doch ob solche *interlocks* die Aufsichtsräte nun effektiver machen oder nicht, die Topmanager profitieren von ihnen ganz erheblich.

Eine steigende Flut hebt alle Gehälter

Während die Löhne der unteren 99 Prozent stagnieren, steigt die Vergütung der Vorstandschefs unablässig weiter. 1960 war sie 30 Mal so hoch wie das durchschnittliche Arbeitnehmergehalt, 2005 bereits 110 Mal so hoch. Wenn Cowan es in ihren *New York Times*-Berichten über *interlocks* in den 1990er-Jahren als beunruhigend wertete, dass Ong damals fast zwei Millionen Dollar verdiente, dann klingt das heute beinahe idyllisch. Die Zeiten haben sich spürbar geändert.

Die Ökonomen Carola Frydman und Raven Saks sind anhand von Jahresberichten der Fortune-50-Unternehmen für die Behörden bis ins Jahr 1936 zurückgegangen. Demnach zu urteilen änderte sich die Vergütung von Vorstandschefs von 1936 bis 1976 kaum, während sich der Durchschnittslohn in den Vereinigten Staaten im selben Zeitraum verdreifachte. (In den 1940er-Jahren verschlechterte sich die Lage der Topmanager durch kriegsbedingte Einkommensgrenzen sogar so sehr, dass das *Wall Street Journal* sie in einem Artikel als «die neuen Armen» bezeichnete.)

Doch um die Mitte der 1970er-Jahre begannen die Managergehälter zu steigen, zunächst langsam und in den folgenden Dekaden immer schneller. So ergibt sich für den Zeitraum von 1936 bis 2005 eine Bewegung, die Wissenschaftler als J-Kurve bezeichnen. Als sich Cowan 1992 beunruhigt zeigte, stand der steile Anstieg der Kurve noch fast am Anfang: Die heutige Ära von Neid, Händeringen und verbreiteter Empörung darüber, dass sich die Manager ein immer größeres Stück vom Kuchen sichern, hatte gerade erst begonnen.

Doch diejenigen, die sich über die steigenden Managergehälter ereifern – die Empörten und die Lynchmobs, die auf schwache Aufsichtsräte und Vetternwirtschaft unter den Vorständen verweisen –, haben keine wirklich befriedigende Erklärung für die J-Kurve. Selbst wenn Vorstandschefs in der Lage sein sollten, auf Kosten der Aktionäre unlautere Gehaltssteigerungen durchzusetzen, kann man schwerlich behaupten, dass die Unternehmen heute *weniger* streng beaufsichtigt werden als 1975. Es gibt heute mehr Wächter wie The Corporate Library; neue Regelungen wie das 2002 verabschiedete Sarbanes-Oxley-Gesetz, das die Aufsichtsräte stärker dazu verpflichtet, die Leistungen der Vorstandschefs im Auge zu behalten; mehr Offenlegungspflichten und striktere Bestimmungen über *interlocks* und andere Verflechtungen (Vetternwirtschaft wie 1992 von Cowan geschildert lässt man den Unternehmen heute nicht mehr durchgehen); und nicht zuletzt gibt es das Internet, das es ermöglicht, schmutzige Wäsche kostenlos vor einer Massenöffentlichkeit zu waschen. Trotzdem steigen die Managergehälter weiter.

Auch die Verteidiger dieser Entwicklung, darunter viele Vorstandschefs, haben manches zu erklären. Sind die Unternehmensspitzen heute tatsächlich so viel klüger, ihre Fähigkeiten so viel wertvoller als 1950? Vielleicht. Der Wert der größten US-Unternehmen hat sich von 1980 bis 2005 versechsfacht, und vielleicht ist es dann nicht einmal abwegig, dass sich auch die Chefgehälter versechsfacht haben – wenn man davon absieht, dass die Unternehmen in den 1950er- und 1960er- Jahren einen ähnlichen Wachstumsschub erlebten, die Topgehälter aber unverändert blieben.

Vermutlich haben beide Gruppen teilweise recht, so unbefriedigend diese Antwort auch sein mag. 1975 war nicht nur das Jahr, in dem die Vorstandsgehälter zu steigen anfingen. Damals begannen sie auch stärker an die Leistung des Unternehmens (und somit des Chefs) gekoppelt zu werden. Und wie der deutliche Anstieg im Niveau der Gehälter begann sich auch dieses Leistungsprinzip erst ein Jahrzehnt später wirklich durchzusetzen. 1990 veröffentlichten die HBS-Professoren Michael Jensen und Kevin Murphy in der *Harvard Business Review* einen breit rezipierten Artikel, in dem sie die Aufsichtsräte scharf dafür kritisierten, die Vorstandschefs «wie Bürokraten» zu bezahlen. Festgehälter, die vom Auf und Ab der Unternehmen weitgehend unabhängig waren, werteten Jensen und Murphy als kontraproduktiv. Was es brauche, sei eine Vergütungsstruktur, die hervorragende Leistungen mit einem üppigen Bonus belohnt, schwache dagegen mit einem mageren Gehalt oder Entlassung sanktioniert. Heute verdienen Vorstandschefs nicht nur deutlich mehr als die Manager unmittelbar unter ihnen, ihr Gehalt reagiert auch deutlich sensibler auf die Unternehmensentwicklung und trägt so ihrem immensen Einfluss Rechnung.[115]

Inwieweit die J-Kurve und die damit verbundene Durchsetzung von Leistungsgehältern das Verdienst – oder die Schuld – von Jensen und Murphy ist, lässt sich schwer sagen. Entweder waren sie der Kurve voraus oder sie drückten einen Sinneswandel in den US-Aufsichtsräten aus, der sich ohnehin vollzog. Um ausreichend starke Anreize zu erzeugen – bis hin zu dem Punkt, dass die Vorstandschefs das Gefühl hatten, für sie persönlich stünden Millionen auf dem Spiel –, musste die Kurve zwangsläufig ansteigen.

Inmitten des Goldrauschs, der einen Drang an die Spitze der Gehaltstabellen auslöste, wurden auch allerhand ungeheuerliche Auszahlungen vor den Aktionären gerechtfertigt. Die Aufsichtsräte brachten die Idee an den Mann, dass man die Vergütung der Vorstandschefs an die Unternehmensentwicklung koppeln müsse, doch in Wirklichkeit kam die einwandfreie Logik des Leistungslohns häufig nur den Chefs zugute. Selbst Michael Jensen, ursprünglich der Hohepriester des Leistungslohns schlechthin, ist inzwischen zu einem Kritiker desselben mutiert und verfasst nun Aufsätze, deren Titel teils vorsichtige Korrekturen ankündigen – «Anreize für Vorstandschefs: Nicht wie viel, sondern wie man zahlt, ist entscheidend» –, teils philosophische Abhandlungen über den Mangel an Redlichkeit nicht nur in der US-Wirtschaft: «Redlichkeit: Ein positives Modell, das die normativen Phänomene von Moralität, Ethik und Legalität verbindet». Heute würde sogar Jensen einräumen, dass diejenigen, die die Managervergütung für übertrieben halten, nicht ganz unrecht haben.

Die Logik unbeabsichtigter Folgen

Die oftmals heftigen Debatten zwischen Kritikern und Befürwortern hoher Managergehälter verdecken die Tatsache, dass es für deren Anstieg Gründe gibt, die weder bösen Absichten noch optimalen Regelungen entspringen. Zum Beispiel haben Wissenschaftler in jüngerer Zeit auf die scheinbar unverfängliche und verbreitete Praxis hingewiesen, die Gehälter in anderen Unternehmen zum Maßstab zu machen. Da der Gehaltsausschuss des Aufsichtsrats sicherstellen muss, dass der auch in anderen Firmen gefragte Vorstandschef sein Glück nicht anderswo sucht, ist dies ein naheliegender Gesichtspunkt.

Wie viel ist genug? Es ist zwar sinnvoll, die Vergütungspraxis anderer Unternehmen zu berücksichtigen, die immerhin versuchen könnten, den Vorstandschef abzuwerben. Dazu ist ein Peer-Group-Vergleich erforderlich. Doch wie bestimmt man die «richtige» Peer Group? Es sollte sich wohl um Führungskräfte von Unternehmen derselben Branche, ähnlicher Größe und Profitabilität handeln, und sie sollten außerdem ähnlich erfahren sein (was etwa an der Dauer ihrer Anstellung ablesbar ist). Je nach Branche bleiben dann aber immer noch Dutzende von Vorstandschefs, die diese Kriterien erfüllen. Wie entscheidet man, wer auf die Vergleichsliste kommt?

Um bei diesem Verfahren Redlichkeit zu gewährleisten, verpflichteten die US-Behörden die Gehaltsausschüsse 2006 dazu, ihre Vergleichslisten der Börsenaufsicht vorzulegen. Dadurch konnten Aktionäre und Transparenzinitiativen sicherstellen, dass sich beispielsweise Chevron nicht an Disney-Chef Eisner orientiert, um Watsons Gehalt in die Höhe zu schrauben. Um festzustellen, ob die Ausschüsse in subtiler Weise nicht doch eine voreingenommene Wahl treffen, haben die Finanzökonomen Michael Faulkender und Jun Yang die Listen mit anderen potenziellen Kandidaten abgeglichen. Anhand der Akten der Börsenaufsicht vollzogen die beiden Forscher für mehr als 600 Unternehmen nach, an welchen Vergleichsgruppen sich die Vergütung der Vorstandschefs orientierte, und stellten für jeden von ihnen eine eigene Liste mit möglichst ähnlichen Topmanagern zusammen. Dabei zeigte sich, dass kompromittierte Gehaltsausschüsse Firmen zum Vergleich nahmen, die größer und profitabler waren oder ihren Chef aus anderen Gründen besser entlohnten. Insgesamt aber stellten Faulkender und Yang zwischen ihren Listen und denen der Unternehmen eine weitgehende Überschneidung fest, die zeigte, dass sich die Gehaltsausschüsse weitgehend ehrlich verhielten.[116]

Die Spielräume bei der Festlegung der Vergleichsgruppe hatten wenigstens für die Vorstandschefs gleichwohl ihre Vorteile. Denn die als Maßstab ausgewählten Topmanager verdienten durchschnittlich 850 000 Dollar mehr als die von den beiden Forschern ermittelten nicht berücksichtigten Kandidaten. Jeder Dollar, den der zum Vergleich herangezogene Manager mehr verdiente, schlug sich nach Berechnung von Faulkender und Yang in einem Gehaltsanstieg von 50 Cent nieder, sodass die vorteilhafte Auswahl der Vergleichsgruppe den Vorstandschefs über 400 000 Dollar Zusatzgehalt bescherte. Das mag nicht besonders viel scheinen, liest man doch häufig, dass die Superstars der Wall Street dreistellige Millionenbeträge als Bonus bekommen. Doch gemessen an der Vergütung des durchschnittlichen Vorstandschefs von 6,5 Millionen Dollar – eine im historischen Vergleich immer noch exorbitante Summe – entspricht dies einer Gehaltssteigerung um 5 Prozent.

Vor allem aber kommt es so zu einer Aufwärtsspirale, denn dieser Zuwachs um 5 Prozent dient im Folgejahr anderen Unternehmen als Vergleichsmaßstab. Bedenkt man außerdem, dass jedes Jahr einige Führungskräfte weit überdurchschnittliche Gehaltsschecks bekommen (sei es aufgrund eines schwachen Aufsichtsrats, durch Rücktrittsdrohung oder wegen anderer besonderer Umstände) und damit einen neuen Standard setzen, dann wird leicht begreiflich, wie vorteilhaft gewählte Vergleichsgruppen über mehrere Jahrzehnte hinweg einen Schneeballeffekt bewirken konnten, der zu den heutigen enormen Einkommen geführt hat. Nach Berechnungen der Soziologen Tom DiPrete, Greg Eirich und Matthew Pittinsky könnte diese positive Rückkopplungsschleife sogar einen Großteil der jüngeren Gehaltszuwächse von Topmanagern erklären.[117]

Warum sind die Gehaltsausschüsse im Zweifelsfall so großzügig dabei, das Geld der Aktionäre auf das Gehalt des Vorstandschefs zu verwenden? Nun, möchten Sie nicht auch, dass sich Ihr Freundeskreis ein wenig vom Durchschnitt abhebt? Für Aufsichtsratsmitglieder, denen der Gedanke gefällt, einen überdurchschnittlichen Vorstandschef zu haben, übersetzt sich dies schnell in ehrgeizige Vergleichsmaßstäbe und schließlich in ein vorteilhaftes Gehaltspaket für den Chef. Und auch wenn sie nicht die Schoßhündchen des Chefs sind, müssen sie ihm auch in Zukunft in Sitzungen (oder im Country Club) gegenübertreten, weshalb ihre Neigung zur Großzügigkeit nicht überrascht.

Diese Erklärung für die Gehaltsexplosion in den Vorstandsbüros eignet sich nicht für sensationelle Schlagzeilen. In ihr kommt keine heimtückische Verschwörung vor, aus der sich eine große Enthüllungsgeschichte spinnen ließe. Aber gerade das macht sie plausibel. Die Gehaltsausschüsse, und die Aufsichtsräte im Allgemeinen, bestehen weitgehend nicht aus gewissenlosen Schurken, sondern aus gewöhnlichen Menschen, die sich Mühe geben, gute Führungskräfte zu gewinnen und im Unternehmen zu halten. Und um zu ermitteln, was dem Markt angemessen ist, bietet der Gehaltsvergleich zwar keine perfekte, aber eine durchaus sinnvolle Methode. Dasselbe ließe sich mit Blick auf die breitere Debatte über Topmanager und die sie bewertenden und entlohnenden Aufsichtsräte sagen – sie verfolgen weitgehend gute Absichten, die aber nicht selten menschlichem Versagen zum Opfer fallen.

Ein Anreiz dafür, die eigene Entlassung zu befördern

Die öffentliche Empörung über Managergehälter erreicht immer dann ihren Höhepunkt, wenn eine Führungskraft entlassen wird und mit einer üppigen Abfindungszahlung, dem sogenannten «goldenen Fallschirm», davonzieht. Stan O'Neal räumte 2007 den Chefsessel bei Merrill Lynch unter Vorwürfen, eine Kultur extremer Risikobereitschaft gefördert und das Unternehmen in das Geschäft mit Neubündelung und Weiterverkauf von Subprime-Krediten gedrängt zu haben. Er bekam ein Abfindungspaket im Wert von über 160 Millionen Dollar. Geradezu rekordverdächtig war Bob Nardellis goldener Handschlag – nach sechs Jahren schlechter Führung von Home Depot, die mit dem niedrigsten Gewinn in einer ganzen Dekade endeten, bekam er 2007 ein Abschiedsgeschenk von 210 Millionen Dollar. Warum sollte man einem Kündigungsschreiben an O'Neal, Nardelli oder andere erfolglose Führungskräfte einen Abfindungsscheck im zwei- bis dreistelligen Millionenbereich beilegen? Dieses scheinbar absurde System geht auf den vollkommen vernünftigen Versuch zurück, die Vorstandschefs zum Erwirtschaften von noch mehr Gewinn zu bewegen. 1961 wurde der goldene Fallschirm – passenderweise – in den Arbeitsvertrag des Chefs der Fluggesellschaft TWA aufgenommen. Üblich wurde diese Praxis aber erst, nachdem die Fusionswelle der 1980er-Jahre angelaufen war und sich den Vorständen die Frage stellte, ob sie im Interesse der Aktionäre einen Unternehmenszusammenschluss anstreben oder lieber ihren Job behalten sollten. Meistens entschieden sie sich für Letzteres, indem sie – häufig zulasten des Aktienkurses – dem Werben anderer Firmen eine Absage erteilten.[118]

Den Unternehmenschefs Anreize zu geben, nach Fusionsmöglichkeiten Ausschau zu halten, erwies sich als ein sehr wichtiger Schritt, denn eines der besten Mittel zur Wertschöpfung besteht darin, das eigene Unternehmen zur Zielscheibe einer Fusion oder Übernahme zu machen. Schluckt eine größere eine kleinere Firma, dann gewöhnlich zu einem Aufpreis gegenüber dem, was die kleinere Firma allein wert wäre, sodass die Aktionäre

– die Eigentümer – einen stattlichen Gewinn machen. Das so entstandene Unternehmen braucht aber nur noch einen Boss, weshalb einer der beiden am Zusammenschluss beteiligten Vorstandschefs höchstwahrscheinlich arbeitslos wird. Ironischerweise führt also eine der gewinnträchtigsten Betätigungen eines Vorstandschefs – die Suche nach Übernahmekandidaten für sein Unternehmen – zugleich dazu, dass er selbst entlassen wird. Niemand wird dies tun, solange er keinen finanziellen Anreiz dafür hat.

Die Aktionäre reagierten auf dieses Problem, indem sie den Vorstandschefs ein Sicherheitsventil boten, das sie dazu motivieren sollte, im langfristigen Interesse des eigenen Unternehmens zu handeln. HBS-Professor Michael Jensen (derselbe, der den Aufsichtsräten vorwarf, ihre Chefs wie Bürokraten zu bezahlen) schrieb 1988 im Rückblick auf die Dekade, trotz gelegentlichen Missbrauchs der neuen Regelung – er nennt insbesondere den Fall eines Unternehmens, das gleich für 200 Manager goldene Fallschirme bereitstellte und die Kosten einer Übernahme dadurch in unerschwingliche Höhen trieb – habe sie sich für die Aktionäre allgemein ausgezahlt, die die verstärkte Fusionsbereitschaft begrüßten. Darüber hinaus behauptete Jensen, was gut für das Ruhestandskonto von Topmanagern sei, sei auch gut für die gesamte Gesellschaft, ermutige es die Vorstände doch dazu, dem aggressiven Werben von Kaufinteressenten nachzugeben, die ihre Neuerwerbungen umfassend entschlacken und so wertvollere Unternehmen schaffen.[119] Dieser Argumentation zufolge machen goldene Fallschirme die Welt zu einem besseren Ort, indem sie Unternehmen effizienter machen. Diese Schlussfolgerung zu akzeptieren, kann schwerfallen.

Warum bekommen gewöhnliche Arbeitnehmer keinen solchen Anreiz dafür, die eigene Entlassung zu befördern? Vorstandschefs machen ihre Arbeit nur dann richtig, wenn sie dann und wann entlassen werden, und für einfache Beschäftigte gilt dies nicht. Das verweist zugleich auf einen weiteren eigentümlichen Kompromiss bei der Anreizgestaltung. Dem Vorstandschef vertraglich einen üppigen Bonus für den Fall zuzusichern, dass er durch eine Übernahme arbeitslos wird, ist zwar im Interesse der Aktionäre, bedeutet aber zugleich, dass er für Unfähigkeit belohnt wird, sofern sie das Unternehmen reif für eine Übernahme macht. Und angesichts solcher Prämien für Unfähigkeit schütteln wir natürlich den Kopf über die Verkommenheit und Ungerechtigkeit der amerikanischen Wirtschaft, anstatt darin den bedauerlichen Nebeneffekt eines grundsätzlich sinnvollen Anreizes zu sehen.

Sobald man die privilegierte Lage von Topmanagern in ihre einzelnen Bestandteile zerlegt, um die Gründe für sie zu verstehen, wird hinter all den Vergünstigungen eine Logik erkennbar. Das Paradebeispiel für diesbezügliche Exzesse, der Privatjet, ist für viele Manager sicherlich überflüssiger Luxus – weshalb er auch oft als Erstes gestrichen wird, wenn auf Kostensenkung bedachte Private-Equity-Investoren eine Firma übernehmen. Aber es wird nie die gesamte Flotte abgeschafft. Da es in ihrem Job vor allem um persönliche Kontakte geht, sind viele Vorstandschefs den ganzen Tag unterwegs, um Firmenniederlassungen zu besuchen und Gespräche mit Kunden und Investoren zu führen. Und wenn ihre Zeit tatsächlich so wertvoll ist, was sind dann schon Mehrausgaben von einer Million, die sicherstellen, dass sie nicht in der Abfertigung am Flughafen aufgehalten oder anderweitig daran gehindert werden, sich auf das Geschäft zu konzentrieren?

Dass Privatjets wirtschaftlich sein können, belegt eine Studie von Raghuram Rajan und Julie Wulf. Sie zeigt, dass Unternehmen, deren Zentrale außerhalb der großen Ballungsgebiete liegt, häufiger eigene Flugzeuge haben. Das erspart den Managern Mehraufwand und lästige Zwischenstopps trotz des eher abgelegenen Firmensitzes. Dieser ist selbst Ergebnis einer Abwägung – von niedrigen Grundstückspreisen und Lohnkosten einerseits, den lagebedingten Mehrausgaben (etwa für Privatjets) andererseits. Und die Limousine mit Chauffeur? Sie ist ein günstiges Mittel, um im Falle von Staus die Arbeitszeit zu maximieren. Rajan und Wulf kamen in ihrer Studie zu dem Ergebnis, dass Manager in dicht besiedelten Städten, wo man bereits auf dem morgendlichen Weg zur Arbeit wahrscheinlich im Stau steckt, sehr viel häufiger einen Chauffeur gestellt bekommen.[120]

«Das könnte ich auch!»

Angesichts des Fiaskos im Finanzsystem schlug die Obama-Administration 2009 vor, die Managergehälter bei Banken auf 500 000 Dollar zu begrenzen. Im Finanzwesen löste dies wie zu erwarten einen Aufschrei aus: Wo sollte man für eine so dürftige Summe begabte Führungskräfte für Amerikas Großbanken finden? Die Summe reiche vermutlich nicht einmal für die Hypothekenzahlungen der meisten Wall-Street-Banker, die bald selbst von Überschuldung und Zwangsvollstreckung betroffen sein könnten, wenn man nicht achtgebe. Was sollte nur aus den Banken, diesen Säulen der Wirtschaft, werden, wenn nicht mehr die Besten und Klügsten am Ruder sitzen würden?

Viele Menschen wären natürlich froh über einen Job, mit dem sie zum obersten Prozent der US-Haushaltseinkommen zählen. Und was die Begabung betrifft, sagte sich nach dem Debakel der vorhergehenden Jahre so mancher: «Das könnte ich auch!» Würde die Führung einer Bank oder eines anderen Konzerns nicht mehr erfordern, als Sitzungen zu absolvieren und ein paar richtige Fragen zu stellen («An *wen* haben Sie Kredite vergeben? Und wie genau soll das bitteschön funktionieren?»), dann lägen solche Kritiker nicht ganz falsch. Manche Investoren stellten tatsächlich die richtigen Fragen und waren nach der Finanzkrise von 2008 um einige Millionen oder Milliarden reicher.[121]

Wussten die Vorstandschefs etwas von den Krediten, die in sogenannten Collateralized Debt Obligations (CDOs), Credit Default Swaps (CDS) und anderen obskuren Finanzprodukten versteckt waren, in die ihre Banken geliehenes Geld investiert hatten? Vermutlich nicht, denn diese Kredite entpuppten sich als wertlos. Die Vorstände delegierten solche Investitionsentscheidungen und stellten nicht die richtigen Fragen, zumindest nicht in ausreichendem Maß. Sie glaubten die Geschichte vom mühelos verdienten Geld dank ewig steigender Immobilienpreise, die nur Ausdruck eines Wirtschaftsaufschwungs ohne Ende oder einer Blase, die bald platzen würde, sein konnten.

Doch wer hat schon inmitten eines Booms den Mut, Investoren, die das Geschäft ihres Lebens wittern, zu erklären, warum man auf die scheinbar profitabelste Finanzinnovation der Geschichte verzichten muss? Kurz bevor er 2007 arbeitslos wurde, brachte Citigroup-Chef Charles Prince diese hochproblematische Realität, in der sich die extreme Risikobereitschaft der Wall Street ausdrückte, mit den Worten auf den Punkt: «Solange die Musik spielt, muss man aufstehen und tanzen. Wir tanzen noch.» Und man muss Vergleiche ziehen – wachsamere Vorstände bewahrten ihre Aktionäre vor den schlimmsten Folgen der Krise. Citigroup war 2010 noch ein Zehntel so viel wert wie auf dem Höhepunkt vor der Krise, Morgan Stanley kaum mehr als ein Drittel. JPMorgan Chase erlitt einen relativ moderaten Verlust von 20 Prozent gegenüber dem aberwitzigen Höchstwert während des Immobilienbooms. Dieses – vergleichsweise hervorragende – Abschneiden führen viele auf die Wachsamkeit und das Führungsvermögen von Jamie Dimon zurück, der als vielleicht einziger Vorstandschef im Finanzwesen den dubiosen Subprime-Krediten, in die sein Unternehmen investiert hatte, auf den Grund gegangen war. 2008 wäre es Aktionären einiges wert gewesen, wenn ihre Bank von jemandem wie Dimon geführt worden wäre, der wirklich etwas von seinem Geschäft versteht. (Selbst Dimon unterlaufen gelegentlich schwere Fehler – im Frühjahr 2012 erlitt JPMorgan durch schiefgelaufene Geschäfte einen Milliardenverlust, der Dimon beinahe den Job gekostet hätte.)

Bevor man sich der Forderung von Aktionärsaktivisten und Lynchmobs anschließt, die Topmanager zur Rechenschaft zu ziehen und ihre scheinbar überzogenen Zulagen abzuschaffen, sollte man einen Moment innehalten und sich die Frage stellen, warum es diese Zulagen überhaupt gibt. Vom Privatjet bis zum goldenen Handschlag wurden sie alle mit dem Ziel eingeführt, dass die Vorstandschefs die Aktionärsgewinne maximieren. Wenn sie Ihnen maßlos und unverdient erscheinen, sollten Sie sich zugleich vergegenwärtigen, dass Sie möglicherweise *nicht* in der Lage wären, das zu tun, was die Vorstände tun.

Kapitel 7

Die Ökonomie der Unternehmenskultur

Am 7. September 2009 hingen dunkle Sturmwolken der Krise über der für gewöhnlich sonnigen Inselnation Samoa. Sose Annandale, Eigentümer des Ferienresorts Sinalei Reef, warnte: «Uns steht eine große Katastrophe bevor.» Paul Caffarelli, Manager des Siufaga-Resorts, sorgte sich um die Sicherheit seiner Gäste. «Ich überlege ernsthaft zu schließen», sagte er, «denn bevor ich mich um den Schaden kümmern muss, verzichte ich lieber auf meine Einnahmen.» Ein anderer Inselbewohner, Toleafoa Toailoa, bezeichnete die bevorstehenden Ereignisse als einen «Albtraum».[122]

Welches gewaltige Ereignis war es, das 180 000 Samoaner mit Tod und Verwüstung bedrohte? Ein Tsunami? Ein Bürgerkrieg?

Am 8. September 2009 um sechs Uhr morgens sollte in Samoa, begleitet von Sirenen, Kirchenglocken und Hupen, die Umstellung vom Rechts- auf den Linksverkehr erfolgen.

Warum fuhren die Samoaner überhaupt auf der rechten Seite? Das war ein rein historischer Zufall: Die Insel war zu Beginn des 20. Jahrhunderts eine deutsche Kolonie gewesen. Hätte sich das Britische Empire bis nach Samoa erstreckt, so wie es die nächsten Nachbarn der Insel umfasste, wären auch die Samoaner auf der linken Seite gefahren. Aber aufgrund zufälliger geschichtlicher Umstände taten sie dies nicht.

Der Linksverkehr wäre für Samoa besser gewesen, hätte er doch eine Angleichung an die südpazifischen Nachbarstaaten dargestellt und beispielsweise den Import von Autos erleichtert und verbilligt. Doch bis zum 8. September 2009 hielten die Samoaner am Rechtsverkehr fest. Sie hatten ein System von Gesetzen und Gebräuchen entwickelt, um dieses kleine Stückchen lokaler Kultur zu pflegen – Ökonomen würden von einem Gleichgewicht sprechen –, und glaubte man vielen von ihnen, dann würde sich die scheinbar triviale Aufgabe, diese Kultur zu ändern, als höchst schwierig erweisen.

Was ist eigentlich Kultur?

Kultur ist überaus schwer zu definieren. Gemeint ist zum Beispiel die Erwartung, dass alle Mitarbeiter eines Start-ups in Silicon Valley Jeans und T-Shirt tragen. Wer mit Schlips und Kragen im Büro erscheint, sollte sich auf Fragen und Spott gefasst machen. In einer renommierten Anwaltskanzlei gilt das Gegenteil. Doch Kultur umfasst mehr als oberflächliche Angelegenheiten wie Kleiderordnung und Gewohnheiten. Es geht auch um das Loyalitätsgefühl, das manche Menschen trotz niedrigem Lohn zu langen Arbeitstagen antreibt, um den Glauben an die Pracht und Herrlichkeit des Kapitalismus, der andere dazu motiviert, sich in den Dienst des allmächtigen Dollar zu stellen, und um jene zwingende Kraft, die einen Marine dazu bewegt, sein Leben für Gott und Vaterland zu riskieren.

Viele Ökonomen begegnen dem Begriff der Kultur grundsätzlich mit Geringschätzung, und viele Vertreter anderer Disziplinen würden bezweifeln, dass die Wirtschaftswissenschaft überhaupt in der Lage ist, das Thema zu untersuchen. Die Fähigkeit der Ökonomen, jeden Aspekt der menschlichen Existenz, auch die Kultur, auf seinen reinen Nutzen zu reduzieren, erweist sich jedoch als durchaus hilfreich, um zu bestimmen, was Kultur ist und wie sie funktioniert.

Ökonomen definieren Kultur unter anderem als etwas, das uns in Abwesenheit eines formalen Vertrags oder klarer Vorschriften Orientierung für unser Verhalten bietet.[123] Sie beruht teils auf Abstimmung, teils auf Gewissen und gewährleistet, dass wir mit Blick auf die Organisation das Richtige tun – sie bewegt Menschen dazu, eine Reihe von Normen und Verhaltensregeln zu berücksichtigen, die der Gruppe als Ganzes zugutekommen. Kultur bietet einen zusätzlichen Hebel, um sicherzustellen, dass Arbeitnehmer ihren Aufgaben nachkommen und mit anderen gut kooperieren – darauf können Organisationen zurückgreifen, wenn das stumpfe Instrument der Anreize nicht funktioniert und die Reichweite von Regeln oder Überwachung begrenzt ist. Gewissensbisse wegen eines Diebstahls von Betriebsmaterial oder die Norm, jeden Tag bis 10 Uhr abends zu arbeiten, sind Beispiele dafür, wie eine bestimmte Kultur am Arbeitsplatz die Arbeitnehmer auch ohne die Aussicht auf eine Gehaltszulage oder die Drohung einer Kündigung zum richtigen Verhalten bewegt. Und so war auch das Gesetz, das auf Samoa den Rechtsverkehr vorschrieb, nicht wirklich nötig. Um unnötige Unfälle zu vermeiden, wären die Samoaner auch so zu der Übereinkunft gelangt, immer auf einer Seite der Straße zu fahren. Darin besteht die Natur eines Gleichgewichts: Alles ist vollkommen austariert.

Aus dieser einfachen ökonomischen Definition von Kultur ergeben sich aber mehr Fragen als Antworten. Und sehr oft sind die Kulturen, die wir beobachten, nur schwer mit dem wirtschaftlichen Ideal reiner Effizienz zur Deckung zu bringen. Wie Tolstoi schrieb: «Unglücklich ist jede Familie auf ihre eigene Art». Was Kultur betrifft, steht jedes Unternehmen in Gefahr, seine eigene, vollkommen austarierte Art von Dysfunktionalität zu entwickeln.

Die ökonomische Wissenschaft der Kultur

Die ökonomische Wissenschaft der Unternehmenskultur wird weniger in Bürozellen und -komplexen als in kleinen Computerräumen entwickelt, in denen Forscher in ganz ähnlicher Weise, wie Genetiker Verhalten und Evolution von Fruchtfliegen untersuchen, Kulturen manipulieren. Statt Reihen von Mikroskopen und Bunsenbrennern finden sich in solchen Versuchslaboren abgetrennte Computerarbeitsplätze. Mediziner setzen in Petrischalen rudimentäre Lebensformen an und beobachten einige Monate lang ihre rapide Evolution. Die Ökonomen Roberto Weber und Colin Camerer haben ein ähnliches Verfahren entwickelt, um kulturelle Evolution im Schnelldurchlauf zu studieren. Unter den sterilen, gut steuerbaren Rahmenbedingungen eines Computerraums der Carnegie Mellon University haben sie ein Experiment zu der Frage durchgeführt, was beim Aufeinanderprallen von Kultur geschieht.[124]

Jeder Teilnehmer sah auf seinem Monitor sechzehn Fotos von Büroszenen. Nach dem Zufallsprinzip wurden die Versuchspersonen in Paare unterteilt, wobei einer die Rolle des Managers, der andere die seines Mitarbeiters bekam. Auf dem Monitor des Managers wurden acht der Fotos ausgewählt und nummeriert. Diese musste er seinem Mitarbeiter per Chat in der richtigen Reihenfolge beschreiben, damit der Mitarbeiter sie auf seinem Monitor identifizieren konnte. Jedes Paar wiederholte dies zwanzig Mal und wurde am Ende des Experiments danach belohnt, wie lange es dafür insgesamt gebraucht hatte.

Unter «Kultur» verstanden Camerer und Weber die schriftlichen Kurzbeschreibungen, mithilfe derer die Paare die Fotos umso schneller und treffsicherer zuordnen konnten, je mehr sich ihre Beziehung entwickelte und sie zu einem gemeinsamen Verständnis der Bilder gelangten. Als Beispiel führen Camerer und Weber die Bildbeschreibung eines Managers in der ersten Runde an: «Das mit drei Personen: zwei Männer und eine Frau. Die Frau sitzt links im Bild. Sie schauen alle auf zwei Computer, auf denen man so etwas wie PowerPoint-Kurven oder -Tabellen sehen kann. Die beiden Männer tragen Krawatten, die Frau hat kurze, blonde Haare. Einer der Männer zeigt auf eine Tabelle.» Ein paar Runden später lautete die Beschreibung schlicht «PowerPoint». Schon nach wenigen Chat-Botschaften wussten beide, auf welches Foto sich die Kurzbeschreibung bezog.

In der ersten Runde brauchten die Paare durchschnittlich gut vier Minuten, um die acht Fotos zu identifizieren. Nach zehn Runden schafften sie es in etwas mehr als einer Minute, nach zwanzig Runden brauchten sie keine 50 Sekunden mehr.

Bei der Auswertung der Kommunikation zwischen den Partnern erkannten die Forscher auch, dass sie sich auf einen breiteren Fundus an gemeinsamen Erfahrungen stützte, so wie die Büros von Toyota und Honda in Tokio trotz gewisser Unterschiede der Unternehmenskultur eine Reihe von japanischen Normen verbindet. Ein Paar beschrieb eines der Fotos bald nur noch knapp mit «Uday Rao», weil eine Person darauf einem Professor namens Uday Rao ähnelte, bei dem beide ein Seminar besuchten. Ohne diesen gemeinsamen Hintergrund wäre es vielleicht schwieriger für sie gewesen, eine gemeinsame Sprache zu finden.

Die Paare brauchten jeweils etwas Zeit, um eine für sie praktikable Methode zu entwickeln, von der sie dann nur noch unter äußerem Druck abwichen. Das ist ein recht gutes Beispiel dafür, wie Kulturen naturwüchsig entstehen und sich dabei bestimmte Verhaltensmuster verfestigen.

Nehmen wir den Zufall, dass heute drei Viertel der Weltbevölkerung auf der rechten Straßenseite fahren. Um zu verstehen, wie es dazu kam, muss man zunächst erklären, warum früher Linksverkehr vorherrschte. Diese Norm erklärt sich daraus, dass die meisten Menschen Rechtshänder sind. So geht eine Theorie von den Zeiten aus, als man sich noch zu Pferd fortbewegte und die Ritter ihre Burg nie ohne eine Waffe in Griffweite verließen. Um ihr Schwert schnell ziehen zu können, trugen die rechtshändigen Ritter es an der linken Seite, und damit sie bei einer Begegnung nicht mit den Schwertscheiden aneinanderstießen, ritten sie links. (Im Falle eines Konflikts war es auch von Vorteil, die Fechthand näher am entgegenkommenden Verkehr zu haben.) Für rechtshändige Reiter ist es auch leichter, von links auf das Pferd zu steigen, und indem sie auf der linken Seite ritten, konnten sie dies abseits des Pferdeverkehrs am Wegesrand tun. Aus demselben Grund saßen britische Kutscher auf der rechten Seite, um sich besser mit dem Schwert verteidigen zu können, wenn ihnen Räuber entgegenkamen.

Wie kam es zum Wechsel auf die rechte Seite der Straße? Die Zeitschrift *Popular Science* erklärte dies 1935 damit, dass die Postkutscher auf dem europäischen Kontinent nicht auf dem Wagen, sondern auf einem der Pferde saßen. Auf dem linken Pferd sitzend, konnten sie als Rechtshänder beide Zugpferde mit der Peitsche anspornen. Auch amerikanische Kutscher saßen auf dem Pferd, wodurch sich der Rechtsverkehr in der Neuen Welt erklärt.[125]

Der Rest ist, wie man sagt, Geschichte. Wir bewegen uns zwar nicht mehr in Fuhrwerken fort, aber weil eine Umstellung kostspielig ist, herrscht in Amerika und dem Großteil Europas bis heute Rechtsverkehr. Die wenigen Länder mit Linksverkehr passten sich dem schließlich an, denn die Ausnahme zu sein, wenn die Bürger auch im Ausland Auto fahren, ist ebenfalls kostspielig. Wo die Umstellung nicht freiwillig erfolgte, kam sie durch militärische Eroberungen zustande. Als Hitlers Truppen durch Österreich und Ungarn marschierten, erhielt in ihrem Gefolge auch der Rechtsverkehr Einzug. Eine deutsche Eroberung ist auch für den Rechtsverkehr in Samoa verantwortlich, das in dieser Hinsicht mit seinen britisch kolonisierten Nachbarn Neuseeland und Australien inkompatibel blieb.

Rechtshändige Ritter, unterschiedliche Fuhrwerke und westlich-imperiale Ambitionen – alles längst Geschichte – erklären zusammengenommen, warum die Samoaner noch 2009 rechts fuhren, so wie wir im Nachhinein erklären können, weshalb zwei Studenten der Carnegie Mellon University sich darauf verständigten, ein bestimmtes Foto mit «Uday Rao» zu bezeichnen. Gruppen bilden unterschiedliche Routinen aus, die sich im Lauf der Zeit von selbst verstärken. Genau diesen Prozess erzeugten Camerer und Weber in ihrem Versuchslabor.

Wenn Kulturen kollidieren

Die Herausbildung solcher Mikrokulturen war für Camerer und Weber aber nur ein Mittel zum Zweck. Ihr eigentliches Forschungsinteresse galt der Frage, was beim Aufeinanderprallen zweier Kulturen – etwa im Zuge einer Unternehmensfusion – geschieht. Im Versuchslabor wurde dies simuliert, indem jeder Manager einen zweiten Mitarbeiter zugeteilt bekam und er die acht Fotos nun beiden gleichzeitig beschreiben musste. Da die Manager nach der durchschnittlichen Zeit, die beide benötigten, bewertet wurden, blieben sie überwiegend bei den bereits eingeführten Kurzbeschreibungen.

Für die neuen Mitarbeiter war das Festhalten an der alten Kultur wie zu erwarten verwirrend, da ihnen die Kurzbeschreibungen nichts sagten. Im Fall von «Uday Rao» wurde das Unverständnis noch dadurch verstärkt, dass der neue Mitarbeiter anders das ursprüngliche Team nicht an Professor Raos Seminar teilnahm. Der Manager hätte mit ihm genauso gut in einer ihm unbekannten Sprache kommunizieren können, und in gewissem Sinn tat er das auch.

In einem Chat versuchte ein Manager ein Foto zu beschreiben, auf dem im Vordergrund ein Tisch mit Kaffeetassen und im Hintergrund ein Schrank zu sehen war. In der ersten Phase hatte er dafür die Kurzbeschreibung «Kaffeetassen» entwickelt. Kaffeetassen waren aber auch auf anderen Fotos zu sehen, und entsprechend verwirrt war die neue Mitarbeiterin, in deren vorherigem Team das Bild «Schrank im Hintergrund» hieß. Nach etwa einer Minute hatte sich offenbar das richtige Bild gefunden, und um sicherzugehen, dass sie vom selben Foto sprachen, fragte die neue Mitarbeiterin, ob im Hintergrund ein Schrank zu sehen sei. «Das weiß ich nicht», erwiderte ihre Managerin gereizt, «schau einfach nach den Kaffeetassen!» In einem anderen Chat unterbrach eine neue Mitarbeiterin ihren Manager entnervt mit der Aufforderung: «Hör auf, mir ihre Kleidung zu beschreiben, sag mir einfach, wie viele Personen auf dem Bild sind!»

Nach einer Weile gelangten die Dreierteams zwangsläufig zu Bildbeschreibungen, die sie alle verstanden. Die meisten Teams brauchten nur sechs weitere Runden, um die acht Bilder in weniger als einer Minute zu identifizieren. Der Anpassungsprozess war jedoch schwieriger als von den Teilnehmern erwartet. Mehr als drei Viertel hatten eine schwächere Auswirkung der Fusion auf ihre Leistung vorhergesagt.

Und trotz der schlussendlichen Gewöhnung an die neuen «Firmen» aus drei Personen blieben gewisse Vorbehalte bestehen. In einer Befragung nach dem Experiment gaben die ursprünglichen Mitarbeiter ihren Managern durchweg eine bessere Note als die neuen. Das beruhte auf Gegenseitigkeit: Die Manager bewerteten die neuen Mitarbeiter im Vergleich zu den alten als weniger kompetent. Daran änderte auch die Tatsache nichts, dass alle anerkannten, dass niemandem die Schuld gegeben werden konnte. Übereinstimmend befanden alle Teammitglieder sogar, dass der neue Mitarbeiter die schwierigste Aufgabe hatte.

Das Experiment von Camerer und Weber illustriert eindrücklich, wie wichtig es ist, dass wir überhaupt eine gemeinsame Kultur teilen. Andernfalls stellen sich zwischen den Mitarbeitern unterkühlte, von Fehlwahrnehmungen und gegenseitigen Schuldzuweisungen bestimmte Beziehungen ein.

In diesem Fall wurden den Teilnehmern veränderte Bedingungen von den Leitern des Experiments aufgezwungen, die innerhalb des Computerraums der Universität praktisch Gott spielen konnten. Aber man kann sich mühelos vorstellen, wie die Teilnehmer ohne diesen äußeren Druck an ihren abgeschotteten, vertrauten Zweierteams festgehalten hätten. Und selbst wenn die Logik der Vereinigung zwei Kulturen zusammenbringt, kann das Ganze weniger als die Summe seiner Teile bleiben. Die Architekten von Unternehmensimperien, die von Kostensynergien, der Verbindung von Stärken und Fähigkeiten und anderen «technischen» Argumenten für Fusionen träumen, wären gut beraten, die unvorhergesehenen Schwierigkeiten zur Kenntnis zu nehmen, vor denen die Studenten der Carnegie Mellon University bei der Anpassung an den denkbar einfachsten Aufeinanderprall von Kulturen standen.

Wie man gute Kulturen pflegt

Eine Lehre des Experiments lautet, wie leicht man selbst dann, wenn alle in der Gruppe exakt dasselbe Ziel haben, in eine auf Fehlwahrnehmungen beruhende Kultur des Misstrauens abrutscht. Wo es Intrigen am Arbeitsplatz gibt, inklusive konkurrierender Interessen, Doppelspiele und anderer Konfliktquellen, ist es ein Wunder, wenn die Situation nicht in heimtückische Angriffe und ein allgemeines Klima des Verdachts ausartet. Irgendwie gelingt es Unternehmen aber, eine Kultur von Vertrauen und Miteinander aufrechtzuerhalten.

Ein Beispiel dafür ist die Boston Consulting Group, auf der Fortune-Liste der 100 besten Arbeitgeber des Jahres 2012 die Nummer zwei. Neue Mitarbeiter des Unternehmens müssen sich vergleichsweise wenig Sorgen machen, an rücksichtslose Vorgesetzte zu geraten. Die Beschäftigten der BCG wissen, dass sie lange Arbeitstage haben und manchmal wochenlang im Hotel leben, wenn sie in anderen Städten Projekte betreuen. Aber sie wissen auch, dass ihre Leistungen anerkannt und fair bezahlt werden. Wer dem Urteil von *Fortune* nicht traut, kann dies auf Webseiten wie glassdoor.com nachlesen, auf denen Arbeitnehmer über ihre Unternehmen berichten. Solche Informationen verbreiten sich heute viel schneller und weit über die Kaffeeküche des eigenen Betriebs hinaus.

In anderen Unternehmen gibt es eine genauso fest etablierte Kultur rücksichtsloser Ausnutzung – sie konnten Misstrauen und Groll nie überwinden und entschieden dann, sich darin einzurichten. Wer *Wall Street Poker*, Michael Lewis' klassischen Bericht über seine zwei Jahre als Anleihehändler bei Salomon Brothers, gelesen hat, der weiß, dass man verrückt sein müsste, um dort als Neuling den Vorgesetzten, den Kollegen oder überhaupt jemandem zu trauen. (Lewis über die Karriereentwicklung im Unternehmen: «Um den besten Job zu bekommen, musstest du die schlechteste Behandlung ertragen»; zum Umgang mit Kollegen: «Heb Gewichte oder lern Karate.») Auf das rationale Eigeninteresse von neuen Analysten, die wissen, dass sie ohnehin nur ausgenommen werden, kann man schwerlich bauen. Und da sie sich für den Vorgesetzten nicht abmühen werden, gibt es wiederum keinen Grund dafür, sie *nicht* auszunutzen. Dem schlechten Gleichgewicht einer vergifteten Kultur kann sich niemand entziehen.

Wer einen fürsorglichen Arbeitgeber schätzt – und so jemand kann nach entsprechender Beförderung selbst ein anständiger Vorgesetzter werden –, der wird sich fraglos anderswo umsehen. Der Ruf von Firmen gibt den Beschäftigten nicht nur bereits am ersten Arbeitstag Orientierung, er hilft ihnen auch dabei, einen ihrer Mentalität entsprechenden Arbeitgeber zu finden.

Die BCG wäre indes schlecht beraten, die Hände in den Schoß zu legen und darauf zu vertrauen, dass sich ihr freundliches Betriebsklima von selbst erhält. Ihre «gute» Unternehmenskultur ist leider viel fragiler als die allgemeine Heimtücke bei Salomon Brothers in den 1980er-Jahren, so wie auch der Ruf einer Person nur so gut ist wie ihr Verhalten am Vortag. Nutzen Sie nur ein paar Mitarbeiter aus, und den Rest erledigen Webseiten wie glassdoor.com.

Wie können dann Unternehmen, die Wert auf gutes Verhalten legen, die Beschäftigten dauerhaft dazu motivieren?

Lehren aus dem Atomkrieg

Um herauszufinden, wie man eine gute Unternehmenskultur aufrechterhalten kann, ist die Spieltheorie hilfreich, ein Gebiet der Wirtschaftswissenschaft, das menschliches Verhalten in Situationen von Konflikt und

Kooperation modellhaft darstellt.[126] Einem breiteren Publikum wurde sie durch den Erfolg des Films *A Beautiful Mind* bekannt, als mathematische Disziplin existiert sie aber bereits seit dem 18. Jahrhundert. Die Analyse strategischer Interaktionen hat schließlich eine lange Tradition.

Erst mit Beginn des Kalten Krieges wurde die Spieltheorie aber wirklich in das moderne Zeitalter befördert. Ökonomen und Mathematiker nutzten sie nun, um strategische militärische Interaktionen wie Langstreckenbombardierungen, die Verfolgung von Kampfjets oder das nukleare Gleichgewicht des Schreckens zu analysieren. Und die mathematischen Werkzeuge wiederum, die zur Bestimmung einer Strategie gegenüber den atomar bewaffneten UdSSR entwickelt wurden, dienen Ökonomen heute dazu, den Preiskrieg zwischen Walmart und Amazon zu analysieren, Bietstrategien für Auktionen zu entwickeln (und Auktionen besser zu gestalten) und sogar Machtkämpfe am Arbeitsplatz zu verstehen.

Stellen Sie sich vor, es ist Ihr erster Arbeitstag und Ihr neuer Chef bittet Sie, eine Präsentation für den Vorstandsvorsitzenden auszuarbeiten – bis zum nächsten Morgen. Lohnt es sich, für diese Person, die Sie gerade zum ersten Mal getroffen haben, die Nacht durchzuarbeiten? Erwarten Sie, dass Ihre Mühe angemessen gewürdigt und honoriert wird? Und wenn Sie fertig sind und dem Vorgesetzten die Früchte Ihrer Arbeit übergeben haben, was sollte ihn daran hindern, den Ruhm dafür selbst einzuheimsen?

Sie müssten einen Vertrauensvorschuss aufbringen, aber das könnte letztlich im Interesse beider Parteien sein. Erwarten Sie, dass Ihr Vorgesetzter Sie ausnutzt, dann werden Sie nicht Ihr Bestes geben. Dann wird er vor dem Vorstandschef schlecht dastehen, ebenso wie Sie. Wenn er nicht mehr an Leistung bekommt als das, was er Ihnen durch penetrantes Herumschleichen um Ihren Schreibtisch abnötigen kann, dann will er die Arbeit, ob zu Recht oder Unrecht, wenigstens als seine eigene reklamieren. In einer solchen Unternehmenskultur erwarten die Vorgesetzten keine hochwertige Arbeit und die Beschäftigten geben sich keine Mühe, weil sie davon ausgehen, dass die Vorgesetzten sie ausnutzen werden – und jede Seite bestätigt durch ihr Handeln die Erwartungen der anderen.

Um aus diesem schlechten Gleichgewicht auszubrechen, müssen Vorgesetzte überzeugend versichern, dass sie andere fair behandeln werden. Als Neuling aber müssen Sie leider die Nacht durcharbeiten, bevor Sie herausfinden können, ob die Versprechen Ihres Vorgesetzten ehrlich gemeint oder nur billiges Gerede waren.

Was könnte selbst den kältesten und berechnendsten Vorgesetzten zur Ehrlichkeit anhalten? Bei einer einmaligen Interaktion rein gar nichts. Ihre Beziehung zu Ihrem neuen Manager ähnelt aber eher dem, was Spieltheoretiker ein «wiederholtes Spiel» nennen – Vorgesetzter und Arbeitnehmer sind dazu bestimmt, das wechselseitige Geben und Nehmen der Zusammenarbeit über Tage, Monate oder selbst Jahre hinweg zu praktizieren. Ein guter Manager erarbeitet sich den Ruf, fair zu sein – er spart nicht mit der gebührenden Anerkennung, lässt Mitarbeiter, die den ganzen Donnerstagabend an einer Präsentation gearbeitet haben, am Freitag früher gehen und bringt zur Hebung der Moral Essen ins Büro mit. Ein solcher Manager zieht wiederum loyale Mitarbeiter an, die ihm vertrauen und hart arbeiten. Ein fairer Manager muss kein fairer Mensch sein, aber sich so verhalten, als wäre er einer; was ihn dann motiviert, sind die langfristigen Vorteile einer von wechselseitigem Geben und Nehmen geprägten Beziehung zu seinen Mitarbeitern. (Allerdings nur so lange, wie diese Vorteile größer sind als der einmalige Vorteil eines ausnutzenden Verhaltens. Der Unterschied zwischen fairen Managern und solchen, die Fairness nur vortäuschen, zeigt sich, sobald sie darüber nachdenken, sich einen neuen Job zu suchen.)

Ein solches Vertrauen ist allerdings fragil – bereits ein einziger Akt der Schikane oder des Opportunismus aufseiten des Managers kann es untergraben. Der davon betroffene Mitarbeiter wird dies nicht für sich behalten. Einmal gebrochenes Vertrauen ist schwer zu kitten, und wer seinen guten Ruf verspielt hat, kann ihn folglich nur mit größter Mühe wiederherstellen.

Dass Vertrauen als leicht zerbrechlich und schwer wiederherstellbar gilt, resultiert daraus, dass kooperative Beziehungen durch ein Verhalten gewahrt werden, das Ökonomen als Trigger-Strategie bezeichnen. Manager und Mitarbeiter können ihre Kooperation aufrechterhalten, weil beide Seiten wissen, dass bereits eine Spur von Ausnutzung der Auslöser (Trigger) eines für alle schädlichen Abgleitens in Verdacht und Misstrauen sein kann. Alle Parteien schrecken vor einem schlechten Verhalten zurück, das schlussendlich dazu führen könnte, das Gleichgewicht des Schreckens in allseitige Zerstörung zu überführen.

Dem Absolventen der Managementhochschule, der noch keine Gelegenheit hatte, einen Ruf als – guter oder schlechter – Vorgesetzter zu entwickeln, hilft das alles recht wenig. Was ihm einen guten Start ermöglicht, ist die Tatsache, dass Organisationskulturen weit über einzelne Personen hinausgehen und die Erwartungen an die gesamte Organisation prägen. Eine unternehmensweite Kultur des gegenseitigen Gebens und Nehmens wird durch die Drohung von Trigger-Strategien bewahrt, aufgrund derer jeglicher Opportunismus einen vollständigen kulturellen Zusammenbruch bedeuten kann. Alle haben einen Anreiz, das zu verhindern – denn wer will schon in einer Kultur der Kaltherzigkeit und Heimtücke enden?

Rache ist süß

Das Problematische an Trigger-Strategien besteht darin, dass sie leicht zu einer Organisation führen, in der sich alle zurückhalten und darauf warten, dass jemand den Auslöser drückt – sie fördern paradoxerweise eine Unternehmenskultur, in der sich alle gut benehmen, aber aus Angst vor Ausnutzung niemand wirklich etwas in Beziehungen investiert. Zwischen den USA und der Sowjetunion kam es zwar zu keinem «heißen» Krieg – warmherzige Beziehungen hatten sie aber auch nie.

Manager und Beschäftigte, die gemeinsam von einem freundlichen, kooperativen Arbeitsklima profitieren, müssen sicherstellen, dass es schwarze Schafe teuer zu stehen kommt, wenn sie ihr wahres egoistisches Gesicht zeigen. Es reicht nicht, solchen skrupellosen Mitarbeitern zu misstrauen. Die Vorteile einer guten Kultur haben sie von vornherein nicht zur Ehrlichkeit bewegen können. Sofern nicht das ganze Unternehmen in einen Teufelskreis aus Misstrauen und Schuldzuweisungen geraten soll, müssen sie gestellt und bestraft werden. Je härter die Strafe, desto besser. Das erklärt vielleicht, warum manche Unternehmen so entschieden gegen Fehlverhalten vorgehen und beispielsweise hochproduktive Mitarbeiter entlassen, die gegen die Spielregeln verstoßen haben.[127]

Noch besser könnte es sein, die Bestrafung den Kollegen zu überlassen. Nicht viele Organisationen würden sich öffentlich stolz dazu bekennen, Verstöße gegen die ungeschriebenen Regeln am Arbeitsplatz mit kollektiver Rachsucht zu ahnden. («Kommen Sie in unser Unternehmen! Wenn Sie sich danebenbenehmen, werden Sie von allen Kollegen fertiggemacht!») Doch Rache ist nützlich, um ein Klima von Zusammenarbeit und Opferbereitschaft zu wahren. Wenn die langfristigen Vorteile von Kooperation erkannt werden, ist dies gut – aber noch besser ist es, wenn jeder, der ein Abweichen von den Normen in Betracht zieht, sieht, wie ein solches Verhalten unverzüglich gnadenlos bestraft wird.

Das Problematische an Rache besteht allerdings darin, dass sie Aufwand erfordert. Und es ist viel einfacher, wenn sich jemand anders darum kümmert. Warum sollte man seine Zeit mit etwas verschwenden, das einem nichts einbringt, wenn man die dreckige Arbeit auch anderen überlassen kann? Warum sollte man Vergeltung riskieren oder seinem eigenen Ruf schaden, indem man einen Kollegen für sein Fehlverhalten zur Rechenschaft zieht?

Solche Fragen kommen jedoch nur einem Ökonomen in den Sinn. Man begleicht seine Rechnungen mit anderen ja nicht in der Hoffnung auf finanzielle Belohnung oder Beförderung. Menschen sind rachsüchtige Wesen, die aus reinem Vergnügen so handeln. Der römische Dichter Juvenal hatte recht: «Rache ist nur für einen kleinen und schwächlichen Geist ein Vergnügen» – doch ein solcher sind wir, vielleicht zum Glück, fast alle.

Diese Seite der menschlichen Natur wurde in einem klassischen wirtschaftswissenschaftlichen Experiment ausgeleuchtet. Die Verhaltensökonomen Ernst Fehr und Simon Gächtner konnten dadurch genau zeigen, wie sehr wir Rache wertschätzen.[128] Dazu teilten sie Studenten der Züricher Universität in zufällige Viererteams ein, die ein «Spiel über Allgemeinwohl und Strafen» spielen sollten. Jedes Teammitglied bekam 20 nach dem Experiment in Schweizer Franken umtauschbare Wertmarken, die es behalten oder in die Gemeinschaftskasse einzahlen konnte. Für jede eingezahlte Marke gaben Fehr und Gächtner der Gruppe 1,6 Wertmarken, die am Ende zu gleichen Teilen aufzuteilen waren. Darin bestand der Aspekt des «Allgemeinwohls»: Indem sie Wertmarken opferten, erhöhten die Einzelnen den Reichtum der Gruppe. Am meisten Wertmarken bekam die Gruppe, wenn alle alles dem Gemeinwohl stifteten.

Zwischen Allgemeinwohl und Eigeninteresse bestand jedoch eine Spannung. Für jede eingezahlte Marke bekam man nur 0,4 Marken zurück (die übrigen 1,2 bekamen die anderen Teammitglieder). Warum sollte man also nicht die anderen *ihre* Wertmarken spenden lassen und die 20 eigenen behalten?

Wenn jeder so denkt, landen wir wieder in einer Kultur des Jeder-für-sich-allein wie bei Salomon Brothers. Tatsächlich stellten Fehr und Gächtner fest, dass sich unter den Studenten nach wenigen Spielrunden diese Wall-Street-Kultur einstellte. Einige Teilnehmer versuchten anfangs zwar, Spenden an die Gemeinschaftskasse zur Norm zu machen, waren nach drei oder vier Runden aber frustriert von den unkooperativen Teammitgliedern, sodass der durchschnittliche Beitrag fast auf null sank.

An dieser Stelle kamen die Strafen hinzu. In einer erweiterten Variante des ursprünglichen Spiels bekamen die Studenten die Option, nach der

Bekanntgabe der Spenden aller Spieler anderen Teammitgliedern Wertmarken abzuziehen. Solche Maßnahmen waren aber nicht billig: Für jeden vergebenen «Strafpunkt» verlor der Spieler selbst mindestens eine Wertmarke. Trotzdem bestraften die Teilnehmer jeden, der weniger als andere eingezahlt hatte. Das hatte den heilsamen Effekt, egoistische Teammitglieder zur Erhöhung ihrer Beiträge zu nötigen: Nach wenigen Strafrunden spendeten die meisten Spieler aus Angst vor Vergeltung alle 20 Wertmarken an die Gemeinschaftskasse. Danach mussten keine Wertmarken mehr zwecks Rache verschwendet werden – die bloße Drohung genügte, um alle zur Redlichkeit anzuhalten.[129] Das sollten Sie bedenken, wenn Sie und Ihre Kollegen sich auf die nächste Mitarbeiterbewertung am Jahresende vorbereiten.

Wie man mehr bekommt, als man bezahlt hat

Nicht nur der Drang nach Rache und Vergeltung bewegt Menschen dazu, zugunsten emotionaler Befriedigung auf finanzielle Vorteile zu verzichten. Manchmal verhalten sich Menschen einfach deshalb gut, weil es richtig ist. Das erkennen sogar Ökonomen an.

Für Massey Energy, eine mittlerweile aufgekaufte Bergbaugesellschaft, die für das Grubenunglück von Upper Big Branch im Jahr 2010 verantwortlich war, galt dies allerdings offenbar nicht. Ein anderes Motiv als Gewinnmaximierung um jeden Preis konnte man ihrem Vorstand kaum attestieren. Im Jahr vor dem Unglück, bei dem 29 Menschen durch eine Explosion umkamen, hatte die Behörde für Minensicherheit mehr als 500 Verstöße gegen die Vorschriften in der Grube festgestellt, darunter 200 «erhebliche» Verstöße, die «durchaus zu gravierenden Verletzungen oder Erkrankungen führen könnten».

Dennoch wollte der Vorstand offenbar den Eindruck erwecken, dass Massey Energy jenseits des Gewinns eine Vision verfolgt. Zeitlich ungünstig veröffentlichte die Gesellschaft 2009 einen ersten Bericht über ihre soziale Verantwortung, der einen Überblick bot «über unsere traditionelle Sorge für unsere wichtigsten Ressourcen: Unsere Mitarbeiter und unseren Planeten».[130]

Dass sich ein Unternehmen wie Massey Energy als edler Hüter der Wälder und Flüsse in den Appalachen darstellt, der sich überdies um seine Mitarbeiter und die Menschen in der Region wie um eine Familie kümmert, ist beinahe unfassbar – immerhin musste sich die Gesellschaft wegen

Trinkwasservergiftung vor Gericht verantworten und ist traditionell für mangelhafte Sicherheitsstandards bekannt. Diese arbeitnehmerfeindliche Unternehmenskultur ist nicht besonders rätselhaft. Im Tagebau sind Arbeitsschutzmaßnahmen – und die Abwasserklärung – kostspielig und verlangsamen die Kohleförderung zudem. Gewinnmaximierung bedeutet häufig gravierende Verstöße gegen die Sicherheitsvorschriften. Eine solche Unternehmenskultur sorgt dafür, die Aktionäre und die Manager mit Renditen und Boni zufriedenzustellen.[131] Doch warum machte sich Massey die Mühe, soziale Verantwortung vorzutäuschen?

Kann man Arbeiter durch das Bedürfnis, ihren Kollegen zu helfen, zu Überstunden motivieren, dann ist das möglicherweise billiger, als entsprechende Zulagen zu zahlen. Und wo Kooperation nötig ist, ist es von Vorteil, wenn sie in der Belegschaft als ein Wert an sich gilt. Massey-Chef Don Blankenship versuchte seinen Arbeitern das Image eines freundlichen Unternehmens vermutlich deshalb zu verkaufen, weil er darin einen weiteren Hebel der Gewinnmaximierung vermutete.

Die Massey-Kumpel sind vermutlich nie wie die Sieben Zwerge fröhlich singend in die Grube gefahren. Bei einem Unternehmen wie Ben & Jerry's dagegen, das seit Langem soziale Zwecke fördert und sich als Weltverbesserer darstellt, arbeiten die Eisverkäufer vielleicht tatsächlich etwas schneller, weil sie einem höheren Zweck zu dienen meinen.

Falls Sie uns nicht glauben, dass Menschen mehr als Eigennutz im Kopf haben, unternehmen Sie einmal folgendes Experiment: Lotsen Sie einen beliebigen Passanten in ein fensterloses Labor und geben Sie ihm zehn Dollar, die er mit einer ihm vollkommen unbekannten Person teilen kann oder auch nicht. Es ist zugegebenermaßen sehr wahrscheinlich, dass er alles für sich behält, aber auch durchaus möglich, dass er den Betrag gleichmäßig aufteilt und jemandem, den er niemals kennenlernen wird, fünf Dollar gibt.

Dieses sogenannte Diktatorspiel (der Diktator ist derjenige, der den Kuchen aufteilt) ist in unterschiedlichsten Ländern endlose Male durchgeführt worden, wobei die Teilnehmer von kalifornischen Computer-Nerds bis zu halb nomadischen Hirten in Kenia reichten. Die Ergebnisse des Experiments sprechen dafür, dass es über kulturelle Grenzen hinweg einen universellen menschlichen Instinkt des Teilens gibt: Viele Menschen entschieden sich in der Rolle des Diktators dafür, die Hälfte des Kuchens abzugeben.[132]

Wie sehr Menschen in solchen Experimenten bereit sind, zugunsten anderer auf etwas zu verzichten, ist erstaunlich steuerbar. Bei einem einfachen Spiel wie dem in Zürich durchgeführten Allgemeinwohl-Experiment verdoppelt sich die Kooperationsbereitschaft der Teilnehmer, wenn man es nicht das «Wall-Street-Spiel», sondern das «Gemeinschaftsspiel» nennt. Das Spiel ist exakt dasselbe, aber den Teilnehmern wird eine andere Kultur angedeutet, der sie entsprechen sollen.

Eine Kultur heraufzubeschwören, die die Mitarbeiter dazu motiviert, zum Wohle der Organisation zusammenzuarbeiten, ist eindeutig von Vorteil. Wohl deshalb versuchen vermeintlich gewinnorientierte Unternehmen wie Massey durch ihren Internetauftritt und ihre offizielle Firmenphilosophie ein geradezu anrührendes Bild von sich zu vermitteln. Sind Konzerne tatsächlich fürsorgliche Einrichtungen, denen es vor allem um die Rettung des Planeten und fröhliche Kinder geht? Manche vielleicht schon. Wenn ein Unternehmen Mitarbeiter und Kunden zu der Überzeugung bringen kann, dass es nicht nur den Aktionären, sondern einem höheren Auftrag dient, kann es unter Umständen jene sozialen Impulse anzapfen, die Menschen zu Spenden an wohltätige Organisationen oder in Diktatorspiel-Experimenten zu Großzügigkeit gegenüber Fremden animieren. Für das Unternehmen gilt es, Gruppenidentität in höhere Gewinne zu verwandeln.

Das wirft die Frage auf, wie viel unbezahlte Arbeit und Loyalität eine Firma bekommt, wenn sie sich den Anschein eines höheren Zwecks gibt. Einen Anhaltspunkt dafür bieten Einkommensvergleiche zwischen den Mitarbeitern von gemeinnützigen Organisationen und gewinnorientierten Unternehmen. Menschen arbeiten für karitative Organisationen, weil sie die Kranken heilen, den Armen Essen und Kleidung geben oder den Regenwald retten wollen. Dafür nehmen sie häufig ein geringeres Einkommen in Kauf.

Das Einkommensgefälle zwischen dem gemeinnützigen und dem privatwirtschaftlichen Sektor gibt uns eine Vorstellung davon, wie viel ein «höherer Auftrag» wert ist. In beiden Sektoren werden Buchhalter, Informatiker und Büroangestellte gebraucht – Arbeitnehmer mit ähnlichem Profil und beinahe identischen Qualifikationen. Wenn ein vereidigter Buchprüfer mit zwölf Jahren Berufserfahrung bei «Save the Children» nur halb so viel verdient wie ein ähnlich erfahrener Kollege bei P&G, dann könnte P&G diesen möglicherweise zu doppelter Leistung (oder einem Gehaltsverzicht um die Hälfte) bewegen, sofern er nur davon überzeugt werden kann, dass der Auftrag von P&G gesellschaftlich genauso wertvoll ist wie der von «Save the Children».

Arbeitsökonomen haben versucht, diese Lohndifferenz zwischen den beiden Sektoren – den Betrag, der als Kompensation für weniger befriedigende Arbeit dient – zu berechnen. Die Schätzungen reichen von 20 bis über 50 Prozent – wer sich ein gutes Image zulegen kann, bekommt also viel Gratisarbeit und Loyalität.

Die entsprechenden Bemühungen von Ben & Jerry's, und vielleicht sogar von Massey Energy, hatten insofern ihren Sinn.

Team geht vor Individuum

Die stärkste Kraft, die Menschen zu Opfern bewegt, ist aber weniger der Drang zur Wohltätigkeit als die Gruppenloyalität. Um welche Art von Gruppe es sich dabei handelt, ist gar nicht so wichtig – sie kann sich auf die Farbe Ihres T-Shirts stützen, auf Ihre bevorzugte Automarke oder selbst die Zahl von Punkten, die Sie auf einem Bild erkennen.

So lautete das Ergebnis einer Reihe von wegweisenden Experimenten des Sozialpsychologen Henri Tajfel in den 1970er-Jahren, die zeigten, wie leicht man Gruppengefühl und -loyalität erzeugen kann. In einer Studie ließ Tajfel die Teilnehmer die Zahl von Punkten auf einer Tafel schätzen und erklärte, dass sie je nachdem, ob sie zu niedrig oder zu hoch geschätzt hatten, in Teams unterteilt würden. In Wirklichkeit erfolgte die Teambildung zufällig. Jeder Teilnehmer erfuhr, wer in seinem «Team» war, und sollte danach in einem abgetrennten Raum «Belohnungen» und «Strafen» verteilen, nach denen am Ende des Experiments Auszahlungen berechnet wurden. So bizarr es klingt, die Mitglieder des eigenen Teams wurden belohnt und die des anderen bestraft – beide unterschieden sich durch nichts weiter voneinander als die Zahl der Punkte, die sie auf einer Tafel erkannt zu haben meinten. Tajfel prägte den Begriff des «Minimal-Gruppen-Paradigmas», um den geringen Anstoß zu beschreiben, der zur Herausbildung von Gruppenidentitäten genügt.[133]

Wenn sich ein Zusammengehörigkeitsgefühl auf Grundlage von Punktezählen erzeugen lässt – und selbst durch noch weniger: Menschen Farben zuzuweisen genügt, um Loyalitätsgefühle für das rote oder das blaue Team zu schaffen –, wie schwierig kann es dann sein, Arbeitnehmer zur Identifikation mit dem Ort zu bewegen, an dem sie mindestens die Hälfte des Tages verbringen? Nicht allzu sehr.

Allerdings muss man bedenken, dass der Satz: «Das stehen wir gemeinsam durch» gleichermaßen eine Zusammenarbeit für wie gegen das Unternehmen beschreiben kann. Eine Studie in England ergab zum Beispiel, dass in Gruppen von Erntehelfern, die nach ihrer Leistung relativ zu der der anderen in der Gruppe bezahlt wurden, das Arbeitstempo allgemein abnahm. Am stärksten ging es zurück, wenn die Gruppe aus Freunden bestand, die sich am besten gegen den Arbeitgeber verbünden konnten. (In der ersten Phase des Experiments ernteten die Arbeiter niedrig wachsende Früchte wie Erdbeeren. Als sie später andere Früchte von höheren Sträuchern pflückten und dadurch nicht mehr den Ertrag der anderen überblicken konnten, stieg die Arbeitsleistung sofort. Selbst Freunden konnte offenbar nur so lange getraut werden, wie man sie im Blick hatte.)

Wenn das das Ergebnis von Zusammengehörigkeitsgefühl ist, dann ist die von Werten unbeschwerte Betriebskultur, die Lewis bei Salomon Brothers kennenlernte, womöglich besser für das Unternehmen.

Natürlich verlangte Tajfel von den Teilnehmern nur höchst bescheidene Opfer. Die Identität der Minimalgruppe mag hinreichend sein, um den Mitgliedern der eigenen Gruppe ein paar Dollar zuzuschieben. In Organisationen dagegen, in denen der Zeitpunkt kommen kann, an dem man im Interesse der Gruppe – im buchstäblichen oder metaphorischen Sinne – auf eine Granate springen muss, erfolgt die Identitätsbildung mitunter durch eine intensive, an sektenartige Gehirnwäsche grenzende Indoktrinierung.

Wenn wir davon ausgehen, dass Regeln und Kultur alternative Möglichkeiten zur Motivierung sind, dann stellt das Militär einen eigentümlichen Fall dar. Das Leben im Militär wird von zu vielen Regeln bestimmt, um sie alle aufzählen zu können, von Regeln, die an Unsinn grenzen. Ungehorsam hat selbst in Friedenszeiten gravierende Folgen: unehrenhafte Entlassung, Gehaltsabzug, Degradierung und Haft.[134] Das alles ist notwendig, um die vielen Elemente einer gewaltigen Maschinerie aufeinander abzustimmen, in der Fehlkommunikation dazu führen kann, dass man eigene Hubschrauber abschießt oder kämpfende Truppen unter Feindbeschuss abgeschnitten sind.

Koordination allein gewährleistet aber nicht, dass die Soldaten im Ernstfall ihr Leben für die Einheit aufs Spiel setzen. Es lässt sich nicht per Dienstvorschrift anordnen, dass sie in der Hitze des Gefechts, wenn es am meisten auf ihren Einsatz ankommt, auf eine Granate springen, und sie tun dies auch nicht wegen finanzieller oder sonstiger Belohnungen.[135] Es ist eine Frage der Ehre, der militärischen Kultur der Aufopferung.

Erst die Indoktrinierung und umfassende Prägung durch das Ausbildungslager und weitere Stationen im Militär macht aus den Rekruten jene vom Ehrgefühl geleiteten Soldaten, die sich mit der Armee und ihrem Moralkodex so stark identifizieren, dass sie für sie zu sterben bereit sind.

Dass Unternehmen in Maßnahmen zur Förderung von Teamgeist investieren, auch wenn die Beschäftigten darüber die Augen verdrehen, verwundert nicht. Es bewegt vielleicht niemanden dazu, sich für die monatlichen Verkaufszahlen buchstäblich aufzuopfern, kann aber alle dazu motivieren, im Interesse des Teams ein kleines bisschen härter zu arbeiten, um zu einem Vertragsabschluss zu kommen.

Wandel durch Führung

Kultur ist besonders in Situationen wichtig, in denen sich Gruppen zwischen mehreren Optionen – beispielsweise Rechts- und Linksverkehr – «entscheiden» können. Auch wenn ein geschlossener Übertritt zur neuen Norm oder Gewohnheit im Interesse aller wäre, bleibt jeder Einzelne der bisherigen Praxis verhaftet. Wer aus der Reihe tanzt, gerät mit der vorherrschenden Kultur in Konflikt. Wir können unsere Gepflogenheiten nicht einer nach dem anderen ändern. Um uns alle in dieselbe Richtung zu führen, bedarf es öffentlicher Erklärungen einer Person, deren Meinung wir respektieren – und wichtiger noch: von der wir wissen, dass auch *alle anderen* sie respektieren. Kultur ist jedoch häufig schwer greifbar, was es Führungspersonen erschwert, den Wandel, dem alle folgen sollen, auch nur klar zu definieren.

Die Organisationsökonomen Robert Gibbons und Rebecca Henderson haben dies am Beispiel des Pharmaunternehmens Merck verdeutlicht, das seinen Forschungsbereich verbessern will und deshalb frisch promovierte Wissenschaftler mit der Aussicht auf eine Arbeit «beinahe wie im Forschungslabor der Universität» anzuwerben versucht. Dadurch hofft das Unternehmen, dem es an neuen Produktideen mangelt, die besten und klügsten Nachwuchswissenschaftler anzulocken, nämlich solche, die weniger durch ihren Gehaltsscheck als durch Wissbegierde motiviert sind und denen am ehesten zuzutrauen ist, dass sie die wissenschaftlichen Grundlagen für die nächste Serie von umsatzstarken Präparaten schaffen.

Für aufstrebende Wissenschaftler hängt die Wahl zwischen Universität und Privatwirtschaft ganz entscheidend davon ab, was *beinahe* in diesem

Zusammenhang bedeutet. Merck würde nie behaupten, *genau* wie eine Universität zu sein. Das Unternehmen soll Gewinn für die Aktionäre erwirtschaften und kann sich deshalb nicht immer eine Forschung um der Forschung willen wie im akademischen Kontext erlauben. Gleichzeitig benötigt es ein solches ungegängeltes Innovationsstreben, um neue Erkenntnisse zu gewinnen.[136]

Kein Vertrag kann diese mitunter gegensätzlichen Erfordernisse klar voneinander abgrenzen. Doch wenn sich das Wörtchen *beinahe* nicht vertraglich definieren lässt, wie kann die Unternehmensführung potenziellen Forschungsmitarbeitern dann versichern, dass sie genügend Autonomie haben werden, um wissenschaftliche Entdeckungen zu machen? Was *beinahe* bedeutet, erfahren gegenwärtige und zukünftige Mitarbeiter durch Anekdoten und Geschichten, die auch außerhalb des Unternehmens die Runde machen. Kultur wird durch direkte Erfahrungen und Geschichten, nicht durch Regeln und Vorschriften vermittelt.

Viele der Geschichten, die das Rückgrat einer Organisationskultur bilden, wirken wie zu dem Zweck erfunden, zu zeigen, dass die Organisation bis zum Äußersten geht, um ihre erklärten Ansichten über Werte und Kultur durch konkrete Handlungen glaubwürdig zu machen – und es kann gut sein, dass sie tatsächlich erfunden sind. Um eine Kultur der Kundenorientierung zu veranschaulichen, wird geschildert, mit welchem absurden Aufwand die Mitarbeiter absurde Kundenwünsche erfüllen. Die Bekleidungskette Nordstrom zum Beispiel belegt ihren Anspruch, exzellenten Service zu bieten, mit viel gefeierten Anekdoten über beflissene «Nordies», die Kunden anderswo gekaufte Kleidung in Geschenkpapier verpackten und freundlich Schneeketten umtauschten, obwohl Nordstrom noch nie Autozubehör irgendeiner Art verkauft hat.[137] Diese nur um den Kunden bemühten Mitarbeiter wurden vermutlich mit Lob überschüttet und vielleicht befördert, um nochmals zu verdeutlichen, welches Verhalten im Unternehmen gerne gesehen wird.

Soll sich eine Organisation jedoch wandeln, dann muss die Führung die neue Kultur erläutern und ihren Worten Taten folgen lassen – sie muss für jedermann erkennbar machen, wie ernst sie es mit dem Wandel meint. Bedeutet «beinahe wie im Forschungslabor der Universität», dass die Wissenschaftler im Pharmaunternehmen ihre Arbeitszeiten selbst festlegen und nach Belieben Konferenzen besuchen dürfen, nicht anders als an einer akademischen Fakultät? Dann muss der Vorstand dies durch seine Personalrichtlinien und die entsprechenden Finanzmittel auch belegen.

Um die Werte des Unternehmens zu untermauern, kann es sogar richtig sein, einen Eklat zu provozieren. Wenn die Geschäfte gut laufen, fällt es nicht schwer, unbotmäßige Kunden abzuweisen. Am Rande des Bankrotts stehend werden dagegen nur wirklich integre Unternehmer sagen: «Danke, aber wir sind an Ihrem Geld nicht interessiert.» Bob Sutton, Psychologe an der Stanford University, nennt als ein Beispiel dafür die kleine Marketingstrategie-Firma Aartrijk Group, die Fehlverhalten erklärtermaßen weder bei Mitarbeitern noch bei Kunden duldet. Aus den Anfangsjahren erzählt Firmengründer Peter van Aartrijk die Geschichte, wie ein Vorstandschef, für den die Firma arbeitete, einen ihren Techniker wegen eines PowerPoint-Defekts zusammenstauchte. Daraufhin holte van Aartrijk tief Luft und teilte dem Vorstandschef mit, dass man von ihm keine Aufträge mehr annehmen werde. So verlor er zwar einen lukrativen Kunden, stellte aber zugleich klar, dass er es mit der Ankündigung, unangenehme Gestalten von seiner jungen Firma fernzuhalten, ernst gemeint hatte.[138]

Gibbons nennt dies eine «Beinahe-Entgleisung». Wie ernst eine Organisation ihre Prinzipien nimmt, weiß man erst, wenn sie mit einer existenziellen Entscheidung konfrontiert ist.

Um eine Kultur zu verändern, braucht es Führung – oder umgekehrt: Die Gestaltung von Kultur könnte geradezu der Inbegriff von Führung sein. Jenseits tautologischer Beschreibungen («Führung – der Akt des Führens», heißt es im Merriam-Webster-Wörterbuch) heben die meisten Definitionsversuche hervor, dass eine Führung der Organisation eine Richtung gibt.

Auch aus diesem Grund verbringen Vorstandschefs 80 Prozent ihrer Arbeitszeit in Sitzungen. Um das Unternehmen auf Kurs zu bringen, braucht es vor allem Anweisungen und Orientierung, die nicht durch schriftliche Regeln, Memos oder Vertragsanreize formuliert und durchgesetzt werden können – genau das ist der Stoff, aus dem Unternehmenskultur gemacht ist.

Der Preis des Wandels

Veränderung ist sehr wohl möglich. Und sobald sich neue Praktiken erst einmal entwickeln, kann man sich kaum noch vorstellen, dass es jemals anders war. Nehmen wir die Einführung des Linksverkehrs auf Samoa.

Das Parlament beschloss die Neuregelung 2008 unter Protesten von Tausenden von Inselbewohnern, die sich in der Initiative «People Against

Switching Sides» (PASS) zusammengeschlossen hatten. Am 8. September 2009 fand der Wechsel ungeachtet der Gerichtsklagen von PASS wie geplant statt. Doch trotz eines Vorlaufs von einem Jahr hatte die Regierung nicht dafür gesorgt, dass genügend umgebaute Busse mit Türen auf der linken Seite verfügbar waren, um das öffentliche Verkehrssystem aufrechtzuerhalten, sodass es in den ersten Tagen zu Verspätungen und Chaos kam. Am 12. September war das erste wirkliche Opfer der Umstellung zu vermelden: Ein auf der falschen Seite fahrender Bus hatte einen 12-jährigen Jungen angefahren und lebensgefährlich verletzt. Aus den Reihen der Gegner erschall es wie im Chor: «Wir haben es euch doch gesagt!»

Doch bis Mitte September kam es zu keinen weiteren Zwischenfällen. Es war wieder Normalität eingekehrt – allerdings eine neue Normalität, die es billiger und einfacher machte, Autos aus dem benachbarten Australien und Neuseeland zu importieren.

Wenn diese Geschichte eine Lehre bietet, dann die, dass es sich bei allen Mühen und Unannehmlichkeiten des Wandels zu vergegenwärtigen lohnt, was Bill Clinton 1993 an die Amerikaner gerichtet sagte: «Der Preis des Festhaltens am Alten ist viel höher als der Preis der Veränderung.»

Kapitel 8

Katastrophe und Veränderung

John Browne begann seine Karriere bei British Petroleum (BP) als Auszubildender, während er noch in Cambridge Physik studierte. Nach seinem Abschluss trat er eine Vollzeitstelle bei der Ölgesellschaft an und blieb dort fast vier Jahrzehnte. Sein Lebenslauf zeugt von einem rapiden Aufstieg – er fing als Ölingenieur an, wurde Regionaler Chefingenieur und kletterte dann als Leiter des Büros Aberdeen und Finanzvorstand von BP Financial die Stufen des Managements immer höher hinauf, bis er 1995 den Posten des Vorstandschefs übernahm.

Als Browne bei BP anfing, war die britische Regierung noch der größte Anteilseigner des Unternehmens, das wie eine staatliche Behörde geführt wurde. Eine 3000 Mitarbeiter starke Zentrale in London regierte das Ölimperium, indem sie den zahlreichen Niederlassungen in aller Welt Anweisungen erteilte; die Mitarbeiter vor Ort waren Befehlsempfänger. Den Raffinerien wurde eine bestimmte Menge und Mischung von Rohöl zur Verarbeitung zugewiesen, den Tankstellen ohne Rücksicht auf die Gewinnentwicklung wöchentlich mitgeteilt, wie viel Benzin sie verkaufen konnten. In den 1960er-Jahren war BP ein Spiegelbild der sowjetischen Wirtschaft, in der die Ökonomen im Kreml festlegten, wie viele Säcke Kartoffeln aus Zentralrussland nach Minsk geschickt werden sollten, ob die dortige Bevölkerung nun Kartoffeln oder lieber Weizen mochte. Und so wie es den sowjetischen Bürokraten wenig einbrachte, mehr Kartoffeln oder Weizen zu produzieren, hatten auch die weitgehend machtlosen BP-Manager vor Ort keinen Anreiz, die Produktivität zu steigern – warum hätten sie es also versuchen sollen? Infolgedessen waren die Regale in den Minsker Lebensmittelgeschäften oft leer, und BP verlor Jahr um Jahr Millionen von Pfund.

Brownes Vorgänger Richard Horton hatte den Chefsessel 1990 mit dem Gelöbnis übernommen, Tausende von Stellen in der Zentrale zu streichen. Es war die Zeit, in der Margaret Thatcher den Verkauf der staatlichen

Anteile an BP vorantrieb. Die Ölförderung ist ein organisatorisch weniger komplexes Unterfangen als das, vor dem die Polizei in Ost-Baltimore oder die Leiterin eines Kinderschutzdienstes steht – wie viel Öl aus dem Grund kommt, was es kostet und wie sich die Nachfrage entwickelt, ist leicht zu messen. Nach dem Willen Thatchers und ihrer Anhänger sollte daher das allmächtige Profitmotiv in den Dienst einer effizienten Förderung und Verteilung von Rohöl gestellt werden.[139]

Unter den neuen privaten Eigentümern und Hortons dynamischer Führung entwickelte sich BP, in den Worten Hortons, zur «erfolgreichsten Ölgesellschaft der Welt». Wie sich zeigte, geschah dies vor allem durch Entlassungen.[140] Nachdem zehn Prozent der Stellen gestrichen waren, stellten die meisten verbliebenen Beschäftigten fest, dass sich der Verwaltungsapparat kaum geändert hatte, sie nun aber rund zehn Prozent mehr Arbeit leisten mussten. Immerhin sanken die Gehaltsausgaben um ein Zehntel, was den Gewinn von BP entsprechend steigerte.

Als Browne 1995 Vorstandsvorsitzender wurde, hatte er die Gelegenheit für eine Generalüberholung. Browne und Horton waren gegensätzliche Persönlichkeiten. Horton strotzte geradezu vor Arroganz. Zu einem Reporter von *Forbes* sagte er einmal: «Weil ich mit viel Verstand gesegnet bin, finde ich die richtige Antwort schneller und häufiger als andere Leute.» Browne war kultiviert und bedächtig, ein analytischer Kopf. Aber er hatte dasselbe Ziel wie Horton: Ein schlankeres, effizienteres Unternehmen sollte es den Managern ermöglichen, für die Aktionäre und sich selbst Gewinn zu machen. Um dies zu erreichen, ging Browne über bloßen Stellenabbau hinaus und suchte nach den richtigen Anreizen.

Ende der 1990er-Jahre hatte Browne sein Versprechen wahrgemacht. Nach fast einer Milliarde Dollar Verlust im Jahr 1992 machte BP 1997 fast fünf Milliarden Dollar Gewinn. Von den 129 000 Beschäftigten bei Hortons Antritt waren noch 53 000 geblieben. Doch mit weniger Arbeitskraft schaffte BP mehr: Statt hundert Tage wie 1995 dauerte die Erschließung einer Tiefseequelle 1997 nur noch 42 Tage. Die behäbige Kultur blinder Regelbefolgung war einer Kultur der Risikobereitschaft und ständigen Weiterentwicklung gewichen.[141] Aus einem verknöcherten, altersschwachen Dinosaurier, der praktisch ein Staatsbetrieb war, hatte Browne eine Profitmaschine gemacht, die zum Favoriten der Wall-Street-Investoren und zum Thema euphorisch gehaltener Fallstudien von Ökonomen wurde.

Browne selbst beförderte dies in den Rang eines Wirtschaftsgurus, der der *Harvard Business Review* in einem 19 Seiten langen Exklusivinterview erklärte, wie er es geschafft hatte. Letztlich war er einfach den Grundprinzipien der Organisationsökonomie gefolgt, wie sie an Wirtschaftshochschulen gelehrt werden und in den vorhergehenden Kapiteln beschrieben wurden. Nach dem Verkauf der Staatsanteile musste sich BP unter Browne weniger um Berichtswesen und Regeln kümmern und konnte sich stattdessen darauf konzentrieren, klar definierte Kosten- und Gewinnvorgaben einzuhalten. Die Manager vor Ort bekamen die Verantwortung für die Gewinnmaximierung und wurden nach ihrer individuellen Leistung bezahlt.

Sofern eine Zentrale überhaupt noch nötig war, trieb sie nun die Verallgemeinerung der optimalen Verfahrensweisen in dem weitverzweigten, von Alaska bis zum Persischen Golf reichenden Unternehmen voran. BP war eine «lernende Organisation», überflüssige Verwaltungsebenen wurden abgeschafft. Alle 90 Unternehmenseinheiten unterstanden nun direkt Browne und dem neunköpfigen Vorstand. So sah das schlanke Unternehmen der Zukunft aus.

Nicht nur war BP aus staatlichem Besitz in die Hände von Privatinvestoren übergegangen. Auch die Welt hatte sich verändert. Ein Netzwerk von Datenbanken und Webseiten förderte den Wissens- und Informationsaustausch im Management und erlaubte es Browne und seinem Team, mit den neuesten technischen Mitteln die Leistung jeder einzelnen Einheit auszuwerten. «Gewichtete Leistungslisten» berücksichtigten unterschiedliche Aspekte von der Kostensenkung bis zu Unfallraten, um maximalen Gewinn bei minimalen Betriebskosten zu gewährleisten. Alles konnte gemessen, evaluiert und in entsprechende Belohnungen und Sanktionen umgesetzt werden. Den Managern wurde zwar nicht unbedingt vorgeschrieben, was sie zu tun hatten, anhand der Ergebnisse ihrer Arbeit bewertet wurden sie aber sehr wohl.

Aber auch mit einem Management, das sich auf innovativste Technologien und Anreizgestaltung stützte, war BP nicht der Kehrseite dieser Entwicklung gewachsen – ebenso wenig wie irgendein anderes Unternehmen. Die Ära einer Gewinnsteigerung ohne jegliche Schattenseiten endete für BP am 23. März 2005 mit der Explosion der Raffinerie in Texas City, bei der 15 Menschen ums Leben kamen und mehr als 170 verletzt wurden. Es war der schlimmste Industrieunfall in der Geschichte der Vereinigten Staaten.

BP beauftragte eine Kommission unter Leitung des früheren US-Außenministers James Baker mit der Untersuchung des Vorfalls. Der 374 Seiten starke Baker-Bericht hielt der Konzernleitung vor, im Namen des Gewinns Einsparungen, Kostensenkung und die Missachtung von

Sicherheitsvorschriften gefördert zu haben. BP hatte die Raffinerie im Jahr 2000 im Zuge der Fusion mit Amoco übernommen. Schon damals erklärte der Betriebsleiter, sie werde praktisch nur noch durch «Pflaster und Sekundenkleber» zusammengehalten. Doch trotz des dringenden Investitionsbedarfs verlangte die BP-Führung sogar eine weitere Kostensenkung um 25 Prozent. Das Management der Raffinerie beugte sich der Vorgabe und erreichte sie auch – schließlich hing davon seine Bezahlung ab.

In einem eigenen Bericht machte BP unter anderem die laxe Durchsetzung und mangelnde Kenntnis grundlegender Sicherheitsvorschriften für den Unfall verantwortlich. Die Betroffenen wurden großzügig entschädigt: 1,6 Milliarden Dollar stellte das Unternehmen für Familien und Überlebende bereit. Was der Grund für die Missachtung von Sicherheitsregeln und die Kultur der Nachlässigkeit gewesen sein könnte, wollte es aber nicht wirklich zur Kenntnis nehmen. Das neue, verbesserte Unternehmen und seine gewichteten Leistungslisten rückten einige wenige leicht messbare Aspekte wie die Unfallrate in den Mittelpunkt, anstatt sicherzustellen, dass die zur Verhinderung von Explosionen nötigen Abläufe im Apparat funktionierten. Und obendrein verlangte Brownes Sanierungskurs eine Kostensenkung von 25 Prozent in der Raffinerie.

Nach der Veröffentlichung des Baker-Berichts investierte BP eine Milliarde Dollar in Sicherheitsmaßnahmen. Trotzdem folgte auf die Explosion in Texas City schon 2006 ein massives Pipeline-Leck in Prudhoe Bay, verursacht durch verrostete Leitungen, und 2010 die inzwischen berüchtigte Explosion der Ölbohrplattform Deepwater Horizon, bei der fast 800 Millionen Liter Öl in den Golf von Mexiko ausliefen. Der Grund: Um den straffen Zeitplan von BP einzuhalten und die Kosten zu senken, wurde an der Sicherheit gespart.[142] BP brauchte mehr Sicherheitswächter und weniger profitorientierte Stars.

Zum Zeitpunkt der Deepwater-Explosion war bereits schmerzhaft deutlich geworden, dass der BP-Vorstand falsche und möglicherweise irreversible Entscheidungen getroffen hatte. In Texas City und andernorts im Ölimperium von BP hielten die Probleme an. 2009 beanstandete die Behörde für Arbeitsschutz 760 Verstöße von BP gegen Gesundheits- und Sicherheitsvorschriften. Bei Sunoco waren es acht, bei Citgo zwei, bei Exxon einer. In den 1990er-Jahren, als John Browne als der Retter des Unternehmens gefeiert wurde, hätte man dieses Problem den BP-Aktionären allerdings nur schwer begreiflich machen können.

Katastrophale Organisation

John Brownes Rationalisierung von BP war visionär und bahnbrechend. Bis etwas schiefging.

Der ergebnisorientierte Ansatz von Sanierungsexperten wie Browne kann dazu führen, dass die Zahlen für ein funktionierendes Unternehmen zu sprechen scheinen – aus der Distanz von Brownes Londoner Büro betrachtet schien alles in bester Ordnung zu sein. Erst bei der Autopsie erkennen wir die tödlichen Folgen, die ein gnadenloser Kostensenkungsdruck und die größeren Freiheiten eines dezentralisierten Managements zusammengenommen haben können. BP bezahlte die Manager in Texas City für erfolgreiche Kostensenkung. Also senkten die Manager die Kosten. Auf der gewichteten Leistungsliste gab es außerdem Pluspunkte für niedrigere Unfallraten, also nahmen auch kleinere Arbeitsunfälle ab. 2004 waren die Unfallraten in Texas City auf den niedrigsten Stand in der Geschichte der Raffinerie gefallen und nur ein Drittel so hoch wie im Industriedurchschnitt.[143] Doch selbst die Förderung von Maßnahmen zur Reduzierung profaner Unfälle kann den Preis haben, das Risiko einer einmaligen Katastrophe zu erhöhen, ein Gebiet, auf dem Zielvorgaben und Anreize beinahe definitionsgemäß unmöglich sind. In Berichten darüber würde man nur eine lange Reihe von Nullen sehen – weil nichts passiert –, gefolgt von der Katastrophe.[144] Ein einziges Versagen genügt. Eine zweite Chance bekommt man nicht.

Die neuere Geschichte von BP verdeutlicht den Unterschied zwischen abstrakten Theorien über Organisationsökonomie und den Herausforderungen, vor denen Browne und andere Topmanager stehen, die einen visionären Wandel ihrer Unternehmen, ja vielleicht sogar der Welt anstreben: Wenn der Prozess gerade erst anläuft, lässt sich nur schwer sagen, ob er so verlaufen wird wie die legendäre Sanierung von IBM unter Lou Gerstner («Der Mann, der IBM vor dem Versinken in Bedeutungslosigkeit rettete»), Lafleys erfolgreiche Umstrukturierung von P&G oder wie das große Desaster bei BP. Wie wir von Beginn an betont haben, sind Organisationen komplexe Schöpfungen mit vielen beweglichen Teilen, die in subtiler und vertrackter Weise ineinandergreifen. Dezentralisierung kann zu beispielloser Innovation und Effizienz, zu Toten und Verletzten oder zu beidem führen. Der Fall BP zeigt eindrücklich, dass Hochmut bei der Anwendung unserer Theorien und Prinzipien der Unternehmensorganisation fehl am Platz ist und wir den Wandel behutsam gestalten sollten. Man weiß nie genau, welche Kollateralschäden es geben kann.

Der Großvater eines Freundes von uns gab dafür gerne ein Beispiel, das vermutlich zweifelhaften Ursprungs ist – oder wie seine Frau auf Russisch sagte: «All dies geschah vor langer Zeit, und wahr ist es auch nicht.» Ein General des zaristischen Heeres versuchte das Problem des Flohbefalls in seiner Truppe zu bekämpfen, indem er für jeden gefundenen Floh eine Belohnung zahlte. Er erwartete natürlich, dass seine geschäftstüchtigen Soldaten die Parasiten einen nach dem anderen erledigen würden. Stattdessen verstärkte sich das Problem noch, denn die behaarteren, dickhäutigeren der Soldaten züchteten regelrechte Heere von Flöhen heran, um sie an ihre Kameraden zu verkaufen, sodass alle von der Flohprämie profitieren konnten. (Ein ähnliches Problem handelte sich eine IT-Firma in Silicon Valley durch die Maßnahme ein, Programmierer für die Entdeckung von Softwarefehlern zu belohnen – diese vermehrten sich plötzlich genauso schnell wie die Flöhe durch die Flohprämie des Generals.)[145]

In diesen Fällen treten lediglich die unvorhergesehenen Kosten einer Kosten-Nutzen-Abwägung bei der Anreizgestaltung zutage. Bezahlt man für Flöhe, dann bekommt man Flöhe. Bezahlt man für niedrigere Kosten, bekommt man niedrigere Kosten, allerdings manchmal mit katastrophalen Folgen.

An allen Fronten gute Leistungen zu erzielen, ist sehr schwierig, weshalb so wenige Organisationen es tatsächlich schaffen und oftmals zumindest eine ihrer Aufgaben sehr schlecht erfüllen. Es ist das organisationsökonomische Pendant dazu, Kaugummi zu kauen und gleichzeitig zu sprechen oder mit der einen Hand ein Bild zu malen und mit der anderen einen Brief zu schreiben. Das heißt nicht, dass sich John Browne damit hätte abfinden sollen, Jahr um Jahr Milliardenverluste zu machen – Wandel kann richtig sein. Den Blick auf Zahlen und Rationalisierungsmaßnahmen gerichtet, übersah Browne jedoch die Herausforderungen, vor denen Organisationen mit mehreren Aufgaben stehen, und genau dies führt sehr häufig zu Fehlschlägen, Enttäuschung und sogar gewaltigen Katastrophen.

Echte Männer tippen nicht

Vielleicht keine Organisation kennt die Tücken konkurrierender Ziele besser als das FBI. Mehrere Aufgaben zu haben kann beabsichtigt sein (wie im

Fall von McDonald's, P&G und BP), ist aber genauso oft Ergebnis historischen Zufalls. Beim FBI war es eine Mischung aus beidem.

Das FBI ging aus dem US-Justizministerium hervor, das 1908 eine aus 34 Special Agents bestehende Ermittlungsabteilung gründete, die Kriminelle aufspüren, verfolgen und stellen sollte. Im Jahr darauf in eine ständige Einrichtung umgewandelt, senkte das FBI die Kosten der Verbrechensbekämpfung und gab dem Generalbundesanwalt eine bislang beispiellose Macht auf diesem Gebiet. Wenig später richtete das FBI in neun Großstädten Zweigstellen ein, die für die Kriminalitätsbekämpfung in der jeweiligen Region zuständig waren. J. Edgar Hoover, von 1924 bis zu seinem Tod im Jahr 1972 Direktor des FBI, vergrößerte und professionalisierte die Behörde. Er führte Evaluationsmaßnahmen und Inspektionen der Zweigstellen ein und ließ die Agenten ausbilden, bevor sie Dienstmarke und Schusswaffe erhielten. (Anfangs bestand das FBI, wie es in seiner offiziellen Geschichte selbst schreibt, überwiegend aus schlecht ausgebildeten und schlecht geführten Amateuren. Ein Agent in Philadelphia zum Beispiel durfte seine Zeit zwischen Verbrecherjagd und Cranberry-Zucht aufteilen.)[146] Hoover erkannte auch, dass die Behörde auf kommunaler und bundesstaatlicher Ebene mit der Polizei zusammenarbeiten musste, für deren Ausbildung er eine nationale Polizeiakademie schuf.

Die Erfolge des FBI wurden in Medienberichten und Kinofilmen zu Heldentaten verherrlicht. Kleine Jungen träumten davon, später einmal Special Agent zu werden. Hoover selbst war ein gewiefter PR-Stratege, der in den 1930er-Jahren in Zusammenarbeit mit dem Rundfunk die Sendungen *Gang Busters* und *This is Your FBI* schuf – eindrucksvolle Porträts von Special Agents, die ihrem Handwerk nachgingen: Schurken jagen und in Handschellen legen.

Aber Hoover konnte partout nicht bei seinem Leisten bleiben. Im Aufstieg von Kommunismus und Faschismus in den 1930er-Jahren erkannte er eine Gelegenheit, den Auftrag seiner Behörde auszuweiten. Mit dem Segen von Präsident Franklin Roosevelt stieg das FBI – so der offizielle Name seit 1935 – in das Geschäft der Geheimdienste ein und begann die Kommunistische Partei der USA und andere mutmaßliche Bedrohungen der nationalen Sicherheit zu überwachen. Eine weitere Diversifizierung erfolgte im Zweiten Weltkrieg, als das FBI für die Spionageabwehr innerhalb der Vereinigten Staaten zuständig wurde.

Nach dem Krieg besann sich das FBI wieder auf sein Kerngeschäft, Verbrecher aufzuspüren und hinter Gitter zu bringen. Das war sein Gründungsauftrag, galt in der Kultur der Behörde als vorrangig und wurde mit Beförderung und Anerkennung honoriert. Für nachrichtendienstliche Aufgaben waren an den Schreibtisch gefesselte Mitarbeiter zuständig, die vertrauliche Memos und Berichte abfingen und kaum Sichtbarkeit außerhalb der Behörde oder bedeutende Erfolgserlebnisse hatten. Die Rangordnung war klar, ablesbar an viel zitierten Maximen wie «Echte Männer tippen nicht» oder «Alles, was ein echter Agent braucht, ist ein Notizblock, ein Stift und eine Knarre».

Für die Bündelung von Verbrechensbekämpfung und geheimdienstlichen Aktivitäten gab es außer Hoovers Narzissmus zwar nur wenig Grund, sie fiel aber auch nicht besonders ins Gewicht. Die meisten Amerikaner erwarteten vom FBI vor allem, dass es Verbrecher ins Gefängnis beförderte, und der nachrichtendienstliche Auftrag der Behörde wurde entsprechend zu einem zweitrangigen Anliegen. Für den Kalten Krieg, der sich rund um den Globus abspielte, war überwiegend der nach dem Zweiten Weltkrieg gegründete Auslandsgeheimdienst Central Intelligence Agency (CIA) zuständig.

Diese Gelassenheit mit Blick auf die nationale Sicherheit sowie deren Irrelevanz im FBI fanden am 11. September 2001 ein Ende, als zwei entführte Boeing-767-Maschinen in die beiden Türme des World Trade Center rasten und beinahe 3000 Menschen starben. Zwei weitere Entführer-Teams lenkten Maschinen in Richtung Washington D.C.; die eine schlug ins Pentagon ein, die andere stürzte auf dem Weg zum Capitol ab, als Passagiere das Cockpit zu stürmen versuchten.

Plötzlich musste sich Hoovers Verbrechensbekämpfungsbehörde mit Fragen der nationalen Sicherheit befassen.

Das Versagen der Geheimdienste

Hätte ein besser aufgebauter nationaler Sicherheitsapparat die Anschläge vom 11. September verhindern können? Als sich die erste Wut auf Osama bin Laden und die Flugzeugentführer etwas gelegt hatte, trat in der Öffentlichkeit die Tatsache in den Vordergrund, dass das FBI und die Geheimdienste die Anschläge nicht vereitelt hatten. Das Versagen des FBI wurde im Mai 2002 für jedermann sichtbar, als CNN ein 13-seitiges Memo zugespielt wurde, das ein Agent in Minneapolis an das Büro des FBI-Direktors geschickt hatte. Darin schilderte er einige Begebenheiten, die das FBI in höchste Alarmbereitschaft hätten versetzen müssen, aber kein ernsthaftes Interesse fanden. Insgesamt gaben FBI-Agenten ein ganzes Dutzend deutlicher Warnhinweise, deren Beachtung die Anschläge hätte verhindern können.

In Phoenix hatten sich mutmaßliche radikale Islamisten an einer Flugschule angemeldet, eine Tatsache, die FBI-Agent Kenneth Williams mit Beunruhigung feststellte. In einem Memo vom Sommer 2001 empfahl er, die Flugschulen im gesamten Land auf potenzielle Al-Qaida-Mitglieder hin zu durchleuchten. Das Memo wurde weitgehend ignoriert. Wenige Wochen später wurde eine weitere Chance verpasst, als ein Ausbilder an der Pan Am International Flight School beim FBI-Büro in Minneapolis anrief und berichtete, ein gewisser Zacarias Moussaoui habe 6800 Dollar in bar bezahlt, um ohne nennenswerte Vorkenntnisse «in vier oder fünf Tagen» zu lernen, wie man eine Boeing-747 steuert. Das FBI-Büro fand heraus, dass Moussaoui eine djihadistische Weltanschauung pflegte und kurz zuvor in Pakistan gewesen war. Es gelang ihm jedoch nicht, von der FBI-Zentrale in Washington die Genehmigung dafür zu bekommen, das Laptop und andere Besitzgegenstände Moussaouis zu beschlagnahmen. In einem mittlerweile zu trauriger Berühmtheit gelangten Meinungsaustausch erklärte ein FBI-Agent in Minneapolis, er wolle ausschließen, dass Moussaoui «ein Flugzeug in seine Gewalt bringt und es ins World Trade Center lenkt». Der Beamte in Washington erwiderte: «Das wird nicht passieren. (...) Sie haben da einen Kerl, der sich für diesen Flugzeugtyp interessiert – mehr nicht.»

Die parlamentarische Untersuchungskommission zu den Anschlägen monierte auch Fehlkommunikation zwischen den Geheimdiensten. So verfolgte beispielsweise die CIA 1999 zwei der Flugzeugentführer auf ihrem Weg zu einem Treffen mutmaßlicher Terroristen in Malaysia. CIA-Agenten verschafften sich eine Kopie des Reisepasses eines der beiden und stellten fest, dass er ein gültiges US-Visum hatte. Als sich die zwei Männer nach dem Treffen auf den Weg nach Thailand machten, wurde das CIA-Büro in Bangkok darüber nicht rechtzeitig informiert und so verlor sich ihre Spur. Kurz darauf flogen sie nach Los Angeles und passierten ohne Schwierigkeiten die Grenz-und Zollkontrollen, da den dortigen Beamten die Bedenken der CIA nicht bekannt waren.

In ihrem Bericht schilderte die Untersuchungskommission diese Versäumnisse detailliert und eröffnete darüber hinaus eine Debatte über geeignete Maßnahmen, die sicherstellen würden, dass sich der 11. September nicht so bald wiederholt.

Es bestand zwar Einigkeit darüber, dass das FBI nun in einer veränderten Welt operierte, die unterschiedliche Gefahren für Amerikas Sicherheit barg, und dass es sich daher ebenfalls ändern müsse. Doch über die «richtigen» Reformen des FBI und der anderen nationalen Sicherheitsbehörden wird bis heute debattiert. Kluge Leute, die wesentlich scharfsinniger und besser informiert sind als wir, sind sich uneinig darüber, wie der nationale Sicherheitsapparat aussehen sollte.

Und selbst wenn wir zu einem Konsens darüber gelangen könnten, wie das zukünftige FBI aussehen *sollte* – kann man einer alten Organisation neue Tricks beibringen?

Nationale Sicherheit ohne Koordination

Al-Qaidas Anschlag im September 2001 traf das FBI nicht wie ein Blitz aus heiterem Himmel; in der Dekade davor hatte es mindestens zwei Generalproben gegeben, die auf die wachsende Gefahr des Terrorismus hindeuteten. 1995 hatte der Geisteskranke Timothy McVeigh, ein amerikanisches Eigengewächs, einen mit Sprengstoff beladenen Lastwagen vor dem Alfred P. Murrah Federal Building in Oklahoma City geparkt und die Bombe gezündet; 168 Menschen starben, Hunderte weitere wurden verletzt. Auch der Sprengstoffanschlag auf den nördlichen Turm des World Trade Center, den von Al-Qaida ausgebildete Extremisten 1993 mit dem Ziel ausführten, dass der Turm auf sein südliches Zwillingsgebäude stürzen würde, hätte dem FBI eine Lehre sein können.

Diese Warnsignale blieben jedoch unbeachtet. Es war nicht so, dass niemand beim FBI den 11. September hätte kommen sehen – die Öffentlichkeit war im Nachhinein über die mangelnde Gefahrenabwehr auch deshalb so fassungslos, weil es in internen Berichten der Behörde geheißen hatte, dass ein großer Terrorangriff unmittelbar bevorstehe. Doch es ist schwierig, sich auf eine neue Aufgabe zu konzentrieren, wenn bereits die bisherige – in diesem Fall die Verbrechensbekämpfung – die Ressourcen strapaziert. Jahrzehntelang hatten eher Gestalten wie Al Capone und seine Nachfolger als Al-Qaida eine Gefahr für die amerikanische Demokratie dargestellt. Und eine Großorganisation kann sich nicht über Nacht neu erfinden. Trotz des offiziellen Doppelauftrags konzentrierte sich das FBI klar auf seine ursprüngliche Aufgabe, Kriminelle zu fassen. Im Washingtoner Hauptquartier, einem kastenförmigen Bau aus den 1970er-Jahren, wurden kaum nachrichtendienstliche Informationen gesammelt, und nur ein Bruchteil von ihnen betraf die wachsende Gefahr des Terrorismus. 2001 zählte das FBI 28 000 Mitarbeiter, die mehrheitlich über 56 große Außenstellen und 44 Auslandsbüros verteilt waren. Einer Schätzung zufolge befassten sich in jenem Jahr nur 200 der 9000 Special Agents mit der Terrorismusbekämpfung. 1998 mündete die Arbeit des FBI in 12 730 strafrechtlichen Verurteilungen, der Maßstab, an dem die Beamten gemessen werden. Davon hatten 37 mit Terrorismus zu tun.

Eine Neuausrichtung der Behörde auf geheimdienstliche Aktivitäten genügte nicht, bislang mit organisierter Kriminalität befassten Beamten neue Aufgaben zuzuweisen. So wie die Methodisten und Baptisten für ihre Kirchen neue Verfahren der Entlohnung, Beförderung und Beaufsichtigung entwickeln mussten, bedurfte auch der verstärkte Fokus auf die nationale Sicherheit beim FBI einer ganzen Reihe entsprechender Veränderungen. Ein neues FBI benötigte bestimmte Fähigkeiten und Anreize, musste vermutlich einer andersartig strukturierten Organisation zugeordnet werden und diesen formalen Änderungen seine gesamte Mentalität und Kultur anpassen.

Das alte FBI genoss den Vorteil, einen Auftrag zu haben, der es erleichterte, Leistung zu messen und zu belohnen. Seine Beamten lösten Kriminalfälle, und das Justizsystem bot ihm die nötigen Maßstäbe, um Topagenten zu identifizieren. Erfolg wurde im Wesentlichen durch die Zahl von Festnahmen, Anklagen, strafrechtlichen Verfolgungen und Verurteilungen definiert. Die Arbeit des FBI ähnelte der von Mordkommissaren, die in ähnlicher Weise auf der Basis gelöster Fälle bewertet und belohnt wurden.

Wie aber definiert man den Erfolg eines Geheimdienstes? Dadurch, dass nichts geschieht – keine Flugzeugentführungen, keine Sprengstoffanschläge in Manhattan, keine Terrorangriffe, bei denen Amerikaner ums Leben kommen. In den Worten von Special Agent Charles Price: «Bei einem Kriminalfall geht es darum herauszufinden, was passiert ist. Beim Geheimdienst geht es darum herauszufinden, was passieren wird» – und es dann zu verhindern. Die nachrichtendienstlichen FBI-Mitarbeiter waren das Pendant zu Streifenpolizisten, nur dass bei ihrer Arbeit aufgrund der Terrgefahr unermesslich viel mehr auf dem Spiel stand.

Die Geheimdienstarbeit des FBI hatte mehr mit der Katastrophenprävention bei BP gemein als mit seiner ursprünglichen Aufgabe, Kriminalfälle zu lösen. Wird sie gut gemacht, werden Katastrophen vermieden, aber der sichtbarste Indikator dafür, wie gut sie gemacht wird, ist beinahe definitionsgemäß etwas, das so gut wie nie passiert. Was ist ein akzeptables Risikoniveau? Ein Unglück im Jahr? Eines pro Jahrzehnt? Oder überhaupt keins?

Angenommen, man *könnte* das Risiko messen – vielleicht durch Beinahekatastrophen wie ein Austreten entflammbarer Gase, das durch reines Glück keinen Brand verursacht, oder einen ausgebliebenen Alarm bei einer Fehlbohrung –, dann könnte dies die Lage noch verschlimmern, insofern Arbeiter ein Motiv zur Vertuschung von Schwachstellen hätten, die den Zorn des Vorgesetzten provozieren könnten. Für die gemeinsame Arbeit von Geheimdienstagenten sind Leistungsanreize grundsätzlich kaum möglich. Wenn diese Arbeit einem Puzzlespiel gleicht, welche Belohnung ist dann für das einzelne Stück angemessen? Entwickelt man ein System der Bezahlung nach gelieferten Informationen, dann behalten Mitarbeiter möglicherweise wichtige Anhaltspunkte für sich, damit niemand anders die Früchte ihrer harten Arbeit erntet.

Statt des «Outputs» an Katastrophen könnte man den «Input» an Sicherheitsmaßnahmen messen, etwa die auf Sicherheitsbohrungen verwendeten Stunden oder die Ausgaben für die Wartung von Anlagen. Das FBI versuchte die Produktivität seiner Analysten anhand der Berichte zu messen, mit denen sie die Führung der Behörde über entstehende Risiken informierten. Immerhin hatte sich bei einer Evaluation durch die Washingtoner Direktion gezeigt, dass die Außenstellen, die die meisten Berichte produzierten, auch die beste Arbeit leisteten.

Doch mit dem Versuch, einen starken Leistungsanreiz zu setzen, beschwor das FBI nur das herauf, was der Ökonom Luis Garicano das Heisenberg-Prinzip der Anreizgestaltung nennt: Ein Leistungskriterium erfüllt nur so lange seinen Zweck als Leistungskriterium, wie es nicht als Leistungskriterium verwendet wird. 2007 begann das FBI die Außenstellen anhand des Seitenumfangs ihrer Berichte zu evaluieren. Schon im Jahr darauf gab dieser Umfang keinen Aufschluss mehr über die Qualität ihrer Arbeit – die Agenten produzierten einfach die gewünschten Textmengen.

Die Förderung des Informationsaustauschs im Sicherheitsapparat stieß auf ähnliche Probleme. Jeder, der die aus dem ganzen Land eingehenden Anrufe und Memos besorgter Agenten vor dem 11. September durchgegangen wäre, hätte vermutlich eine Terrorwarnung ausgelöst. (Einige dieser Agenten beunruhigte bereits ihr einzelnes Puzzlestück so sehr, dass sie es getan hätten.) Die Dezentralisierung des FBI wie auch des Geheimdienstapparats insgesamt machte koordinierte Reaktionen auf die grenzüberschreitenden Bedrohungen jedoch fast unmöglich. Dass die Verdächtigenliste der CIA zum Beispiel nicht den Grenzbeamten bekannt war, die diese Verdächtigen aus Amerika fernhalten sollen, ist geradezu unfassbar. Doch getrennte Behörden bringen naturgemäß getrennte Listen und Datenbanken mit sich.

In den Zeiten einer vorwiegend lokalen Kriminalität war ein solcher Mangel an Koordination kein Problem. Chicagos Bankräuber beschränkten sich auf Überfälle in ihrer Stadt, die Drogendealer hatten ihre Straßenecken in der South Side. Jede Großstadtregion hatte ihre eigene Mafia. Die Familie Scarfo kontrollierte die Mafia in Philadelphia, die Buffalinos beherrschten Scranton, und in New York war das Geschäft groß genug, um fünf Familien zu ernähren. Dieser Situation war die FBI-Tradition, dass für den jeweiligen Kriminalfall die Außenstelle zuständig ist, die das Ermittlungsverfahren eröffnet hat, durchaus angemessen. Er wurde von Agenten vor Ort bearbeitet, die über ein Netz von Informanten, Beziehungen zur örtlichen Polizei und Einblicke in das kriminelle Milieu der Stadt verfügten.

Die FBI-Führung in Washington hielt sich aus den Ermittlungsverfahren weitgehend heraus. Forscher der Harvard Business School, die die Reform des FBI genau verfolgt haben, zitieren einen Kongressmitarbeiter mit den Worten, die für die Außenstellen verantwortlichen Special Agents hätten «wie Fürsten über ihr eigenes kleines Reich geherrscht und der [FBI-]Direktor als König nicht unbedingt die Macht gehabt, sie im Zaum zu halten». Verlangte eine Situation landesweite Beachtung, dann leitete die Außenstelle, die den Fall zuerst aufgegriffen hatte, die Ermittlungen. Das galt sogar für die Mutter aller Terrorermittlungen: Der Staatsfeind Nummer eins, Osama bin Laden, wurde zuerst vom New Yorker FBI-Büro entdeckt und angeklagt, in dem alle weiteren Ermittlungen zusammenliefen – die Antiterrorabteilung des Hauptquartiers spielte nur eine unterstützende Rolle.

Dieses Arrangement locker verbundener Außenstellen war für die Jagd auf Kleinkriminelle geeignet, taugte aber nicht dazu, ein Gesamtbild der heraufziehenden Terrorgefahren zu gewinnen. Terroristische Zellen beschränken sich nicht auf einen einzelnen Postleitzahlenbezirk, und Warnsignale aus mehreren Städten oder Ländern zu verfolgen, kann dabei helfen, einen Moslem mit einer Schwäche für die Boeing-747 von einem Terroristen zu unterscheiden, der vorhat, ein Flugzeug in ein Hochhaus zu steuern.

Die fragmentierte Hierarchie des FBI war gewissermaßen ein Miniaturbild des nationalen Sicherheitsapparats insgesamt. Zwischen FBI und CIA herrschte weitgehend Funkstille und die diversen militärischen Geheimdienste behielten ihre Informationen für sich. Als CIA-Agenten in Bangkok von thailändischen Beamten erfuhren, dass sich zwei mutmaßliche Terroristen an Bord einer Maschine nach Los Angeles befanden, kam es ihnen gar nicht in den Sinn, das FBI zu informieren. Unter anderem deshalb versäumte das FBI die günstige Gelegenheit zur Festnahme der beiden Männer, als sie im Frühjahr 2000 bei einem FBI-Informanten ein Zimmer mieteten – in dem Jahr, bevor sie am 11. September 2001 den American-Airlines-Flug 77 in das Pentagon steuerten. So wie die FBI-Außenstellen um strafrechtliche Verurteilungen konkurrierten, konkurrierten die unterschiedlichen Geheimdienste um die Gunst der Parlamentarier in Washington, die ein weitgehend fixes Budget unter ihnen aufteilten. Das galt besonders in den Jahren nach dem Kalten Krieg, als die CIA einen skeptischen und stets auf Sparmaßnahmen bedachten Kongress nur mit Mühe von ihrer anhaltenden Relevanz überzeugen konnte.

Die Dominanz der mit Dienstpistolen ausgestatteten Kriminalbeamten gegenüber den am Schreibtisch sitzenden Geheimdienstanalysten beim FBI war überall mit Händen zu greifen, von den Laufbahnen – fast alle Führungspositionen waren mit Kriminalbeamten besetzt – bis zu den Computersystemen. Schon vor dem 11. September hatte das FBI mit dem Virtual Case System technisch nachgerüstet. Nach fünf Jahren wurde es 2005 aufgegeben – ein 170 Millionen Dollar teures Denkmal des gescheiterten Versuchs, die Block-und-Kugelschreiber-Kultur des FBI zu ändern. Die Kriminalbeamten brauchten, ja *wollten* kein Computernetzwerk. Kleine Jungen und Mädchen träumen nicht davon, zum FBI zu gehen, um Daten einzugeben. Die Beamten sahen im Austausch und Abgleich ihrer Notizen ohnehin nur Nachteile – namentlich im Zeitalter von WikiLeaks und Cyberangriffen erhöhten Computersysteme nur die Wahrscheinlichkeit, dass ihre akribischen Ermittlungen in die falschen Hände geraten könnten.

All dies verstärkte, was nach Ansicht von HBS-Professor Jan Rivkin vielleicht die größte Stärke des FBI bei der Verbrechensbekämpfung und zugleich das größte Hindernis für Veränderungen war: die Kultur und das Berufsethos seiner Beamten. FBI-Agenten stellten nicht Verbrecher, nur um befördert zu werden. Viele sahen eine Beförderung vom aktiven Einsatz auf Führungsposten geradezu als Abstieg. Es ging ihnen auch nicht nur ums Geld. Durch einen Wechsel in die Privatwirtschaft hätten Special Agents ihr Einkommen verdoppeln können. FBI-Agenten machten Überstunden, um ihre Fälle zu lösen, weil sie sich für genau diesen Job beworben hatten. Und sie sollten verflucht sein, wenn irgendein Bürokrat in Washington sie zu etwas anderem zwingen sollte.

Die Organisation der Terrorismusbekämpfung

Dann und wann ein Bombenanschlag auf eine Botschaft oder vereinzelte Angriffe auf US-Militäreinrichtungen konnten der Kongress und die Bürger hinnehmen – das war der Preis dafür, ein globales Imperium zu unterhalten. Die beinahe 3000 Todesopfer auf amerikanischem Boden jedoch riefen einen Chor des «Niemals vergessen, nie wieder!» hervor. Bei der Verwaltung des amerikanischen Nuklearwaffenarsenals gab es keinerlei Spielraum für Fehler, und das US-Militär hatte diese Aufgabe ohne jeglichen Zwischenfall gemeistert.[147] Warum konnte das FBI nicht genauso einwandfrei arbeiten?

Es wurden Anhörungen vor dem Kongress abgehalten. Es wurden Kommissionen gebildet und Berichte verfasst. Akademiker und Politikberater schalteten sich mit ihren Meinungen ein. Andere Akademiker und Politikberater schalteten sich mit den gegenteiligen Meinungen ein. Und inmitten dieses Geschehens plante das FBI seine Neuorganisation.

Die Regierung legte ihre Befunde im Untersuchungsbericht *The 9/11 Commission Report* vor. Im 13. und letzten Kapitel wurden Reformvorschläge für den nationalen Sicherheitsapparat präsentiert. Die Überschriften von vier der fünf Unterabschnitte begannen mit dem Wort «Geschlossenheit»: «Geschlossenheit von Inlands- und Auslandsgeheimdiensten», «Geschlossenheit beim Informationsaustausch», und so fort. Die Zersplitterung der Geheimdienste – und innerhalb des FBI – galt als Grund dafür, dass niemand die Puzzlestücke zusammengesetzt hatte. So wie die gut gemeinte Dezentralisierung bei BP zu einer desaströsen Sicherheitsbilanz geführt hatte, hatte die zersplitterte Arbeit des FBI in einer Katastrophe resultiert. Beide mussten eher wie die US Army mit ihren Regelbüchern und Protokollen werden, um eine geschlossene Reaktion auf einen gemeinsamen Feind zu gewährleisten.

Die lauteste Stimme auf der Zuschauerbank der Akademiker jedoch, der Rechtsprofessor Richard Posner von der University of Chicago, argumentierte, wenn überhaupt könne etwas mehr Zersplitterung von Vorteil sein. Posner hatte wenig Interesse an Fragen der nationalen Sicherheit gezeigt, bis die *New York Times* ihn bat, den Untersuchungsbericht für ihre Sonntagsbeilage zu besprechen. Dass die *Times* zur Rezension eines Regierungsberichts einlud, war gelinde gesagt ungewöhnlich. Der 11. September war jedoch ein Ereignis, das die Öffentlichkeit derart in Bann hielt, dass die Regierung den Bericht mit Blick auf die Massennachfrage im Verlag W. W. Norton herausbrachte. (Er erwies sich auch als eine fesselnde Lektüre und wurde für den National Book Award nominiert – Posner sprach von einem «kaum möglichen literarischen Erfolg». Die Erstauflage von 600 000 Exemplaren war im Handumdrehen vergriffen; insgesamt wurde der Bericht mehr als eine Million Mal verkauft.)

Laut dem *Journal of Legal Studies* ist Posner der meistzitierte Rechtsgelehrte des 20. Jahrhunderts. Er hat sich zu Themen von Abtreibung bis Antikartellgesetz geäußert – und damit ist man noch beim ersten Buchstaben des Alphabets. Obwohl er sich mit nationaler Sicherheit nie nennenswert beschäftigt hatte, nahm Posner das Angebot der *Times* an und erklärte dazu später: «Auch die Perspektive eines Außenstehenden kann ihren Wert haben.»

Die Verfasser des Berichts hatten zwölfhundert Experten in zehn Ländern befragt und mehr als zwei Millionen Seiten nachrichtendienstliche Dokumente gründlich studiert. Doch Posner, der Außenstehende, verwarf die Ergebnisse des Berichts nach ein paar lobenden Absätzen über seine Prosa und erzählerische Qualität als «nicht beeindruckend».

Was als Buchkritik begann, wurde zu einem Hobby. Andere Menschen lesen in ihrer Freizeit vielleicht seichte Romane, gehen ins Kino oder sitzen vor dem Fernseher. Posner schreibt schneller, als die meisten Amerikaner lesen können, und binnen weniger Jahre waren aus seiner kleinen Nebenbeschäftigung vier Analysen der US-Geheimdienste von der Länge eines Buches hervorgegangen.[148]

Was die Geheimdienstarbeit des FBI betraf, gehörte Posner eher in das Lager jener Organisationstheoretiker, die in ihr einen störenden zweiten Auftrag sahen. Das FBI, meinte Posner, sei vollständig auf die Verbrechensbekämpfung ausgerichtet, also solle man es dabei nicht behindern. Es sei einzig und allein Herbert Hoovers opportunistische Expansion in den 1930er-Jahren gewesen, die ihm unterschiedliche und unvereinbare Missionen aufgebürdet habe. Posner verwies auf die Geheimdienste anderer Länder, wo eine rationale Organisationsform nicht an Führungsfiguren wie Hoover gescheitert sei. In Großbritannien ist Scotland Yard für strafrechtliche Ermittlungen zuständig, als Inlandsgeheimdienst fungiert der MI5. (James Bond arbeitete für dessen Schwesterorganisation, den Auslandsgeheimdienst MI6). In Kanada teilen sich die Royal Canadian Mounted Police und der 1984 von ihr abgetrennte Security Intelligence Service diese Aufgaben.

Nicht nur in puncto FBI widersprach Posner der landläufigen Meinung. Die Untersuchungskommission zum 11. September plädierte dafür, an der Spitze der gewaltigen Pyramide von nationalen Sicherheitsorganisationen einen obersten Gebieter zu installieren. Auf dem Papier existierte ein solcher Posten bereits seit dem National Security Act von 1947, dem zufolge ein Central Intelligence Director die CIA führen und daneben die anderen Geheimdienste beaufsichtigen sollte. Diese hatten allerdings durch emsige Lobbyarbeit dafür gesorgt, dass er außerhalb seiner eigenen Organisation keinerlei Macht besaß.

Die Untersuchungskommission wollte den ursprünglichen Zentralisierungsgedanken in revidierter Form wiederbeleben: Sie sprach sich für den zusätzlichen Posten eines National Intelligence Directors aus, der keinem bestimmten Geheimdienst angehören, aber über alle die Weisungsbefugnis besitzen sollte. Das sollte dazu beitragen, die Informationssysteme der unterschiedlichen Organisationen aufeinander abzustimmen, den Austausch von Informationen durch Zuckerbrot und Peitsche zu fördern und, so die Hoffnung, künftig jene Art von Fehlern zu vermeiden, durch die 19 Selbstmordattentäter unbemerkt in die Vereinigten Staaten einreisen und ihre Angriffe hatten planen können.

Posner dagegen verwies auf einen anderen gewaltigen Fehler, um seine Position zu untermauern, dass Zersplitterung Vorteile bietet. Im Vorfeld der US-Invasion im Irak 2003 hatte praktisch der gesamte Geheimdienstapparat der Vereinigten Staaten fälschlicherweise geglaubt, dass Saddam Hussein biologische, chemische oder atomare Waffen – sogenannte Massenvernichtungswaffen – besitzt. (Auch der britische MI6 ließ sich dahingehend täuschen). Wenn das Versagen, den 11. September zu verhindern, auf einen Mangel an Austausch und Geschlossenheit unter den Geheimdiensten zurückzuführen war, dann meinte Posner, dass der Irrtum über Saddam Husseins Massenvernichtungswaffen *zu viel* Informationsaustausch geschuldet war.

Die Herausforderung nachrichtendienstlicher Analysen besteht darin, verstreute Informationen auszuwerten, um wichtige Indizien von unbedenklichen Fakten zu scheiden. Aus der Perspektive des aufstiegsorientierten Agenten sind die wertvollsten Leckerbissen jene Informationen, die das Gefallen seines Vorgesetzten finden. So denken Jasager, und zumindest ein bisschen Jasager sind wir alle. Wenn zum Beispiel allgemein bekannt ist, dass der National Intelligence Director bereits die Überzeugung hegt, im Irak würden im großen Maßstab Massenvernichtungswaffen hergestellt, wäre es mutig, aber auch unklug, ihm anderes mitzuteilen. Tatsächlich stellte der mit diesem Fehlurteil befasste parlamentarische Untersuchungsausschuss später fest, dass die Geheimdienstführungen Mitarbeiter mit einer abweichenden Meinung sanktionierten und diejenigen, deren Informationen stützten, was die Chefs bereits zu wissen meinten, belohnten. Ein Präsident müsste, sofern er nicht selbst Jasager in den Geheimdiensten wünscht, ein Interesse an tatsächlich autonomen Nachrichtendiensten haben, die ehrliche und unabhängige Einschätzungen zur Bedrohungslage abgeben.

In einheitlichen, pyramidenförmigen Organisationen gehen auch naturgemäß Informationen auf dem Weg nach oben verloren: Die Agenten im Einsatz geben ihre Befunde an die Vorgesetzten weiter, beispielsweise an die Leiter der jeweiligen Außenstelle, die ihrerseits die scheinbar wichtigsten Informationen auswählen, ihre Analyse erstellen und der nächsthöheren Ebene einen Bericht vorlegen. Dieses effiziente Filtern von Informationen gehört zur Tätigkeit von Managern, bedeutet aber auch, dass bestimmte Beobachtungen nicht den Urteilsfilter der höheren Ränge passieren – und die Manager dort mögen wichtig sein, unfehlbar sind sie nicht. Je höher die Pyramide, umso länger dauert es außerdem natürlich, bis die Informationen von ganz unten an die Spitze gelangen.

Bedeutet dies, dass große, hierarchische Nachrichtendienste von Nachteil sind? Das hängt davon ab, welche Art von Problemen sie lösen sollen. Posner verwies auf den Produktzyklus bei Procter & Gamble, wo ein Vorschlag 40 bis 50 Genehmigungen benötigt, bevor der Vorstandschef die endgültige Entscheidung trifft. Das ist für das Unternehmen vollkommen unproblematisch, schließlich erleben wir auf dem Markt für Seife und Waschmittel gerade keine Revolution, die nur die Alternative von Innovationen oder Untergang ließe. Und P&G verfügt über eine Vielzahl von Marken, denen sie nicht durch «neue und verbesserte» Formeln, die am Ende Krebs verursachen oder für Kleinkinder tödlich sind, schaden will.

Auf dem Gebiet der nationalen Sicherheit entsprach der Kalte Krieg diesem stabilen und berechenbaren Geschäftsumfeld von P&G. Die terroristischen Bedrohungen von heute ähneln eher Silicon Valley: Sie erwachsen aus einer in ständigem Wandel begriffenen Szenerie von netzwerkförmigen und bislang kaum verstandenen Organisationen, in der die meisten Indizien ins Nichts führen, die wenigen großen Treffer dagegen von immensem Wert sind. Wenn mehr Beobachtungen den Filter passieren und in die Phase der «Produktentwicklung» eintreten können, ist dies begrüßenswert.

Das gilt namentlich in Anbetracht dessen, was auf dem Spiel steht. Geht es um eine neue Seifenformel, dann richtet die Unterdrückung von Innovationen nur mäßigen Schaden an – P&G macht vielleicht etwas weniger Gewinn. Filtert man jedoch aus nachrichtendienstlichen Informationen zu früh die kleinen Details heraus, dann übersieht man unter Umständen den entscheidenden Hinweis, um die nächste große Katastrophe zu verhindern. Als ein aus Afghanistan stammender Einwohner Virginias 2010 auf Facebook erklärte, er sei zum Bau einer Rohrbombe imstande, mit der man das Washingtoner U-Bahn-System in die Luft sprengen könne, entsprang dies wohl einer psychotischen Störung oder geschmacklosem Humor – es war vermutlich harmlos. Aber eine sehr geringe Wahrscheinlichkeit, dass er seine Prahlerei durch die Tat wahrmacht, besteht dann doch, und die Folge einer «falsch negativen Diagnose» wäre, dass man auf eine durchaus reale Drohung nicht reagiert und es massenhaft Tote in der Washingtoner U-Bahn gibt.

Posner sah in der Zentralisierung nachrichtendienstlicher Ermittlungen und Analysen nicht *nur* Nachteile. Doch während sich die Untersuchungskommission zum 11. September auf Versäumnisse konzentrierte, die ein vereinheitlichter Geheimdienstapparat niemals zugelassen hätte, erkannte er unvermeidliche Abwägungen und Fehlentwicklungen (mehr Jasager, Übergehen entscheidender Indizien), die die Folge stärkerer Zentralisierung wären.

Andererseits …

Gut informierte Insider nahmen viel von Posners Kritik an. Eine Besprechung seines Buchs *Uncertain Shield* in der CIA-Zeitschrift *Studies in Intelligence* («Journal of the American Intelligence Professional») folgte weitgehend Posners Argumentation, dass es beim Informationsaustausch in einem vereinheitlichten Apparat auch zu viel des Guten geben könne. (Allerdings wurde Posner dort auch bescheinigt, dass er als Außenstehender keine Vorstellung davon habe, wie wenig zentralisiert die unterschiedlichen Nachrichtendienste auch nach den vermeintlichen Reformen im Gefolge des 11. September seien.)

Auf mehr Skepsis stieß Posners Plädoyer dafür, das FBI in zwei Teile aufzuspalten. Verfasser der Rezension war Stanley Moskowitz, der sein Leben lang als Beamter und Agent der CIA, unter anderem in Moskau, Jerusalem und Washington, tätig gewesen war. Moskowitz drehte Posners Kosten-Nutzen-Argumentation um und erklärte, in mehr als vierzig Jahren als Geheimdienstmitarbeiter habe er beobachten können, wie es zwischen Organisationen mit getrennten Zuständigkeiten, beispielsweise Scotland Yard und MI5, oftmals zu schweren Rivalitäten komme. Es gebe keinen Grund zu erwarten, dass sich das FBI und ein neuer Inlandsgeheimdienst anders verhalten würden. Beide würden ähnliche Reviere in denselben Städten haben, sich um gute Beziehungen zu denselben Polizeiabteilungen bemühen und häufig ein und denselben Fall aus unterschiedlicher Perspektive bearbeiten. Das gilt laut Moskowitz nicht nur für die Terrorismusabwehr. Direkt im Süden der Vereinigten Staaten destabilisieren schwer bewaffnete *narcotraficantes* den mexikanischen Staat. Die Schmuggler und Killer der Drogenmafia zu verfolgen, wäre Kriminalitätsbekämpfung – ein Übergreifen der Drogenkriege auf Texas und Kalifornien zu verhindern, dagegen eine Frage der nationalen Sicherheit. In der Praxis lassen sich Kriminalitätsbekämpfung und nationale Sicherheit nicht so feinsäuberlich trennen wie die Abteilungen für Seife und Waschmittel in einem Unternehmenskonglomerat. Und selbst dort werden noch die einvernehmlichsten Scheidungen durch die Frage kompliziert, wer das Tafelsilber behalten darf.

Und darin liegt die Frage für alle unglücklichen Ehen, sei es der Bund zweier Menschen oder zweier Organisationen. Schließlich ist jede Ehe auf ihre eigene Weise zumindest ein bisschen unglücklich – sei es wegen der herumliegenden schmutzigen Socken, gelegentlicher schlechter Laune, wegen Meinungsunterschieden über Schulen, Urlaube und viele andere Dinge. Aber an welchem Punkt überwiegen die Nachteile das Glück des Zusammenseins und die wirtschaftlichen Vorzüge einer gemeinsamen Zukunft? Und um die Ehemetapher zu strapazieren: Lassen sich die guten Seiten durch etwas Paarberatung und Mediation retten, oder bestehen schlicht unüberbrückbare Differenzen?

Aus Posners Sicht hatte das FBI zwei unvereinbare Aufträge. HBS-Professor Jan Rivkin sah dagegen Spannungen, hielt es aber für zwingend, dass die zwei Parteien des organisatorischen Bundes ihre Differenzen beilegen. Rivkin, ein renommierter Managementwissenschaftler und ehemaliger Berater, verschob seinen Arbeitsschwerpunkt 2005 von der Wirtschaft auf nationale Sicherheitsstrategien, als sich die Gelegenheit bot, die Managementabläufe im FBI zu untersuchen. Während Posner die Behörde mit der distanzierten Objektivität eines Außenstehenden beurteilt hatte, folgte Rivkin der HBS-Tradition und tat sein Bestes, eine Innenperspektive auf die Organisation zu gewinnen, wodurch er zugunsten eines tieferen Verständnisses ihrer Stärken und Schwierigkeiten vielleicht auf Neutralität verzichtete.

Gemeinsam mit seinen Kollegen Michael Roberto und Ranjay Gulati führte Rivkin fast sechs Monate lang Gespräche mit FBI-Insidern über eine Reform der Organisation. Sie sprachen mit Laufburschen in Außenstellen, Führungskräften in Washington (darunter FBI-Direktor Robert Mueller) und allen möglichen dazwischen angesiedelten Mitarbeitern. Vielleicht ließen sie sich dabei zu sehr vom Bild eines mächtigen FBI-Imperiums beeindrucken, in jedem Fall aber kamen sie zu dem Schluss, dass es besser für das Land sei, wenn die Gesetzgeber die Ratschläge des Außenstehenden Posner ignorierten und das FBI intakt ließen. Im Lauf von sechs Jahren erstellten sie einige Fallstudien für die Lehre, einen Artikel für die *Harvard Business Review* und ein akademisches Papier, die zusammengenommen weniger Umfang hatten als ein einziger Band von Richter Posner.

Aus Rivkins Sicht wies das FBI alle Eigenschaften einer Ehe auf, die es wert war, gerettet zu werden. Seine Agenten waren mit Polizeibeamten im ganzen Land per Du – nur so konnten 11 000 FBI-Beamte unter 300 Millionen Amerikanern das Recht schützen –, und diese lokalen Beziehungen boten zugleich der Geheimdienstarbeit wichtige Augen und Ohren. Da Anschläge teuer sein können – der Angriff vom 11. September kostete schätzungsweise fast eine halbe Million Dollar –, gehen Terroristen im Nebenberuf oft Schmuggel, Drogenhandel, Geldfälschung oder anderen kriminellen Aktivitäten zur Finanzierung ihrer Operationen nach. Dadurch gerieten sie möglicherweise ins Visier der FBI-Kriminalbeamten, die, sofern sie mit der Terrorabwehr integriert sind, den Geheimdienstanalysten wichtige Hinweise geben können. Zudem lassen sich drohende Haftstrafen zur Erzwingung von Aussagen einsetzen, die zur Verhaftung ganzer Terrorzellen führen, und tatsächliche Haftstrafen für kleinere Straftaten ziehen potenzielle Terroristen zumindest zeitweilig aus dem Verkehr. Dies war etwa bei Zacarias Moussaoui, dem «zwanzigsten Entführer vom 11.

September», der Fall, der wegen Verstoß gegen das Ausländergesetz inhaftiert und so an einer Beteiligung am Anschlag gehindert wurde. Doch wenn das FBI einen erneuten 11. September verhindern soll, dann dürfen solche Vorteile nicht bloß theoretische Möglichkeiten bleiben. Das FBI muss mit der Zeit abschließen, in der es von den Kriminalbeamten dominiert wurde, und eine tatsächlich einem doppelten Auftrag dienende Organisation werden.

Bei BP schien sich im Sommer 2010 herausgestellt zu haben, dass es ein unlösbares Dilemma war, die «Star»-Aufgabe der Kostensenkung mit der «Wächter»-Aufgabe einer sicheren Ölförderung zu vereinbaren – und dennoch forderte der neue BP-Chef Robert Dudley, die Ausgaben für die Ölförderung in den kommenden Jahren zu verdoppeln, und erklärte zugleich die Sicherheit zur obersten Priorität. Hatte Dudley die Erfolgsformel gefunden, die Lord Browne entgangen war, oder war dies nur ein weiteres Beispiel für den unrealistischen Wunsch, auf zwei Hochzeiten zugleich zu tanzen? Kann sich eine Organisation wirklich auf zwei unterschiedliche Aufgaben gleichzeitig konzentrieren und beide gut erfüllen?

Ein FBI mit doppeltem Auftrag?

Am 12. September 2001 war klar, dass das FBI seine Prioritäten neu bestimmen musste. Formal geschah dies im Mai 2002 mit einer Erklärung von Direktor Mueller, in der die zehn wichtigsten Ziele der Behörde aufgeführt wurden. «Die Vereinigten Staaten vor einem Terrorangriff schützen» stand an erster Stelle und tut dies bis heute.

Die Durchführung wirklicher Reformen indessen war wenigstens zu dem Zeitpunkt, als dieses Buch geschrieben wurde, ein weiterhin unabgeschlossener Prozess. In einer streng autoritären Organisation – etwa dem Militär – kann die Spitze eine Prioritätenverschiebung von der Kriminalitätsbekämpfung zur Terrorabwehr dekretieren, und schon am nächsten Tag befolgen die loyalen Fußtruppen die neuen Befehle. Im FBI der Ära vor dem 11. September hingegen konnte man die Lokalfürsten zu nichts zwingen – für die Sache der Terrorabwehr musste man sie gewinnen. Das sollte sich als ein langer, harter Kampf erweisen. Auf die Frage nach dem größten Reformhindernis nennt Rivkin nicht veraltete Computersysteme, falsche Anreize oder Personalmangel, sondern erklärt ohne zu zögern: Es liegt alles an der Kultur. Solange im FBI die Aufgaben, die sich mit Dienstmarke und Schusswaffe erledigen lassen, höher im Kurs stehen als die Kopfarbeit des Sicherheitsanalysten, wird sich überhaupt kaum etwas verändern lassen. Einen Sack Flöhe kann man nicht hüten.

Dafür mangelte es dem Land im Jahr 2001 auch an Zeit und Geduld. Kurzfristig, so argumentieren Rivkin und seine Koautoren, blieb dem FBI daher kaum etwas anderes übrig, als sich teilweise in eine zentralisierte Autokratie zu verwandeln, deren Spitze die unteren Ränge sehr wohl kommandieren konnte. Und genau dies tat Mueller auch, angefangen mit der Anordnung, dass die Außenstellen jeden terrorismusbezogenen Hinweis verfolgen müssen, bevor sie ihre Zeit und Energie irgendeiner anderen Aufgabe widmen. Von 2003 bis 2010 gingen 180 000 Hinweise dieser Art ein, die die Special Agents mit Arbeit überschwemmten.

Auch personelle Veränderungen wurden von oben angeordnet. Jede Außenstelle bekam eine Gruppe von zehn nachrichtendienstlichen Analysten zugewiesen, die herausfinden sollten, was das FBI vor Ort wissen musste, um die größten Gefahren für die nationale Sicherheit zu bestimmen. Diese Gruppen unterstanden nicht der jeweiligen Außenstelle, sondern einem neu organisierten Office of Intelligence im Washingtoner FBI-Hauptquartier. Dort wurde eine wachsende Zahl von Analysten dazu eingesetzt, die aus dem ganzen Land eingehenden Informationen zu verwalten. Analysten wurden auch Ermittlungseinheiten zugeordnet, um relevante Hinweise, die sich bei der Kriminalitätsbekämpfung ergaben, für die Sicherheitsanalysen auszuwerten – welchen Sinn hätte es sonst auch gehabt, beide Funktionen unter einem Dach zu belassen? Andere Beamte wurden von der regulären Fallarbeit entbunden, um sich ausschließlich um Informanten und Kontakte zu kümmern, die der geheimdienstlichen Lageauswertung zuarbeiten sollten. Und das System der Zuweisung von Fällen an die zuerst damit befasste Außenstelle, das etwa dem New Yorker Büro die Leitung der Ermittlungen gegen Osama bin Laden zugestand, nur weil es ihn zuerst entdeckt hatte, wurde durch eine zentrale Aufsicht über alle terrorismusbezogenen Fälle ersetzt.

Während das FBI der Geheimdienstarbeit mehr Ressourcen zuwies, bemühte sich Mueller sicherzustellen, dass sie auch sinnvoll genutzt wurden. Bis zum 11. September ließen die Stellenbeschreibungen von Analysten oftmals eher an Laufburschen als an Experten für nationale Sicherheit denken – schwerlich ein Rezept, um scharfsinnige Analysten aus Washingtons Thinktanks abzuwerben. Trotz eines neuen, angeblich besseren Analystenprogramms hatte das FBI laut einem Bericht von 2005 auch deshalb weiterhin Schwierigkeiten, die Stellen zu besetzen, weil der Job noch immer zu viel Kopierarbeiten und zu wenig Analyse beinhaltete.[149] Auch einen Erfolgsmaßstab zu definieren – was wichtig ist, um zukünftiges Führungspersonal zu entwickeln –, erwies sich als schwierig. Die Analysten mit den umfangreichsten monatlichen Berichten zu belohnen, hatte nur das Leistungskriterium der Berichtslänge ad absurdum geführt. Die Geheimdienstagenten nach der Zahl der von ihnen betreuten Informanten zu bewerten, hätte ebenfalls nur dazu geführt, dass sie auf Quantität statt Qualität achten. Vor solchen Schwierigkeiten steht jede Organisation mit «schwierigen» Aufgaben – Aufgaben, die wie die nachrichtendienstliche Analyse schwierig zu kontrollieren sind, vielfältige Komponenten umfassen und von Teams ausgeführt werden.

Hinzu kommt die anhaltende Geschichte der Versuche, die FBI-Akten zu digitalisieren – von den Geheimdienstmitarbeitern sehr geschätzt, von etlichen Kriminalbeamten eher verflucht. Auf das 170 Millionen Dollar teure Debakel mit Virtual Case File folgten weitere gescheiterte Anläufe zur technischen Aufrüstung. 2010 warteten die Beamten noch immer auf ein neues System, das sie von Büroarbeiten entlasten würde, sodass sie mehr Zeit für die Aufgaben hätten, für die sie ausgebildet wurden.

Skeptiker könnten über die Reformen nach dem 11. September sagen, dass der Versuch, die althergebrachten Gewohnheiten beim FBI zu ändern, niemanden befriedigt, aber alle durcheinandergebracht hat. Das wäre zumindest zur Hälfte richtig. Direktor Mueller erklärte, im neuen FBI werde «die nachrichtendienstliche Seite führend» sein. Dennoch zog es weiterhin nicht die besten und scharfsinnigsten Analysten an, und die, die es bereits hatte, setzte es nicht optimal ein. Überdies sahen sich viele Kriminalbeamte, die bislang die Helden des FBI gewesen waren, durch diese Verschiebung bedroht.

Das stellte Muellers längerfristige Pläne für das FBI vor Schwierigkeiten. Das FBI intakt zu lassen, hatte ja gerade den Sinn gehabt, dass die Kontakte und Erkenntnisse der zwei miteinander verbundenen Bereiche nationale Sicherheit und Kriminalitätsbekämpfung Synergien ermöglichen. Und am besten ließ sich dies erreichen, indem man Entscheidungen wieder nach unten an die Außenstellen und einzelnen Beamten delegierte, die am besten beurteilen konnten, welche Spuren verfolgt werden sollten und in welchem Bereich die größten Gefahren für die nationale Sicherheit lauerten – seien es Drogenkartelle, Al-Qaida oder etwas vollkommen anderes.

In den letzten Jahren wurde den Leitern der Außenstellen bei solchen Entscheidungen auch tatsächlich wieder mehr Autonomie eingeräumt, auch wenn die Führung in Washington durch regelmäßige Überprüfungen und Aufsicht sicherstellt, dass die Terrorabwehr den Vorrang behält.

Sind alle mit diesen Veränderungen zufrieden? Wohl kaum.

Als die New Yorker Außenstelle gerade Personal von der Mafia- zur Terrorismusbekämpfung umschichtete, sprachen wir mit einem Ankläger des Büros der Generalstaatsanwaltschaft in Brooklyn. Die Arbeit der Generalstaatsanwaltschaft stützt sich stark auf Ermittlungsergebnisse des FBI – genau zu diesem Zweck wurde das FBI vor gut hundert Jahren gegründet. Nun beobachtete der Ankläger mit Bestürzung, wie diese Ressource gekürzt wurde. Sein Fachgebiet war die organisierte Kriminalität, und die Ressourcenumschichtung beim FBI stellte aus seiner Sicht eine tragische Schwächung des Kampfs gegen die New Yorker Mafia dar. Aus fünf Teams, zuständig für jeweils eine der «Fünf Familien», sollten drei werden. Die FBI-Teams wären gegenüber der Mafia in der Unterzahl, was den Familien gewiss nicht entgehen würde. Jahrelange Arbeit der Kriminalbeamten drohte zunichtegemacht zu werden.

Die Beamten sollten in die Abteilung Terrorismusbekämpfung versetzt werden. Hielt der Ankläger die neuen Prioritäten des FBI für falsch? Nicht unbedingt. Er konnte durchaus nachvollziehen, dass die Verhinderung eines weiteren schweren Terroranschlags für die Behörde Vorrang besaß und gegen die tagtägliche Arbeit der Mafiabekämpfung abzuwägen war.

Seine Lösung? Das Budget des FBI sollte erhöht werden, damit es seinen Kampf gegen die Mafia aufrechterhalten und sich zugleich verstärkt der Terrorabwehr widmen konnte. Der Haushaltsausschuss des Kongresses könnte fragen, wo all das Geld herkommen soll. Das hatte der Ankläger bedacht – ihm zufolge könnte man die Stellen in der Justizverwaltung streichen, deren Genehmigung er für das Anzapfen von Telefonen und andere Überwachungsmaßnahmen einholen muss. Dies seien wirklich überflüssige Stellen, argumentierte er, denn in New York und anderen Bezirken sei das Genehmigungsprozedere ohnehin schon mühsam. In der zusätzlichen Instanz sah er ein Produkt vergangener Zeiten, das der Staat ohne jeden Nachteil einsparen könne.

Manchmal bekommt man tatsächlich etwas umsonst. Wir vermuten jedoch, dass die Juristen, die in der Justizverwaltung in Washington Verletzungen der Bürgerrechte verhindern sollen, in diesem Fall anderer Meinung sind.

Wenn dieses Buch eine zentrale Botschaft hat, dann die, dass man auf mehr als ein halb volles Glas vielleicht nicht hoffen kann. Wären entweder die nachrichtendienstlichen Mitarbeiter oder die Kriminalbeamten rundweg zufrieden gewesen, hätte dies wahrscheinlich darauf hingedeutet, dass die FBI-Führung nicht die richtigen Abwägungen zwischen beiden Aufgaben getroffen hat. Man kann es nicht immer allen recht machen, und der FBI-Direktor sollte dies auch gar nicht versuchen. Es gilt Bankräuber, Geldwäscher und New Yorker Mafiosi in Schach zu halten und gleichzeitig alles zu tun, um den nächsten verheerenden Terroranschlag zu vereiteln. Wie nach dem 11. September wird das FBI wahrscheinlich feststellen, dass auch seine stärksten Bemühungen nicht gewisse Todesopfer vermeiden können. Und dann wird ihm abermals eine Öffentlichkeit Versagen vorwerfen, die nicht wahrhaben will, dass es in einer Welt voller Abwägungen und Kompromisse keine vollkommenen Organisationen gibt.

Schluss

Die Organisation der Zukunft

Jede Generation hat ihre Utopisten. Bislang lagen sie falsch. Fragen Sie nur den Mann, der die Bürozelle erfand.

Als das Büromöbelunternehmen Herman Miller 1964 das «Action Office» einführte, handelte es sich um «das erste durchgehende, aus flexibel einsetzbaren Komponenten bestehende Bürosystem der Welt, eine kühne Abkehr von den festen Vorstellungen der damaligen Ära über Büromöbel».[150] Entworfen von einem Team unter Führung von Robert Propst, dem Forschungsleiter des Unternehmens, sollte der flexible Arbeitsplatz effizient, egalitär und befreiend sein. Seine Designer wollten die Art und Weise des Arbeitens ändern, indem sie den Angestellten mehr Raum gaben. Das sollte sie produktiver machen als im klassischen Großraumbüro, in dem jeder nur einen kleinen Schreibtisch hatte. Die Angestellten, so der Gedanke der Designer, konnten nun mehr Papiere vor sich ausbreiten, hatten mehr Platz, den sie nutzen konnten, und mussten folglich auch mehr schaffen – daher der Name «Action Office». Das Design – zwei Schreibtische und Stühle, ein kleiner Beistelltisch und ein paar vertikale Ablagen – erlaubte es sogar, im Stehen zu arbeiten. Es war revolutionär.

Und es war ein Flop.

Das Action Office gestand jedem Angestellten ein ausladendes Ensemble von Büromöbeln zu. Es war zu teuer, schwierig zusammenzubauen und aufgrund des Flächenbedarfs ungeeignet für große Organisationen. Also kehrten Propst und sein Team ans Reißbrett zurück und entwickelten 1968 das Action Office II, um die Mängel des Vorläufers zu beheben. Jeder Angestellte bekam nun einen Schreibtisch, umgeben von niedrigen Wänden, die für ein wenig Privatsphäre sorgten. Durch das kompakte Design konnten auf demselben Raum mehr Schreibtische untergebracht werden, die niedrigen Wände ermöglichten zugleich Kommunikation. So wurde die Bürozelle geboren. Der Absatz nahm schnell zu, und viele andere Büromöbelhersteller kopierten das Design.

Die Bürozelle, so der Soziologe David Franz, entstammte der kybernetisch-gegenkulturellen Vision von «Egalitarismus, gemeinschaftlichen Netzwerken und demokratischer ‹Volksmacht›». Sie war nicht nur effizient, sondern stand für eine Moral. Zu ihren Anhängern zählte Intel-Chef Andy Grove, der im offenen Großraumbüro seines Unternehmens selbst eine Zelle hatte. James Fallows, ein normalerweise nüchterner *Atlantic*-Kolumnist, sinnierte über die Macht der Bürozellenkultur, sich auf die übrige Wirtschaft, auf «Reifenhersteller, Maschinenbauunternehmen, die Farbfernseherindustrie» auszubreiten. Überall sollte das Büro ein ungezwungener, vom Boss befreiter Ort sein. Diese Vorstellung gehörte zu einer Vision des Büros, die auf die Egalität der Angestellten abzielte. Innovationen wie die Bürozelle sollten Unternehmenshierarchien abflachen, das Denken der Wissensarbeiter befreien und sie so in den Stand versetzen, erstaunliche Leistungen zu vollbringen.[151]

Michael Bloomberg, milliardenschwerer Medienmogul, New Yorker Bürgermeister und vielleicht der berühmteste aller Bürozellenbewohner, drückte diesen Geist mit dem Satz aus: «Wände sind Barrieren, und mein Job besteht darin, sie zu beseitigen.» Bloombergs Büro sollte die Stärken zweier Konzepte verbinden – Zellen mit niedrigen Wänden förderten die Kommunikation, boten aber auch persönlichen Raum, während verglaste Sitzungsräume vertraulichere Gespräche ermöglichten. Matt Winkler, die Nummer zwei bei Bloomberg News, meinte dazu: «Es ist angenehm zu sehen, wie der Chef hier durch keine Vorzimmer abgetrennt ist. Das zeigt allen, dass es hier keine Geheimnisse gibt, dass wir alle an einem Strang ziehen. (…) Es ist so, als wäre man zusammen auf einem Boot.»[152]

Das sollten Sie bedenken, wenn Sie sich das nächste Mal in Ihrer Bürozelle in den Computer einloggen: Fühlen Sie sich einfach wie auf Matt Winklers Boot.

Zu einem ganz anderen, vielleicht treffenderen Urteil über die Bürozelle kommt George Nelson: «Man muss kein besonders scharfsinniger Kritiker sein, um zu erkennen, dass AO-II definitiv kein System ist, das eine angenehme Umgebung für Menschen schlechthin schafft. Aber es ist wunderbar geeignet für Planer, die möglichst viele Menschen in einen Raum zwängen wollen, für ‹Angestellte› (im Unterschied zu Individuen), für das ‹Personal›, die Firmenzombies, die lebenden Toten, die schweigende Mehrheit – ein großer Markt.» Wer war Nelson? Einer der Kodesigner des ursprünglichen Action Office. Nach dem gescheiterten ersten Anlauf konnte er sich mit Propst nicht auf die künftige Richtung des Designs einigen und zog sich aus dem Projekt zurück.

Selbst Nelson klagte vor seinem Tod im Jahr 2000, er habe zu einem «monolithischen Irrsinn» beigetragen.[153]

Noch einmal zum Wesen der Organisation

Die Büroreformer schlagen zwei unterschiedliche Richtungen ein. Entweder folgen sie Frederick Taylor, dem Vater des wissenschaftlichen Managements, und späteren Managementwissenschaftlern, die der Überzeugung waren, mit genügend Überwachungskameras, Tabellen, Computern und Analyse ließen sich die Probleme der Organisation lösen. Oder sie folgen den Träumern der 1970er- und 1980er-Jahre, die inspiriert von der kybernetisch-gegenkulturellen Bewegung meinten, gerade durch die Befreiung von einer solchen organisatorischen Infrastruktur könne man die Arbeitnehmer in den Stand versetzen, sich Chaos, Komplexität, neue Technologien oder alle drei zu eigen zu machen und so ihr volles Potenzial auszuschöpfen. Die Utopisten meinen, eine bestimmte Kombination von Büroarchitektur und Computerchips beziehungsweise gerade deren Fehlen werde wie von Zauberhand die Probleme der Organisation lösen. Beides ist falsch.

Die Organisation ist kein Problem, sondern eine Lösung – allerdings eine, die manche unschöne Realitäten mit sich bringt, etwa die anhaltende Notwendigkeit direkter Interaktionen, um wichtige «weiche» Informationen zu erhalten; Manager, die von zu vielen Tabellen überwältigt und in zu viele Richtungen gezogen werden; komplizierte Jobs, die sich Evaluation und Anreizen entziehen; und, so traurig es ist, die menschliche Natur, die durch bürokratische Vorschriften und Aufsicht im Zaum gehalten werden muss. Daraus ergeben sich die zu treffenden Abwägungen.

Ronald Coase' grundlegende Erkenntnis, mit der er 1937 die Transaktionskostenanalyse begründete, ist bis heute gültig: Unternehmen ziehen ihre Grenzen anhand eines Kostenvergleichs zwischen der Produktion im eigenen Haus und Markttransaktionen. Trotz Superrechnern und IT-Systemen stimmt es ferner bis heute, dass die Kosten von Verwaltung und Management beim Wachstum von Organisationen schließlich aus dem Ruder laufen. Solche unveränderlichen Tatsachen zu akzeptieren und zu begreifen, erleichtert uns die Erkenntnis, welche Dinge man nicht ändern kann oder sollte, welche man ändern kann und worin der Unterschied zwischen ihnen besteht.

Eine unveränderliche Tatsache ist es auch, dass jede Veränderung Kosten und Nutzen mit sich bringt. Die utopistischen Visionäre scheinen blind für die Kosten zu sein. Aber so funktioniert das Leben nicht.

Das soll nicht heißen, dass sich Organisationen nicht verändert haben. Natürlich haben sie das, und in vieler Hinsicht zum Besseren. Solche kleinen Erfolge übersieht man leicht, sobald das ehemals Neue zur belächelten Normalität geworden ist. Halten Sie einmal einen Moment inne und vergegenwärtigen sich, wie Büros vor der Revolution des Action Office funktionierten – welche Zustände Propst und sein Designteam zu solchen hartnäckigen, wenn auch letztlich enttäuschten Optimisten machten. Nehmen wir den Film *Warum eigentlich ... bringen wir den Chef nicht um?*, der 1980 in die Kinos kam. Er handelt davon, wie sich die Geschlechterbeziehungen im Büro verändern, als Dolly Parton, Lily Tomlin und Jane Fonda ihren herrischen, frauenfeindlichen Boss – gespielt von Dabney Coleman – entführen und das Büro übernehmen.

Interessant an dem Film sind nicht seine antiquierten, sexistischen Dialoge und Handlungsabläufe oder das Aufgebot an Komödienstars der frühen 1980er-Jahre, sondern der Blick auf das klassische Großraumbüro – eine scheinbar kilometerlange, von keinen Wänden oder Raumteilern unterbrochene Etage voller winziger Schreibtische, auf denen kaum mehr als ein paar Ablagen, eine Schreibmaschine und ein wuchtiges schwarzes Telefon standen. (Das Action Office war zwar längst auf dem Markt, aber ähnlich wie ein Hausschwamm durchdrang die Bürozelle nur langsam die Betriebskultur.) Nur die Bosse hatten Büros, verteilt an den Seiten des Raums, damit sie aus dem Fenster schauen konnten – während das Großraumbüro durch grelles Neonlicht noch unerträglicher wurde. Wie konnte da irgendjemand etwas schaffen? Verglichen damit war die Bürozelle wie eine Oase in der Wüste, die Privatsphäre und Produktivität versprach.

Utopia II: Eine allmähliche Evolution

Die Utopisten haben viele solcher Oasen entdeckt. Ein Gedanke, der sich trotz aller Widerlegung bis heute hält, ist der des «papierlosen Büros». Das Konzept entstand im Xerox-Forschungszentrum in Palo Alto, bekam aber erst als Werbeslogan für Computerbildschirme wirklich Auftrieb. Wenig später wurde er von Autoren aufgegriffen, die visionärer waren als die Schreibkräfte in den Werbeagenturen. Im Juni 1975 prophezeite *Business Week* in einem Artikel über «das Büro der Zukunft» das Ende des Papiers – die Prognose einer flächendeckenden Durchsetzung des PC war gespenstisch hellsichtig, der Abschied vom Papier hoffnungslos utopisch.[154]

Unser Umgang mit Papier hat sich ohne Zweifel dramatisch verändert. Man braucht nur die amerikanische Post zu fragen – die kurz vor der Auflösung steht, während wir dies schreiben. Sie kann bezeugen, wie die handschriftliche Korrespondenz mit der Ausbreitung von E-Mails und anderen elektronischen Formen der Kommunikation einen Niedergang erlebt hat.

Trotz fortschreitender elektronischer Datenspeicherung und Kommunikation bleibt das papierlose Büro eine futuristische Vision, wie jeder weiß, der sich schon einmal eine E-Mail für seine Akten ausgedruckt hat.[155] In der Business School der Columbia University (an der Ray Fisman in einem Büro mit richtigen Wänden das Leben genießt) wandern jährlich nach wie vor über 20 000 Kostenabrechnungen in mehrfacher Ausführung von Schreibtisch zu Schreibtisch – Ausdrucke elektronischer Versionen, die es aus irgendeinem Grund nicht in den Verwaltungsablauf schaffen.

Man könnte meinen, der Übergang zum papierlosen Büro sei ganz einfach, doch Veränderung ist teuer, wie der für den Prozess der Digitalisierung von Kostenabrechnungen zuständige Buchhalter an der Columbia University weiß. Wenn er Kosten und Nutzen papierloser Abrechnungen abwägt, stellt er sich den Morgen nach der Umstellung vor, an dem allerhand unerwartete Fehler in seinem sorgfältig durchdachten System zu einer Flut von Beschwerde-E-Mails führen und man seinen Kopf fordert.[156] Büros haben eine Infrastruktur und Verfahrensweisen, die die Verwendung von Papier begünstigen – Aktenschränke voller alter Dokumente zum Beispiel, die bei einer Digitalisierung neu geordnet, katalogisiert und für den Fall eines Hardwarefehlers zusätzlich gesichert werden müssen.

Manchmal bereuen wir die Digitalisierung auch. Viele Bibliothekare klagen bis heute über das Verschwinden ihrer schönen, funktionalen und traditionsreichen Zettelkataloge. Und das ist keineswegs pure Nostalgie. Auch viele Bibliotheksnutzer bedauern das Verschwinden eines bestimmten Entdeckungserlebnisses – etwa wenn man auf der Suche nach *Bartleby der Schreiber* von Herman Melville (einer der ersten Organisationstheoretiker) den Karteikasten durchgeht und dabei zufällig auf Melvilles weniger bekannte Novelle *Benito Cereno* stößt.

Trotzdem versuchte *PC World* noch 2007, mit Empfehlungen für die richtigen Hardware- und Softwarekonfigurationen den Gedanken des papierlosen Büros an den Mann zu bringen (vergessen Sie nicht das «Automatisieren Ihrer Scans» und die «Festlegung von Arbeitsabläufen»). Und ein *Forbes*-Autor befasste sich kürzlich damit, wie Tablet-Computer dazu auserkoren seien, Papierbergen und der «Pax Papyra» den Garaus zu machen.[157]

Informationstechnologien im Café

Die Erwartung des papierlosen Büros überschätzt die Auswirkungen von Informationstechnologien auf Organisationen gewaltig. Aus demselben Glauben an die befreiende Kraft der Technik speist sich auch das Versprechen des mobilen Büros – einer Welt von «digitalen Nomaden», die befreit von sinnlosen Anfahrtswegen, unwirtlichen Büros und starren Arbeitszeiten viel zufriedener und effektiver auf Berggipfeln und in Cafés arbeiten.

Die meisten solcher Konzepte für Mobilität beruhen auf der Annahme, dass wir mit der richtigen technischen Infrastruktur entweder von zu Hause aus oder an einem «dritten Ort» wie Starbucks arbeiten könnten. Der «dritte Ort» war eine bahnbrechende Idee, die Starbucks-Chef Howard Schultz von dem Soziologen Ray Oldenburg übernahm.[158] Starbucks, so der Kerngedanke, sollte dem Kunden ein unverwechselbares Erlebnis bieten, in dessen Mittelpunkt nicht allein der Kaffee steht, sondern das Bedürfnis, seine Zeit in einer angenehmen, beinahe familiären Umgebung zu verbringen, in der man den Baristas dabei zusehen kann, wie sie kunstfertig Heißgetränke zaubern, und in einem bequemen Sessel den Duft frisch gerösteter Bohnen genießt – die «warme Atmosphäre eines kleinen Cafés in der Nachbarschaft», wie Schultz formulierte.

Der Gedanke des dritten Orts war geradezu revolutionär und hat die Art und Weise verändert, wie die Amerikaner miteinander verkehren und sich in ihren Vierteln und Städten bewegen – und wie sie Kaffeetrinken gehen. Neben dem ersten und dem zweiten Ort, dem Zuhause und dem Arbeitsplatz, gab es nun einen ebenbürtigen dritten, an dem man sitzen, nachdenken, reden, lesen, schreiben und sogar arbeiten konnte.

Starbucks hat zahllose Nachahmer gefunden – mit besserem Kaffee und bequemeren Sesseln, und oftmals sind es tatsächlich kleine Cafés in der Nachbarschaft. Wenn sich der dritte Ort inzwischen von Starbucks wegverlagert hat, funktioniert er bestens in Cafés wie Ritual Roasters in San Francisco, die während der Geschäftszeiten einem Meer von Laptops und iPads gleichen. Dort habe man den Eindruck, zitierte die *New York Times* 2008 einen Silicon-Valley-Investor, dass die Gäste «entweder programmieren, ein Blog schreiben oder mit irgendeinem Gerät etwas Gewinnträchtiges herstellen». Das mobile Büro des dritten Orts eignet sich für Schriftsteller, Software-Start-ups in der Anfangsphase und freiberufliche Programmierer, die das Haus verlassen, aber keine Büromiete zahlen wollen.[159]

Es funktioniert auch für viele Angestellte, die ab und zu eine Auszeit vom Büro genießen, indem sie von einem nahe gelegenen Café aus arbeiten. Die Utopisten lagen insofern nicht völlig falsch, aber die Vorstellung, dass jedes Unternehmen irgendwann eine Art Café wird, war ein gewaltiger Gedankensprung – das neue Phänomen des dritten Orts wurde zu einem schönen, aber unlogischen Endpunkt weitergedacht.

Realistischerweise erwarten können wir, dass die Revolution des mobilen Büros zunächst, wenn überhaupt, Aufgaben mit leicht messbaren Ergebnissen betreffen wird, die man alleine ausführen kann. Anders gesagt: An Aufgaben, die direkte Kommunikation und Aufsicht erfordern – was vielleicht für den überwiegenden Teil gilt –, wird sie vorbeigehen.

Bei der richtigen Art von Job, etwa Telefonmarketing, könnten es Heim-PC und schnelle Internetverbindungen Arbeitnehmern aber tatsächlich ermöglichen, in Vollzeit außerhalb des Büros zu arbeiten – zum eigenen Vorteil und dem ihrer Arbeitgeber. Das gibt es sogar schon heute. Nick Bloom, der Stanford-Ökonom, der im fünften Kapitel indischen Textilunternehmen zu einem besseren Management verhalf, hat auch ein Experiment über Telearbeit bei einem chinesischen Online-Reisebüro durchgeführt.

Gemeinsam mit dem Gründer von Ctrip, dem chinesischen Pendant zu Webseiten wie Expedia und Travelocity, statteten Bloom und seine Koautoren die Hälfte der Verkäufer in der Flug- und Hotelabteilung des Unternehmens mit allem aus, was sie für die Telearbeit von zu Hause aus brauchten. Wer an einem geraden Tag des Monats geboren war, durfte fortan vier Tage die Woche in der Behaglichkeit des eigenen Heims arbeiten. Wer an einem ungeraden Tag geboren war, arbeitete weiterhin wie gewohnt am Bildschirm in seiner Bürozelle, untergebracht in Räumen von der Größe eines Flugzeughangars.[160]

Man könnte sich durchaus vorstellen, wie ein solches Experiment in Sachen flexibler Arbeitsplatz gründlich schiefgeht – schließlich achtet bei den Heimarbeitern kein Vorgesetzter darauf, dass sie nicht zu oft eine

Zigarettenpause einlegen und dass die Kunden freundlich behandelt werden. Die Verlockung eines Snacks, des schönen Wetters oder des Cafés könnte einfach zu stark sein. Andererseits ist die wöchentliche Leistung eines Telefonverkäufers sehr leicht daran zu messen, wie viele Anrufe er entgegennimmt und in wie viel Prozent der Fälle daraus eine Flug- oder Hotelbuchung wird.

In diesem Fall trug die Flexibilität tatsächlich den Sieg davon. Die Heimarbeiter nahmen mehr Anrufe als ihre Kollegen im Büro entgegen, das Verhältnis von Anrufen zu Buchungen war etwa dasselbe. In der Behaglichkeit des eigenen Heims wurde mehr geschafft. Und ein zufriedener ist vielleicht auch ein produktiver Arbeitnehmer. Bloom und seine Koautoren verfolgten auch die Kündigungsraten und Fehlzeiten beider Gruppen. Die Heimarbeiter meldeten sich seltener krank und kündigten ihren Job sehr viel seltener als diejenigen, die ins Büro pendeln mussten.[161]

Flacher – aber größer

Die Folgen der Informationstechnologie sind weitreichender, komplizierter und interessanter, als die Utopisten meinten. Der Begriff *information technology* wurde 1958 in einem Artikel in der *Harvard Business Review* über das «Management in den 1980er-Jahren» geprägt. Harold Leavitt und Thomas Whisler beschrieben darin «eine Technologie, für die es noch keine feststehende Bezeichnung gibt», und nannten sie Informationstechnologie. Ihre Behauptung, sie werde «mit rapider Geschwindigkeit ins Management vordringen und deutliche, weitreichende Auswirkungen auf seine Organisation haben», erwies sich als visionär. Auch ihre Vermutungen darüber, wie dies Unternehmen verändern würde, waren zumindest teilweise richtig.

Wie spätere Utopisten des Büros forderten Leavitt und Whisler ein Ende des mittleren Managements, das Computersysteme ersetzen sollten. Diese versprachen «das Risiko inadäquater Entscheidungen auszuschalten, die durch Fehlkommunikation, Missverständnisse über Ziele oder eine unbefriedigende Leistungserfassung durch mehrere Dutzend Personalexperten zustande kommen». Computerchips und Algorithmen sollten somit die Funktion des Managers übernehmen. Und mit dem Verschwinden der mittleren Ebenen aus den Organisationsdiagrammen würden Organisationen weniger hierarchisch werden – also flacher.[162]

Das mittlere Management und Fehlkommunikation gibt es bis heute. Flacher sind Firmen allerdings tatsächlich geworden. HBS-Professorin Julie Wulf hat für 300 börsennotierte Unternehmen dokumentiert, dass die Managementebenen zwischen Vorstandschef und Abteilungsleitern in den lediglich zwölf Jahren von 1986 bis 1998 um 25 Prozent abgenommen haben. Dabei wurden Unternehmen nicht nur flacher, sondern auch «breiter», insofern nun mehr Manager direkt dem Vorstandschef unterstellt waren – 1986 waren es 4,4, 1998 schon 8,2. (Das bedeutet zugleich, dass der Vorstandschef in der Organisation der Zukunft *noch mehr* Zeit für Sitzungen braucht – wenn ihm mehr Manager direkt unterstellt wurden, so Wulfs Befund, musste er auch mehr Zeit mit ihnen in Sitzungen verbringen.)[163]

Als ein Beispiel nennen Wulf und ihr Koautor Raghuram Rajan die Umstrukturierung von General Electric im Jahr 2002: Anstatt einen Nachfolger für den Chef von GE Capital zu suchen, der gerade zurückgetreten war, wurden die Leiter der vier Geschäftsbereiche von GE Capital direkt dem GE-Vorstandschef Jeff Immelt unterstellt, der damit bezweckte, dass sie «direkt mit mir kommunizieren und wir dadurch schneller entscheiden und handeln können».[164]

Laut Forschern von der London School of Economics haben Informationstechnologien zumindest eine gewisse Rolle dabei gespielt, dass die Unternehmenshierarchien im vergangenen halben Jahrhundert eindeutig flacher geworden sind.[165] Wo sie intensiver eingesetzt wurden, nahm die Zahl der einem Vorgesetzten direkt unterstellten Manager zu. Diese flachere Hierarchie resultierte aus einer größeren Autonomie der unteren Ebenen – da sie über mehr Informationen verfügten, mussten sie seltener die Vorgesetzten um Rat oder Begutachtung bitten. Wenn Information Macht ist, hat die Verbreitung von Informationstechnologien ermächtigend gewirkt.

Und dennoch haben verbesserte Kommunikationssysteme, die von IT zu unterscheiden sind, Entscheidungen wieder stärker nach oben verlagert. Stellen wir uns den Besitzer einer kleinen Heizölfirma vor, der jeden Donnerstagnachmittag Tennisspielen geht. Es wird nicht ausbleiben, dass ihn Mitarbeiter wegen Fragen zu Lieferungen anrufen – soll der Kunde XY eine Kreditverlängerung bekommen? Früher hätten sie dies vielleicht selbst entschieden. Nun ist der Chef per Handy erreichbar und kann solche Fragen auch außerhalb des Büros entscheiden – auch wenn es ihm anders vielleicht lieber wäre.

Technologien haben auch die Grenzen des Unternehmens verschoben. Und zwar nicht einfach dergestalt, dass wir allesamt dazu prädestiniert wären, in Internetcafés arbeitende Freelancer zu werden. Paradoxerweise haben Technologien mindestens genauso sehr die gegenteilige Tendenz gefördert. 1980 wurde der 24. Platz auf der Fortune-Liste der hundert größten Arbeitgeber in Amerika mit knapp 100 000 Beschäftigten von Boeing belegt. 2011 stand dort die Baumarktkette Lowe's – mit fast 200 000 Beschäftigten.

Wenigstens teilweise wird dieses Wachstum von derselben Kraft angetrieben, die nicht nur Boeing zu einem flacheren Unternehmen gemacht hat: durch mehr Information. Dass die Mitarbeiterzahl von Lowe's wächst, lässt sich unter anderem direkt auf digitale Fahrtenschreiber zurückführen, durch die die Chefs heute nachvollziehen können, was ein Trucker zwischen Abfahrt und Ankunft getan hat. Vor der Einführung solcher Bordcomputer konnte sich ein Fahrer ausgiebige Pausen am Truck-Stop genehmigen und die verlorene Zeit danach wieder wettmachen, indem er mit 130 Stundenkilometer den Highway entlangraste – und so sich selbst, andere Autofahrer und den Unternehmensgewinn gefährdete.

Schlimmer noch: Fernfahrer verbrachten die Nächte an Truck-Stops, bekannt für Prostitution, Drogenhandel, Diebstahl und selbst Mordfälle. Ein Bezirk in New Jersey, der die höchste Kriminalitätsrate in seinem Landkreis hat, weist die gesamte Schuld daran einem Truck-Stop zu.[166] Es ist schlimm genug, wenn man seine Mitarbeiter zu einer Konferenz nach Las Vegas schicken muss; sie auf lange Fahrten im Truck zu schicken, kann noch sehr viel schlimmer sein.

Früher beauftragten Unternehmen wie Lowe's deshalb selbstständige Trucker, die ihr Fahrzeug selbst besaßen und für dessen Verschleiß ebenso verantwortlich waren wie für die Folgen jeglichen waghalsigen Verhaltens. Da sie wissen, dass sie für Schäden und Verspätungen geradestehen müssen, fahren solche Trucker vorsichtiger und disziplinierter.[167]

Der digitale Fahrtenschreiber, der die Fahrer als eine Art Big Brother bei der Arbeit beobachtet, hat die Abwägung zwischen fest angestellten und selbstständigen Truckern verändert. Heute kann Lowe's die LKWs und ihre Ladungen wesentlich einfacher und zuverlässiger verfolgen und koordinieren. Deshalb verfügt das Unternehmen heute über mehr eigene Fahrzeuge und fest angestellte Fahrer als noch vor ein paar Jahrzehnten – teilweise aufgrund derselben Informationstechnologie, die Starbucks zu einer erfolgreichen Außenstelle des modernen Büros gemacht hat.

Netzwerke bei DEC

Einsame Helden wie Batman, Superman und der Lone Ranger, unsere Alter Ego aus Comicheften, gelangten nur dadurch zu ihrer Größe, dass sie unbeschwert von jeder Organisation auf eigene Faust handelten. (Die Schurken dagegen scheinen immer Handlanger im Hintergrund zu haben.) Batman wäre kaum Zeit dafür geblieben, Gotham City vor dem Bösen zu retten, hätte er sein Batmobil bei der Kfz-Behörde anmelden oder im Polizeihauptquartier Formulare ausfüllen müssen.

Die extremste Fantasie des Büroangestellten könnte es sein, wie Batman zu werden und zu brüllen: «Ich bin fuchsteufelswild und mach das nicht mehr mit! Schluss mit dem Papierkram! Vergesst die Berichtswege! Ich sehe hier eine Aufgabe, die im Interesse der Organisation erledigt werden muss, und zusammen werden wir das schaffen, verdammt noch mal!»

Auch wenn wir die Erfolge feiern, die solche Rebellen und Freigeister in den Comicgeschichten haben, würde ihr Verhalten in der Wirklichkeit oftmals katastrophale Folgen haben. So niederschmetternd es sein mag: Initiative und gute Absichten müssen durch die Regeln von Organisationen gebändigt werden.

Um seinen Studenten die möglichen Risiken gut gemeinter Initiative von Mitarbeitern zu verdeutlichen, verwendet Glenn Carroll, Professor an der Stanford Graduate School of Business, das Fallbeispiel der Digital Equipment Corporation (DEC), deren Angebot für einen dringend benötigten Auftrag sich letztlich als verhängnisvoll erwies.

1989, als die Welt in einer Rezession steckte, hatte die DEC ihre Kosten gesenkt und Mitarbeiter entlassen. Gleichzeitig wusste sie, dass für ihr wichtigstes Produkt, den Kleincomputer für mittelständische Unternehmen, zwischen Großrechnern und PCs immer weniger Raum blieb und der Markt entsprechend rapide austrocknete. Ein Großauftrag war finanziell dringend nötig, und vielleicht wichtiger noch: Er sollte die Moral im Unternehmen heben.

Russ Gullotti, Vizepräsident der Abteilung für Unternehmensintegrationssysteme, sah die große Gelegenheit gekommen, als Kodak den Auftrag für sein Betriebsnetzwerk ausschrieb. DEC stattete Kodak schon seit Jahrzehnten mit Computern aus. Nun suchte Kodak eine Firma, die sich von der Hardwareanschaffung bis zur Netzwerkbetreuung um sämtliche Aspekte des internen Kommunikationssystems kümmern sollte. Der Auftrag war zig Millionen Dollar wert und bot DEC zudem die Chance, sich zum

Komplettanbieter von IT-Lösungen für Unternehmen zu entwickeln – ein wichtiger Markttrend, wie der DEC-Vorstand richtig ahnte. Bekam die DEC nicht den Zuschlag, würde ihr nicht nur ein Auftrag entgehen – für diesen Fall rechnete sie damit, Kodak als Kunden zu verlieren.

Zur Kundenpflege unterhielt die DEC am Unternehmenssitz von Kodak in Rochester ein kleines Büro. Das dortige Team hatte keine Erfahrungen mit Telekommunikation und arbeitete recht unabhängig von der DEC-Zentrale in Maynard, Massachusetts. Wäre die Aufgabe, ein Angebot für Kodak zu erstellen, allein dem Team in Rochester überlassen geblieben, hätte DEC gegen Branchenschwergewichte wie IBM, AT&T und Sprint keine Chance gehabt. Doch der Auftrag galt als so wichtig für die Zukunft des Unternehmens, dass Gullotti zum Verantwortlichen ernannt wurde.

Da für das Angebot nur ein Monat Zeit blieb, war es schlicht unmöglich, Mitarbeiter und Ressourcen dafür auf dem üblichen Weg bereitzustellen. Das kam aber nur einer Stärke von DEC entgegen. DEC rühmte sich einer Kultur der Initiative und Innovation und war seit Langem eines der führenden Unternehmen für Computertechnik. Ähnlich wie bei anderen Innovationstreibhäusern, etwa HP oder 3M, wurde der Einzelne dazu ermutigt, vielversprechende Projekte voranzutreiben, sofern sie genügend Rückhalt bei den Vorgesetzten fanden. Die Ausschreibung von Kodak wirkte so elektrisierend, dass Gullotti alle Ressourcen gewährt wurden, die ihm für die Erstellung eines aggressiven Angebots binnen so kurzer Zeit nötig schienen.

Diese Gelegenheit schöpfte Gullotti voll aus. Er verfügte wie kein Zweiter über ein Netzwerk von Beziehungen bei DEC und besaß starke Überzeugungskraft – Mitarbeiter aus unterschiedlichsten Teilen des Unternehmens ließen alles stehen und liegen und gingen nach Rochester, um sieben Tage die Woche rund um die Uhr zu arbeiten. Ein Beteiligter an dem Projekt meinte: «Es war wie früher bei DEC – ‹Tu›, was richtig ist. Wir hatten die Chance, DEC zu einem der großen Anbieter auf dem Markt für Telekommunikation zu machen. Einige Leute zogen nach Rochester und gaben alles für das Projekt. Sie strichen Geburtstage, Jahresfeiern, ihr ganzes Leben», solange das Projekt andauerte. Ihren Vorgesetzten sagten sie einfach: «Wir werden in Rochester gebraucht.»

Die Mühe lohnte sich. Kodak nahm IBM und DEC in die engere Auswahl und schließlich bekam DEC den Zuschlag. Gullotti und sein Ad-hoc-Team waren die großen Gewinner.

Nachdem die DEC den Auftrag bekommen hatte, Kodak mit einem Kommunikationsnetzwerk auszustatten, musste sie noch die Einzelheiten der zu erbringenden Leistungen klären. Gullotti hatte wie der Rest seines Teams Rochester bereits verlassen, um sich wieder seinem Leben und seinem Job in Maynard zu widmen. Die tatsächliche Ausführung des Auftrags fiel wahrscheinlich in die Zuständigkeit der Abteilung Kundendienst, die an dem Prozess bis zu diesem Zeitpunkt gar nicht beteiligt gewesen war. Ihr Personal arbeitete, wie Gullotti formulierte, «streng nach Vorschrift». Hätte sie sich an der Erstellung des ursprünglichen Angebots beteiligt, wäre dies nur eine Last für die «Technologen, Kreativen und Querdenker» gewesen, die außerhalb der üblichen Unternehmenshierarchien so hart daran gearbeitet hatten, die Formel für das richtige Angebot zu finden.

Als sich die Finanz- und die Kundendienstabteilung genauer ansahen, was sie zur Erfüllung des Auftrags leisten mussten, entdeckten diese streng nach Vorschrift arbeitenden, bürokratischen Pedanten eine gravierende finanzielle Fehlkalkulation im Vertrag – und dies nur Stunden vor der geplanten Unterzeichnung. Die DEC-Mitarbeiter hatten mit den besten Absichten enorme Anstrengungen an den Tag gelegt, doch das Ergebnis war verheerend.

Die Regeln der Organisation zu umgehen, kann hervorragend sein, um etwas zu leisten. Ohne ausreichende Aufsicht und Kontrolle stellt sich jedoch manchmal heraus, dass dies nicht zum gewünschten Ergebnis führt. Erbsenzähler und Aufsichtspersonal genießen keinen guten Ruf, aber sie existieren, um sicherzustellen, dass dies nicht zu oft geschieht – auch wenn sie dabei mitunter jegliche Leistung bremsen. Jede Organisation braucht Innovation und Initiative, ebenso aber Koordination und Regeln. Es kommt darauf an, die richtige Mischung zu finden.

Die Gefahren von Netzwerken in einer großen Organisation liegen auf der Hand: Sie können zu einem Mangel an Verantwortlichkeit, Koordination, Aufsicht sowie an Klarheit bei der Definition von Aufgaben und Zuständigkeiten führen – zu einem Mangel an all dem, weshalb es Organisationen überhaupt gibt.

Manchmal brauchen wir keinen Superman, sondern einen Clark Kent.

Al-Qaida, die vollkommene Organisation

Als die Terrororganisation Al-Qaida mit ihrem Angriff auf die Vereinigten Staaten im Jahr 2001 weltweit Schlagzeilen machte, sahen viele Experten darin einen Triumph der netzwerkförmigen Organisation. Hier hatte man eine Gruppe scheinbar ohne einen Führer, ohne Verwaltungsapparat und ohne nennenswerte Hierarchie. Sie hatte zutiefst ergebene Mitglieder – bereit, im Dienst für sie zu sterben –, die alle durch dieselben Überzeugungen motiviert waren und alle dasselbe Ziel verfolgten. Sah so vielleicht die Organisation der Zukunft aus?

Als das US-Militär nach dem Einmarsch im Irak mit einem erfolgreichen Aufstand konfrontiert war, der nach denselben Prinzipien des Netzwerks funktionierte, schien die Antwort klar zu sein: Die terroristische Organisation, eine dezentralisierte Allianz von Netzwerken, die der Macht des US-Militärs Paroli bot, hielt Lehren für jede Organisation bereit, die auf Leistung aus war.

Doch sehen wir uns ein 2008 sichergestelltes, aber aus den 1990er-Jahren stammendes Memo des ägyptischen Al-Qaida-Führers Mohammed Atef an einen Untergebenen an. Atef, ehemals ein Agraringenieur, schrieb darin:

«Dein Verhalten hat mich sehr empört. Für die Reise von dir und deiner Familie nach Ägypten habe ich 75 000 Rupien bereitgestellt. Ich habe erfahren, dass du dem Buchhalter nicht den Beleg gegeben hast und dass du 40 000 Rupien für Reservierungen ausgegeben und den Restbetrag behalten hast, unter der Behauptung, dazu hättest du ein Recht. (…) Und was die Klimaanlage betrifft, (…) die Möbel, die die Brüder bei Al-Qaida nutzen, werden nicht als Privateigentum betrachtet. (…) Ich möchte dich an die Strafe für jeglichen Verstoß erinnern.»

Ganz richtig: Al-Qaida verlangte eine Spesenabrechnung. Weder die Hingabe an das Ziel noch «die Strafe für jeglichen Verstoß» motivierten die Fußtruppen ausreichend zu einem ordnungsgemäßen Verhalten. Selbst Al-Qaida, die netzwerkförmige Organisation der Zukunft, erlag dem Gewicht organisatorischer Erfordernisse.[168]

***

Max Weber, ein deutscher Philosoph des 19. Jahrhunderts, der zu einem der Begründer der modernen Sozialwissenschaften und einer der ersten Organisationsforscher wurde, beschrieb die Durchsetzung der Bürokratie als ein «stahlhartes Gehäuse», das den freien Willen breche und uns alle zu einer «Polarnacht von eisiger Finsternis» verurteile. Und dennoch schrieb er: «Der entscheidende Grund für das Vordringen der bürokratischen Organisation war von jeher ihre rein technische Überlegenheit über jede andere Form.»

Das ist kein schönes Bild, und damit möchten wir auch nicht schließen.[169]

Vielmehr hoffen wir, dass Sie im sogenannten Gelassenheitsgebet, das dem Theologen Reinhold Niebuhr zugeschrieben wird, eine bessere Zusammenfassung unserer Botschaft erkennen:

Gott, gib mir die Gelassenheit, Dinge hinzunehmen, die ich nicht ändern kann,
den Mut, Dinge zu ändern, die ich ändern kann,
und die Weisheit, das eine vom anderen zu unterscheiden.

Wir hoffen, dass wir Ihnen einen Einblick in die Abwägungen vermitteln konnten, vor denen Organisationen stehen, wenn sie wachsen und sich entwickeln – und die Gelassenheit, Dinge hinzunehmen, die sich an Organisationen nicht ändern lassen, den Mut, Dinge zu ändern, die Sie ändern können, und die Weisheit, das eine vom anderen zu unterscheiden.

Danksagung

Ray Fisman
Zuallererst danke ich meinem Koautor. Die Arbeit an diesem Buch war eine Fallstudie über Teamproduktion: Durch eine sehr glückliche und produktive Kooperation wurde der Prozess tatsächlich mehr als die Summe seiner Teile.

Danken möchte ich außerdem den vielen Angehörigen meiner – engeren wie weiteren – Familie, die sich geduldig unausgegorene Gedanken über die Ökonomie von Organisationen angehört haben.

Tim Sullivan
Die alte Spruchweisheit, dass man ein Buch nie alleine schreibt, ist in diesem Fall doppelt wahr. Zunächst möchte ich Ray für seine Zeit, Geduld, Sachkenntnis und Freundschaft danken.

Auch meiner Familie möchte ich danken, besonders meiner Frau Wendy, die mich während des Schreibens mit ihrer guten Laune, Liebenswürdigkeit und ihrem Verständnis unterstützt hat, auch wenn mein eigenes Verhalten zu wünschen übrig ließ.

Gemeinsam möchten wir den folgenden Menschen danken, die das Manuskript ganz oder teilweise gelesen und kommentiert haben beziehungsweise zu Interviews für das Buch oder zu Diskussionen über die darin entwickelten Gedanken bereit waren:

Nick Bloom, Glenn Carroll, David del Ser, Seth Ditchik, Stephen Dutton, Roz Engle, Todd Fitch, Carola Frydman, Joshua Gans, Luis Garicano, Karen Gennette, Bob Gibbons, Jimmy Guterman, Jay Hartzell, Tom Hubbard, Matt Kahn, Emir Kamenica, Jeff Kehoe, Scott Kominers, Oberstleutnant David Lyle, Preston McAfee, Henry Mintzberg, Gardiner Morse, Peter Moskos, Chris Parsons, Oberst Jeffrey Peterson, Andrea Prat, Canice Prendergast, Jan Rivkin, Raffaella Sadun, Oberstleutnant Reid Sawyer, Kendall Sullivan, Scot Sullivan, Scott Urban, John Van Reenen, Ted Weinstein, Ania Wieckowski, Julie Wulf sowie den Teilnehmern des Org Econ Lunchtime Seminar am MIT.

Besonders danken wir Wouter Dessein, der uns mit seiner Zeit und Sachkenntnis großzügig dabei geholfen hat, uns in den gewaltigen Mengen akademischer Literatur über Organisationsökonomie zurechtzufinden, und der viele hervorragende Ideen für die Verbindung von Theorie mit praktischen Beispielen hatte. Wir haben in diesem Buch so viele Ideen von ihm verwendet, dass ihm vermutlich ein Drittel der Tantiemen zusteht.

Und schließlich gilt unser Dank Jay Mandel, unserem Agenten, und Jonathan Karp, der zuerst Interesse an dem Vorschlag bekundete. Unser Lektor und Verleger Cary Goldt und sein Team beim Verlag Twelve haben Unvergleichliches geleistet.

Anmerkungen

1 Zu Arbeitszeiten, vgl. U.S. Bureau of Labor Statistics American Time Use Survey. Zum «Arbeitsgatten»: en.wikipedia.org/wiki/Work_spouse (zuletzt abgerufen am 30.10.2013). Die Zahl von 65 Prozent stammt aus einer Umfrage von Captivate Office Pulse (officepulse.captivate.com/workspouse, zuletzt abgerufen am 30.10.2013). Einen Überblick über das Konzept des «Arbeitsgatten» bietet Timothy Noah, «Prexy Sks Wrk Wf», Slate, 17.11.2004.

2 In der simplen Blackbox-Ökonomie, mit der Wirtschaftswissenschaftler die gesamte Welt zu erfassen versuchten, handelte es sich bei den Outputs meistens um Dinge wie «Mais» und «Traktoren» – also um Nahrungsmittel für die Arbeiter und um neues Kapital als Ersatz für alte und kaputte Maschinen –, die den sie hervorbringenden agroindustriellen Komplex am Laufen hielten. Auf diese Weise erschien die Welt als ein positiver Kreislauf von Produktion und Konsumtion, die zu noch mehr Produktion führte.

3 In voller Länge ist die traurige Geschichte auf Curtis' Webseite nachzulesen: www.dustincurtis.com/dear_american_airlines.html (zuletzt abgerufen am 17.10.2013).

4 Stephen Meyer, «Efforts at Americanization in the Industrial Workplace, 1914-1921», in: John Gjerde (Hg.), Major Problems in American Immigration and Ethnic History, New York 1998. Daniel Raff, «Wage Determination Theory and the Five-Dollar Day at Ford», in: The Journal of Economic History, Jg. 48, Heft 2 (Juni 1988), S. 387-399. Raff zufolge bietet das Konzept des Effizienzlohns keine ausreichende Erklärung für den Fünf-Dollar-Tag, dessen wirklicher Grund Fords Angst vor kollektivem Widerstand der Arbeiter gewesen sei – Ford habe sich «Frieden erkauft».

5 3M, der Hersteller von selbstklebenden Notizzetteln, scheint eine solche Regelung als erstes Unternehmen eingeführt zu haben; 1948 gab es Mitarbeitern 15 Prozent Zeit zur freien Verfügung (http://www.fastcodesign.com/1663137/how-3m-gave-everyone-days-off-and-created-an-innovation-dynamo, zuletzt abgerufen am 17.10.2013). Googles wichtiger strategischer Schachzug, mit Google+ in das Social Networking einzusteigen, um mit Seiten wie Facebook zu konkurrieren, war interessanterweise eine Initiative von oben, nicht von den Mitarbeitern.

6 Der Kreislauf hält an. Nun, da Facebook ein milliardenschweres börsennotiertes Unternehmen ist, muss es seine Mitarbeiter selbst gegen neue Start-ups verteidigen, die mit potenziell unermesslich wertvollen Aktienpaketen locken – ganz zu schweigen von der Aussicht auf Freiheit von bürokratischer Gängelung.

7 Michael Arrington hat auf TechCrunch eine Reihe von Artikeln über das Problem der Wilderei geschrieben, darunter «Google Making Extraordinary Counteroffers To Stop Flow Of Employees To Facebook» (http://techcrunch.com/2010/09/01/google-making-extraordinary-counteroffers-to-stop-flow-of-employees-to-facebook/, zuletzt abgerufen am 17.10.2013). Die Geschichte des ehemaligen Apple-Informatikers, der von Google entlassen wurde, stammt von Gawker (http://gawker.com/5696695/google-fired-an-

apple-legend-for-leaking-internal-memo, zuletzt abgerufen am 17.10.2013). Dass Facebook offenbar die Schlacht um die Talente in Silicon Valley gewinnt, zeigt eine Grafik unter www.ritholtz.com/blog/2011/10/the-biggest-talent-losers-and-winners(zuletzt abgerufen am 30.10.2013).

8 Ein einfaches Gestell von Urban Spectacles kostete anfangs 450 Dollar, seitdem wurde der Preis jedes Jahr um rund 100 Dollar erhöht. Und falls Sie Zweifel daran haben, dass die Brillen tatsächlich so umwerfend sind: Ray Fisman besitzt zwei Paare, die hübsche junge Frauen in Manhattan immer wieder zu bewundernden Äußerungen hinreißen.

9 Vielleicht ist es ausgleichende Gerechtigkeit, dass sich Urbans Hund Herb bei Ray Fismans Besuch in der Kellerwerkstatt von Urban Spectacles daran machte, an dessen neu gekauftem Blazer von Barneys herumzukauen.

10 Das heißt nicht, dass sie immer alles richtig gemacht haben. Packard berichtet in seiner Autobiografie Die Hewlett-Packard-Story (Frankfurt a.M./New York 1996), der Preis ihres ersten Produkts, eines Tongenerators, sei zu niedrig gewesen, sodass sie anfangs mit jedem verkauften Exemplar Verlust machten. Die Geschichte von HP ist schon viele Male erzählt worden. Wir stützen uns unter anderem auf Michael Malone, Bill and Dave. How Hewlett and Packard Built the World's Greatest Company, New York 2007.

11 Die Formulierung «Führen durch Ziele» wurde 1954 von dem Management-Guru Peter Drucker geprägt. Vgl. auf Deutsch: Peter Drucker, Praxis des Managements. Ein Leitfaden für die Führungsaufgaben in der modernen Wirtschaft, Düsseldorf 1956.

12 Peter Burrows, «Hewlett & Packard: Architects Of The Info Age», Business Week, 29.3.2004 (http://www.businessweek.com/magazine/content/04_13/b3876054.htm, zuletzt abgerufen am 17.10.2013).

13 Andrew Pollack, «Hewlett's Consummate Strategist», New York Times, 10.3.1992 (http://www.nytimes.com/1992/03/10/business/hewlett-s-consummate-strategist.html?src=pm, zuletzt abgerufen am 17.10.2013).

14 Alex Dobuzinskis, «Fiorina, Hurd: No Practitioners of ‹The HP Way›?», The Globe and Mail, 9.8.2010 (http://theglobeandmail.com/news/technology/fiorina-hurd-no-practitioners-of-the-hp-way/article1666530/, zuletzt abgerufen am 17.10.2013).

15 Bob Evans, «Global CIO: In Praise of Mark Hurd's 9,000 Layoffs At Hewlett-Packard», Information Week, 2.6.2010.

16 Harold Demsetz, Ownership, Control, and the Firm, zit. n. der Nobelpreisrede von Ronald Coase im Jahr 1991 (http://www.nobelprize.org/nobel_prizes/economics/laureates/1991/coase-lecture.html, zuletzt abgerufen am 17.10.2013.)

17 De facto treffen sich an der Chicagoer Handelsbörse vor allem Händler, die auf die zukünftigen Preise von Kupfer, Weizen und Bauchspeck spekulieren. Die eigentlichen Hersteller und Käufer der Waren haben bereits sogenannte «Futures» – Terminkontrakte – unterzeichnet, in denen festgelegt wird, wie viel sie für ihren Output bekommen und für ihre Inputs bezahlen werden. Das Risiko zukünftiger Preisschwankungen wird auf diese Weise an Spekulanten weitergereicht, die ausschließlich Handelsgeschäfte treiben, ohne je ein materielles Produkt herzustellen oder zu verbrauchen.

18 Eric K. Clemons/Il-Horn Hann/Lorin M. Hitt, «Price Dispersion and Differentiation in Online Travel: An Empirical Investigation», Management & Science, Jg. 48, Heft 4 (April 2002), S. 534-549.

19 Coase' Einsichten wurden allerdings von Organisationstheoretikern aufgegriffen, und die Arbeiten von Richard Cyert, James March und Herbert Simon bereiteten den Boden für die nächste Welle der Organisationsökonomie, die in diesem Buch im Mittelpunkt stehen wird. Dass wir sie an dieser Stelle übergehen, ist keine Geringschätzung ihrer Beiträge. Auch das Verfassen eines Buchs erfordert eine Abwägung – zwischen Knappheit und Vollständigkeit.

20 Damit trat Moskos insbesondere in die Fußstapfen von John Van Maanen, Professor am Massachusetts Institute of Technology, der in den 1960er-Jahren Polizisten in Seattle bei der Ausbildung und auf Streife begleitet hatte.

21 Daniel trat bereits nach wenigen Monaten wieder zurück, und beim Amtsantritt seines Nachfolgers gerieten Moskos' mögliche Hintergedanken in Vergessenheit. Vgl. Moskos, Cop in the Hood, Princeton 2008. Unsere Darstellung folgt diesem Buch und Interviews mit Moskos.

22 2009 verzeichnete Baltimore eine Mordrate, die zu den fünf höchsten unter amerikanischen Städten mit mehr als 250 000 Einwohnern zählte – ähnlich wie zu dem Zeitpunkt, als sich Moskos an der Polizeiakademie einschrieb.

23 Vgl. hierzu Steven Kerrs klassischen – und unterhaltsamen – Aufsatz «On the Folly of Rewarding A, while Hoping for B», Academy of Management Journal, Jg. 18 (1975), S. 769–783.

24 Kürzlich gelang es der Polizei von Baltimore, die Zahl der Festnahmen zu halbieren und gleichzeitig die Mordrate zu senken – eine beeindruckende Leistung.

25 Jason Hibbs, «Firefighters Watch as Home Burns to the Ground», WPSD News, 29.9.2010 (http://www.wpsdlocal6.com/news/local/Firefighters-watch-as-home-burns-to-the-ground-104052668.html, zuletzt abgerufen am 17.10.2013).

26 «Factories: Disassembling the Line», Time, 7.1.1972 (http://www.time.com/time/magazine/article/0,9171,877659,00.html, zuletzt abgerufen am 17.10.2013).

27 Teamarbeit ermöglicht den einzelnen Gruppen auch Selbstverwaltung und Innovationen, da sie so selbst Ideen zur Produktionssteigerung entwickeln können. Der Arbeiter am Fließband sieht nur einen bestimmten Schritt in der Produktionskette und kann sich daher nur schwer Gedanken darüber machen, wie man die Abläufe durch eine Umorganisation des Gesamtprozesses beschleunigen könnte. In der Fließbandfertigung werden Innovationen deshalb von Topmanagern vorangetrieben, die aber aufgrund ihrer Entfernung von der Realität in der Fabrikhalle möglicherweise keinen Blick für die optimalen Lösungen haben.

28 Timothy Tyler, «Where the Auto Reigns Supreme», Time, 3.4.1972.

29 Brian Jacob/Lars Lefgren/Enrico Moretti, «The Dynamics of Criminal Behavior. Evidence from Weather Shocks», NBER Working Paper Nr. 10739, September 2004 (http://www.nber.org/papers/w10739, zuletzt abgerufen am 17.10.2013).

30 Gretchen Morgenson, «Was There a Loan It Didn't Like?», New York Times, 1.11.2008 (http://www.nytimes.com/2008/11/02/business/02gret.html?partner=rssuserland&emc=rss&pagewanted=all, zuletzt abgerufen am 17.10.2013).

31 Pierre Thomas/Lauren Pearle, «WaMu Insiders Claim Execs Ignored Warnings, Encouraged Reckless Lending», Nightline/ABC News, 13.10.2008 (http://abcnews.go.com/TheLaw/story?id=6021608&page=1, zuletzt abgerufen am 17.10.2013).

32 Analog hierzu schickt die Baumarktkette Home Depot ihre Manager im orangenen Kittel zur Arbeit in die Filialen. Auch die Reality-Show Undercover Boss zeigt Topmanager von Fortune-500-Unternehmen, die sich als einfache Arbeiter abmühen müssen. Zu Kayak: «The Way I Work: Paul English of Kayak», Inc., 1.2.2010 (http://www.inc.com/magazine/20100201/the-way-i-work-paul-english-of-kayak.html, zuletzt abgerufen am 17.10.2013); Robert Levine, «The Success of Kayak.com», Fast Company, 1.9.2008 (http://www.fastcompany.com/magazine/128/globe-trotter.html, zuletzt abgerufen am 17.10.2013).

33 Im Magazin PC World hieß es 1997: «Nachschlagewerke auf CD-ROM sind den Druckversionen derart überlegen, dass es einem fast leidtun kann. Wer kauft schon für 800 Dollar ein 200 Kilo schweres 12-bändiges Monstrum von Buch, wenn er für 70 Dollar die ungekürzte Multimedia-Version auf zwei CDs bekommen kann?» Und dann kam das Internet. Die Encylopaedia Britannica stellte ihre Druckversion im Frühjahr 2012 ein.

34 Lauren Dell, «The Perks of Working at Google, Facebook, Twitter and More», Mashable, 17.10.2011 (http://mashable.com/2011/10/17/google-facebook-twitter-linkedin-perks-infographic/, zuletzt abgerufen am 17.10.2013).

35 Frances Frei/Corey Hajim, «Commerce Bank» (HBS Case 603-080); «Four Things a Service Company Must Get Right», Harvard Business Review, April 2008.

36 Wir folgen hier in starker Vereinfachung Michael Spences Studien über Signale auf Arbeitsmärkten, für die er 2001 den Wirtschaftsnobelpreis erhielt.

37 Tony Hsieh, Delivering Happiness. A Path to Profits, Passion, and Purpose, New York 2010.

38 Das war schon in den 1970er-Jahren so, als Joseph Wambaugh sehr realitätsnahe Krimis über das LAPD schrieb, die zugleich komisch und schockierend waren. Vgl. etwa Die Chorknaben, München 1984.

39 Die endlos wiederholte Geschichte, Luther habe seine Thesen an das Kirchentor angeschlagen, ist leider zweifelhaft.

40 Der Ablasshandel hatte eine lange Geschichte in der Kirche, die ihn unter ihre Doktrin der vom Gläubigen zu vollbringenden «guten Werke» fasste. Doch bereits unter einer aufgeklärteren Führung waren dabei die Probleme aufgetreten, die in jeder Verkaufsabteilung auftreten können. 1215 zum Beispiel hatte die Kirchenführung eine Ermahnung an die Ablasshändler herausgegeben, sich nicht in Tavernen aufzuhalten oder ihre Spesen anderweitig in die Höhe zu treiben. Unter Papst Leo jedoch wurde der Ablasshandel vollends korrupt. Sein oberster Ablassprediger in Deutschland, der Dominikanermönch Johann Tetzer, warb mit dem Verkaufsspruch «Wenn das Geld im Kasten klingt, die Seele in den Himmel springt». Da klingelten die Kassen!

41 United Methodist Church, «Mission and Ministry» (http://www.umc.org/site/c.lwL4KnN1LtH/b.2295473/k.7034/Mission_and_Ministry.htm, zuletzt abgerufen am 17.10.2013).

42 Diese Überlegung verdanken wir Jay Hartzell.

43 Tammy Baker verlor nie den Glauben oder ihre kapitalistischen Impulse; mit einem Buchvertrag und einer eigenen Fernsehsendung setzte sie ihre Berühmtheit bis zu ihrem Tod 2007 in klingende Münze um. Jim Baker setzte nach einer schwierigen Phase im Gefolge des Zusammenbruchs von PTL seine Fernsehkarriere fort.

44 United Methodist Church, «Structure and Organization: Governance».
45 The Book of Discipline of the United Methodist Church, Nashville 2009, Abschnitt 258.2.
46 An der ersten Studie wirkte Ray Fisman mit.
47 Das war der gut gemeinte Gedanke des sogenannten «Church Growth Movement», laut William Chadwick (Stealing Sheep, Westmont, IL, 2001) erstmals Mitte der 1950er-Jahre von dem Missionar Donald McGavran formuliert.
48 Chadwick, Stealing Sheep.
49 Leonard Sayles, «Matrix Management: The Structure with a Future», Organizational Dynamics, Jg. 5, Heft 2 (Herbst 1976), S. 2.
50 John Keegan, Die Kultur des Krieges, Berlin 1995.
51 Alfred D. Chandler, «The Railroads and the Beginnings of Modern Management», Harvard Business School Case, 1995.
52 Ausführlich dokumentiert ist das Missgeschick der Fallschirmspringer am D-Day in Stephen Ambrose, Band of Brothers, New York 2001, dem wir hier folgen.
53 Dieser Ausspruch wird in unterschiedlichen Formulierungen zitiert. Diese Version stammt aus Stephen Ambrose, D-Day, New York 1994.
54 Colonel John T. Carney Jr., No Room for Error. The Covert Operations of America's Special Tactics Units from Iran to Afghanistan, New York 2002.
55 Die vollständige Geschichte des Helikopterabschusses hat Scott Snook, Oberst im Ruhestand und heute Professor an der Harvard Business School, fesselnd geschildert: Friendly Fire. The Accidental Shootdown of U.S. Black Hawks over Northern Iraq, Princeton 2002.
56 John F. Love, McDonald's: Behind the Arches, New York 1986 (gekürzte dt. Fassung: Die McDonald's Story. Anatomie eines Welterfolgs, München 1988).
57 Best Global Brands 2011, Interbrand (http://www.interbrand.com/de/best-global-brands/previous-years/Best-Global-Brands-2011-report.aspx, zuletzt abgerufen am 17.10.2013).
58 Edward Jay Epstein, The Big Picture: The New Logic of Power and Money in Hollywood, New York 2000. Uns war gar nicht klar, dass in dem Film Witze vorkommen, oder sofern doch, dass sie zum Image von Disney passen könnten.
59 Da der Betrieb in Russland nun läuft, hat McDonald's Teile des vertikal integrierten Unternehmens dort inzwischen verkauft. Andrew E. Kramer, «Russia's Evolution, Seen Through Golden Arches», New York Times, 1.2. 2010 (http://www.nytimes.com/2010/02/02/business/global/02mcdonalds.html, zuletzt abgerufen am 17.10.2013).
60 John Cloud, «In Defense of Applebee's», Time Magazine, 25.7.2006 (http://www.time.com/time/nation/article/0,8599,1218911,00.html, zuletzt abgerufen am 17.10.2013).
61 Nicht immer trägt der Vorschlagsbriefkasten Früchte: Nach der Operation Overlord schlugen Fallschirmspringer vor, alle Piloten zum Absprung aus einem Flugzeug bei 240 Stundenkilometer zu zwingen, damit sie mal sehen, wie das ist.
62 Allgemeine Hintergrundinformationen bieten Love, Die McDonald's Story, und Clayton Christensen, «Innovation: A Happy Meal For McDonald's», Forbes, 26.10.2007 (http://www.forbes.com/2007/08/31/christensen-innovation-mcdonalds-pf-guru_in_cc_0904christensen_inl.html, zuletzt abgerufen am 17.10.2013).

63 Aufgrund erschöpfter Vorkommen ersetzte McDonald's den Kabeljau in den 1990er-Jahren zunächst durch Seehecht, und kürzlich, als dessen Bestände ebenfalls schrumpften, durch Alaska-Seelachs.
64 Tim Hindle, «Survey: The Company: The New Organization», The Economist, 19.1.2006.
65 Dieser Ansicht war neben anderen auch Joseph Schumpeter, ein Ökonom der ersten Hälfte des 20. Jahrhunderts, der aufgrund seiner Arbeiten über Innovation zumindest bei anderen Ökonomen Kultstatus genießt. Schumpeter ist vor allem für den Begriff der «schöpferischen Zerstörung» bekannt, der sich auf die anhaltenden Wellen unternehmerischer Innovationen bezieht, durch die größere, ältere und weniger profitable Unternehmen beständig verdrängt werden. Allerdings wies Schumpeter auch darauf hin, dass gerade diese überdimensionierten Dinosaurier viele technische Innovationen hervorbringen, da sie diejenigen sind, die reichlich Geld für Forschung und Entwicklung besitzen, und weil die Angst, durch Start-ups verdrängt zu werden, sie dazu zwingt.
66 Stephen Ambrose, Duty, Honor, Country. A History of West Point, Baltimore 1999.
67 David Cloud und Greg Jaffe behaupten in The Fourth Star: Four Generals and the Epic Struggle for the Future of the United States Army (New York 2009) für das Jahr 2009, ein Viertel der Vier-Sterne-Generäle habe früher an der sozialwissenschaftlichen Fakultät der Akademie gelehrt. Dass ein Viertel von ihnen überhaupt in West Point gelehrt hat, dürfte der Wahrheit näher kommen.
68 Bei Drucklegung hatte Sawyer West Point verlassen. Unsere Darstellung stützt sich auf Gespräche mit ihm im März 2010.
69 So äußerte er sich gegenüber Wesley Morgan, einem aufstrebenden Princeton-Studenten und Kadetten des Reserve Officers Training Corps, der seine Sommersemesterferien bei den US-Streitkräften im Irak verbrachte.
70 McKinsey verzichtete auf eine Beteiligung an der Studie, was vielleicht nicht überrascht. Denn welches Signal an die Kunden wäre es gewesen, wenn die Implementierung der McKinsey-Managementphilosophie keinen Effekt gehabt oder, schlimmer noch, die Gewinne der Baumwollwebereien sogar verringert hätte? Auch die Kosten mögen das Unternehmen abgeschreckt haben. Sämtliches Material für die Studien findet sich unter www.worldmanagementsurvey.org. Zur Studie über Management in Indien, vgl. Benn Eifert/David McKenzie/Aprajit Mahajan/John Roberts, «Does Management Matter: Evidence from India», Stanford University Working Paper, 2012. Zur ursprünglichen länderübergreifenden Untersuchung von Managementpraktiken: Nick Bloom/John van Reenen, «Measuring and Explaining Management Practices Across Firms and Countries», Quarterly Journal of Economics, Jg. 122, Heft 4 (2007), S.1351-1408.
71 Die übrigen acht Fabriken gehörten zu denselben Unternehmen wie die ersten vierzehn. An ihnen sollte überprüft werden, ob sich «gute» Managementpraktiken innerhalb von Unternehmen verallgemeinern.
72 Einige der Fotos sind im hinteren Teil der Studie abgedruckt.
73 Eine neuere Untersuchung von Forschern des MIT, der Yale University und der Weltbank spricht dafür, dass sich die Verbesserung des Managements für kleinere Firmen sogar noch stärker auszahlt. In der Studie von 2012, bei der kleinere und mittelgroße mexikanische Unternehmen (durchschnittliche Zahl der Beschäftigten: 14) Beratungs-

leistungen im Wert von 11 000 Dollar erhielten, gelangen die Autoren zu dem Ergebnis, dass sich die Beraterkosten bereits binnen eines Monats durch den Zusatzgewinn amortisiert hätten. Miriam Bruhn/Dean Karlan/Antoinette Schoar, «The Impact of Consulting Services on Small and Medium Enterprises: Evidence from a Randomized Trial in Mexico», Yale Economics Department Working Paper No. 100, Yale University Economics Growth Center Discussion Paper No. 1010.

74 Der Begriff «Erfahrungskurve» wurde in den späten 1960er-Jahren von Bruce Henderson, Gründer der Boston Consulting Group, entwickelt.

75 Selbst wenn er den Manager auf frischer Tat erwischen würde, wären die Aussichten rechtlicher Schritte begrenzt. Wie Bloom u.a. anmerken, mangelt es Indien noch stärker an Richtern als an Managern.

76 Alfred D. Chandler, The Visible Hand. The Managerial Revolution in American Business, Cambridge 1977. Vgl. auch Steven W. Usselman, «Still Visible. Alfred D. Chandler's The Visible Hand», Technology and Culture, Jg. 47, Heft 3 (Juli 2006), und den Nachruf auf Chandler in The Economist, 17.5.2007.

77 Das «D» in Alfred D. Chandler steht für DuPont. Seine familiären Beziehungen erleichterten es ihm zweifellos, die Praktiken führender amerikanischer Unternehmen zu dokumentieren, nicht zuletzt von GM, das in der Ära Sloan zu großen Teilen im Besitz der Familie DuPont war.

78 Michael Lewis, «The New Organization Man», Slate, 30.10.1997 (www.slate.com/articles/arts/millionerds/1997/10/the_new_organization_man.html, zuletzt abgerufen am 30.10.2013).

79 Roy Radner, «Hierarchy: The Economics of Managing», Journal of Economic Literature, Jg. 30, Heft 3 (September 1992), S. 1382-1415.

80 Obwohl über den Bedarf an professionellen Managern allgemein Einigkeit bestand, konnte sich der MBA-Studiengang erst mehrere Jahrzehnte nach der Gründung der Harvard Business School wirklich etablieren. Und was eine professionelle Managementausbildung jenseits von Buchhaltung, Arithmetik und Handschrift ausmacht, war – und ist – durchaus umstritten. Einen detaillierten Überblick über die Geschichte dieses Ausbildungszweigs, in dem auch die Hochschule mit einer Abteilung für Höhere Schreibkunst erwähnt wird, bietet Carter Daniel, MBA. The First Century, Lewisburg 1998.

81 Zit. n. Luis Garicano/Esteban Rossi-Hansberg, «Organization and Inequality in a Knowledge Economy», Quarterly Journal of Economics, Jg. 121, Heft 4(2006).

82 Guido Friebel/Michael Raith, «Abuse of Authority and Hierarchical Communication», RAND Journal of Economics, Jg. 35, Heft 2 (Sommer 2004), S. 224-244.

83 Viele Unternehmen geben potenziellen Führungskräften durch Rotationsmodelle im Management die Möglichkeit, zunächst festzustellen, ob sie dafür geeignet sind, bevor sie tatsächlich befördert werden.

84 Das Zufallsprinzip macht es unwahrscheinlich, dass die beste Person befördert wird, die folglich weiterhin ihre bisherigen Aufgaben erfüllt und so für anhaltende Effizienz sorgt. Da man ohnehin nicht im Voraus wissen kann, ob sich jemand für einen höheren Posten eignet, ist das Zufallsprinzip auch nicht schlechter als andere Verfahren. Alessandro Pluchino/Andrea Rapisarda/Cesare Garofalo, «The Peter Principle Revisited: A Computational Study», Physica A 389, Heft 3 (Februar 2010), S. 467-472.

85 Ausführlicher zu «Project Oxygen»: Adam Bryant, «Google's Quest to Build a Better Boss», New York Times, 12.3.2011 (www.nytimes.com/2011/03/13/business/13hire.html, zuletzt abgerufen am 30.10.2013).
86 Warum Manager keine bösen Menschen sind, erklärt er in einer Serie: www.randsinrepose.com/archives/2006/02/17/managers_are_not_evil_pt_1.html, zuletzt abgerufen am 30.10.2013. Rands, auch als Michael Loop bekannt, hat auch ein Buch geschrieben: Managing Humans. Biting and Humorous Tales of a Software Engineering Manager, New York 2007.
87 «Maker's Schedule, Manager's Schedule», Beitrag auf Grahams Blog: www.paulgraham.com/makersschedule.html, zuletzt abgerufen am 30.10.2013.
88 IFC Advisory Services in East Asia and the Pacific, «Supervisory Skills Training in the Cambodian Garment Industry: A Randomized Impact Evaluation», IFC Working Paper, 2009 (http://betterfactories.org/?p=3099, zuletzt abgerufen am 15.9.2013).
89 Es sind nicht immer die anderen, die sich falsch verhalten – das denken wir nur. In: Denken hilft zwar, nützt aber nichts (München 2008) beschreibt der Psychologe Dan Ariely von der Duke University ein Experiment, bei dem die Teilnehmer für die richtige Lösung von Rechenaufgaben bezahlt wurden. Die Antworten der Kontrollgruppe wurden vom Versuchsleiter bewertet. In der anderen Gruppe durften die Teilnehmer selbst angeben, wie viele Aufgaben sie richtig gelöst hatten – sie konnten also lügen, um mehr Belohnung zu bekommen. Wie kaum überrascht, hatten sie ihren eigenen Angaben zufolge dann auch mehr Aufgaben richtig gelöst als die Kontrollgruppe. Interessanterweise schummelten sie viel mehr, wenn sie später in Dollar umtauschbare Chips bekamen, als wenn sie direkt in Dollar bezahlt wurden. Ariely sieht darin eine hilfreiche Metapher dafür, wie bedenkenlos wir alle einen Bleistift oder Kopierpapier im Büro mitgehen lassen, während viele von uns niemals Geld aus der Kasse stehlen würden.
90 Rakesh Khurana, Searching for a Corporate Savior: The Irrational Quest for Charismatic CEOs, Princeton 2002.
91 Das «Industrial» wurde aus dem Namen der MIT-Managementschule längst gestrichen, die heute in einem von Frank Gehry entworfenen, 142 Millionen Dollar teuren ultramodernen Gebäude mit Blick auf den Charles River in Cambridge, Massachusetts, untergebracht ist.
92 Da es sich um längere Sitzungen handelte, nahmen sie natürlich weit mehr als 10 Prozent der Arbeitszeit der Manager ein.
93 Rosanne Badowski (mit Roger Gittines), Managing Up. How to Forge an Effective Relationship with Those Above You, New York 2003.
94 Aus diesem Grund hat Mintzberg erklärtermaßen Vorbehalte gegen studierte Manager: Sie können aus seiner Sicht nicht entscheiden, welche Informationen wirklich relevant sind.
95 Der Informationsfluss durch Hierarchien wurde, neben anderen, von dem führenden Organisationsökonomen Luis Garicano eingehend studiert: «Hierarchies and the Organization of Knowledge in Production», Journal of Political Economy, Jg. 108, Heft 5 (2000).
96 Michael E. Porter/Nitin Nohria, «The CEO's Role in Large, Complex Organizations», in: Nitin Nohria/Rakesh Khurana (Hg.), Handbook of Leadership Theory and Practice, Boston 2010.

97 Beide Formulierungen stammen aus der Vorrede von P&G-Vorstandschef Robert McDonald's zum Jahresbericht 2010.
98 Auch hier lehnt sich Lafley an den viel gelesenen Essay eines früheren Management-Gurus – Ted Levitt von der HBS – an: «Marketing Myopia», zuerst in den 1960er-Jahren in der Harvard Business Review veröffentlicht.
99 Adam Lashinsky, «How Apple Works: Inside the World's Biggest Startup», Fortune, 23.5.2011.
100 Marianne Bertrand/Antoinette Schoar, «Managing with Style: The Effect of Managers on Firm Policies», Quarterly Journal of Economics, Jg. 118, Heft 4 (2003), S. 1169–1208.
101 Harrison bekam 590 000 Pfund Grundgehalt, einen Bonus von 1,04 Millionen und eine Bindungsprämie von 1,2 Millionen Pfund.
102 2011 bezog Mulally sogar ein Jahresgehalt von 34 Millionen Dollar, da Ford unter seiner Führung weiter Rekordgewinne erwirtschaftete. Zu Harrison: «EasyJet CEO: Because I'm Worth It», Wall Street Journal, 19.2.2010 (http://blogs.wsj.com/source/2010/02/19/easyjet-ceo-because-im-worth-it/, zuletzt abgerufen am 29.9.2013).
103 Kartenzählen bedeutet, die vom Stapel (oder den Stapeln) ausgegebenen Karten zu verfolgen und so höhere Gewinnchancen zu erreichen. Bei Black Jack zum Beispiel, wo das Ziel darin besteht, mit zwei oder mehr Karten möglichst nahe an 21 Punkte, aber nicht darüber, zu kommen, ist es für einen Spieler mit 19 Punkten auf der Hand ein enormer Vorteil zu wissen, wie viele Zweier bereits gespielt wurden. Um die Wirksamkeit des Kartenzählens zu begrenzen, werden in den Casinos von Las Vegas mehrere Stapel gleichzeitig verwendet und außerdem nicht vollständig verteilt.
104 Allerdings sind die Casinos dabei weniger wachsam, als man meinen könnte. Vgl. Andrew Rosenblum, «Why Baccarat, the Game of Princes and Spies, Has Become a Target for High-Tech Cheaters», PopSci, 11.8.2011 (http://www.popsci.com/technology/article/2011-08/baccarat-101-why-high-rolling-game-princes-and-spies-has-become-target-high-tech-cheaters, zuletzt abgerufen am 29.9.2013).
105 Die immense Profitabilität des Kartenzählens allein garantiert dem Kartenzähler noch keinen hohen Lohn. Wäre es leicht, bei Black Jack zu gewinnen, würde die Konkurrenz unter den Kartenzählern rasch ihren Gewinnanteil sinken lassen, da sie sich gegenseitig unterbieten würden, um von einem der relativ wenigen Finanziers angeheuert zu werden. Wenn die nächstbeste Alternative für solche Spieler zum Beispiel darin bestünde, Burger zu braten, würden sie nicht viel mehr als den Mindestlohn verdienen. Die Tatsache, dass der Vorstandschef von McDonald's das Tausendfache dessen bekommt, impliziert, dass wirklich exzellente Manager, die die Profitabilität eines milliardenschweren Unternehmens auch nur geringfügig steigern können, seltener sind als Unternehmen, die solche Manager suchen. Anders formuliert: Es gibt nicht genügend Management-Superstars. Das geht aus Artikeln wie diesem Loblied in Fortune auf den derzeitigen Superstar an der Spitze von McDonald's eindeutig hervor: Beth Kowitt, «Why McDonald's Wins in Any Economy», Fortune, 23.8.2011 (http://management.fortune.cnn.com/2011/08/23/why-mcdonalds-wins-in-any-economy/, zuletzt abgerufen am 29.10.2013).
106 Deshalb schadet laut einer Studie von 2012 ein Krankenhausaufenthalt des Vorstandschefs dem Gewinn, während dies bei anderen hochrangigen Managern keine messbare

Auswirkung hat: Morton Bennedsen/Francisco Pérez-González/Daniel Wolfenzon, «Evaluating the Impact of The Boss: Evidence from CEO Hospitalization Events» (http://www.stanford.edu/~fperezg/valueboss.pdf, zuletzt abgerufen am 29.10.2013).

107 Sherwin Rosen, «The Economics of Superstars», The American Economic Review, Jg. 71, Heft 5 (Dezember 1981), S. 845–858. Selbst Starmanager, die tatsächlich ihr Geld wert sind, laufen Gefahr, ihre eigentlichen Aufgaben aus dem Blick zu verlieren, da sich ihnen durch Berühmtheit und mediale Aufmerksamkeit neue Chancen etwa als Buchautoren und in anderen Unternehmensvorständen eröffnen. Das meinen zumindest die Professoren für Finanzwesen Ulrike Malmendier (Berkeley) und Geoff Tate (University of California Los Angeles), die sich eingehend damit befasst haben, was aus Topmanagern wird, die von ihrer eigenen Unfehlbarkeit etwas zu überzeugt sind. Dazu haben sie den Werdegang von Vorständen untersucht, die von Zeitschriften wie Forbes, Chief Executive und Business Week mit Auszeichnungen wie «Manager des Jahres» gekürt wurden. Das ist gut für den Manager – sein Gehalt steigt schneller als das anderer Vorstandsmitglieder, denen vermutlich ebenfalls Anerkennung für die verbesserte Leistung gebührt. Die betroffenen Unternehmen dagegen verzeichnen in den Jahren nach einer solchen Auszeichnung gemessen an der Bilanz der Zweitplatzierten einen Gewinnrückgang. Vgl. Ulrike Malmendier/Geoff Tate, «Superstar CEOs», Quarterly Journal of Economics, Jg. 124, Heft 4 (November 2009), S. 1593–1638.

108 So äußerte sich David Buik von BCG Partners, zit. n. Graeme Wearden, «BP Credit Rating Downgraded after Tony Hayward's Grilling by Congress», Guardian, 18.6.2010 (http://www.guardian.co.uk/business/2010/jun/18/bp-credit-rating-downgraded-oil-spill-hayward, zuletzt abgerufen am 29.9.2013).

109 W. Bruce Johnson/Robert P. Magee/Nandu J. Nagarajan/Harry A. Newman, «An Analysis of the Stock Price Reaction to Executive Deaths: Implications for the Managerial Labor Market», Journal of Accounting and Economics, Jg. 7, Heft 1–3 (1985), S. 151–174.

110 Francisco Pérez-González, «Inherited Control and Firm Performance», American Economic Review, Jg. 96, Heft 5 (Dezember 2006), S. 1559-1588. In einer ähnlichen Studie über Dänemark zeigt Pérez-González, dass Firmen beim Ausscheiden des Chefs schlechter abschneiden, wenn dessen ältestes Kind männlich ist. Als Grund dafür vermutet er, dass Firmen die Führung in solchen Fällen eher in der Familie belassen. Da das Geschlecht des erstgeborenen Kindes rein zufällig ist, lässt sich nur schwer argumentieren, dass dieses schlechtere Abschneiden auf unterschiedliche Managementstile in familiengeführten Unternehmen zurückzuführen ist.

111 Solche einflussreichen Aktionäre können allerdings auch Probleme mit sich bringen – die Familie Walton könnte mit ihrer Macht im Aufsichtsrat zum Beispiel einen geistig minderbemittelten Cousin zum Vorstandschef machen, nur damit er etwas zu tun hat, Gelder in die familieneigenen Wohltätigkeitsorganisationen umlenken oder darauf bestehen, dass die Walmart-Märkte zu überhöhten Preisen von ihren eigenen Baufirmen gebaut werden.

112 Louis Lavelle, «The Best and Worst Boards», Business Week, 7.10.2002 (http://www.businessweek.com/magazine/content/02_40/b3802001.htm, zuletzt abgerufen am 2.10.2013); John A. Byrne, «The Best and Worst Corporate Boards», Business Week,

24.1.2000 (http://www.businessweek.com/2000/00_04/b3665022.htm, zuletzt abgerufen am 2.10.2013).

113 Laut David Matsa und Amalia Miller waren 1997 nur 7,6 Prozent der Aufsichtsratsmitglieder von US-Konzernen Frauen. Bis 2009 stieg ihr Anteil auf 14,8 Prozent – die Gentlemen dominierten weiterhin. Vgl. David Matsa/Amalia Miller, «Chipping Away at the Glass Ceiling: Gender Spillovers in Corporate Leadership», American Economic Review P&P, Jg. 101, Heft 2 (Mai 2011), S. 635–639.

114 Kevin Hallock, «Reciprocally Interlocking Boards of Directors and Executive Compensation», Journal of Financial and Quantitative Analysis, Jg. 32 (1997), S. 331–344. The Corporate Library fand 2003 in einer Analyse heraus, dass im Jahr davor mehr als 1000 gefragte Manager in mindestens vier, 235 von ihnen sogar in mindestens sechs Aufsichtsräten saßen (The Corporate Library, «US Board and Director Interlocks in 2003«).

115 Brian Bell/John Van Reenen, «Firm Performance and Wages: Evidence from Across the Corporate Hierarchy», CEP Discussion Paper Nr. 1088, Mai 2012 (http://cep.lse.ac.uk/pubs/download/dp1088.pdf, zuletzt abgerufen am 2.10.2013).

116 Das heißt nicht, dass es in der Vergangenheit keine krassen Ausnahmefälle gegeben hätte. Als Rechtfertigung für die üppige Vergütung von Dick Grasso, Vorsitzender der Non-Profit-Organisation New York Stock Exchange, diente eine Vergleichsliste, auf der sich Finanzgiganten wie Citigroup und Wells Fargo, aber keine andere Börse oder Non-Profit-Organisation befanden. Michael Faulkender/Jun Yang, «Inside the Black Box: The Role and Composition of Compensation Peer Groups», Journal of Financial Economics, Jg. 96, Heft 2 (2010), S. 257–270; dies., «Is Disclosure an Effective Cleansing Mechanism? The Dynamics of Compensation Peer Benchmarking» (unveröffentlichtes Papier).

117 Thomas A. DiPrete/Gregory M. Eirich/Matthew Pittinsky, «Compensation Benchmarking, Leapfrogs, and the Surge in Executive Pay», American Journal of Sociology, Jg. 115, Heft 6 (Mai 2010), S. 1671–1712.

118 Angesichts der vielen Angreifer, die auf feindliche Übernahmen – gewöhnlich verbunden mit einem umfassenden Personalwechsel an der Spitze – aus waren, schien es sich für Unternehmenschefs zugleich nicht mehr zu lohnen, sich mit allen Einzelheiten ihres Unternehmens vertraut zu machen.

119 Es sei angemerkt, dass Jensen seine Ansichten inzwischen geändert hat.

120 Jesse Edgerton, «Agency Problems in Public Firms. Evidence from Corporate Jets in Leveraged Buyouts», Journal of Finance, Jg. 67, Heft 6 (Dezember 2012), S. 2187–2214; Raghuram G. Rajan/Julie Wulf, «Are Perks Purely Managerial Excess?», Journal of Financial Economics, Jg. 79 (2006), 1–33.

121 Einige Porträts solcher erfolgreichen Manager bietet Michael Lewis, The Big Short. Inside the Doomsday Machine, New York 2010.

122 Zitate aus «Traffic Change Drives Samoa into Turmoil», Television New Zealand, 25.3.2009 (http://tvnz.co.nz/world-news/traffic-change-drives-samoa-into-turmoil-2587483, zuletzt abgerufen am 2.10.2013); David Whitley, «Samoa Provokes Fury by Switching Sides of the Road», Telegraph (London), 3.7.2009 (http://www.telegraph.co.uk/motoring/news/5732906/Samoa-provokes-fury-by-switching-sides-of-the-road.html, zuletzt abgerufen am 3.10.2013).

123 Formaler definiert ist Organisationskultur «ein allgemeines soziales Verständnis, das unter den Mitgliedern der Organisation gemeinsame Annahmen und Ansichten über die Welt hervorbringt». Roberto A. Weber/Colin F. Camerer, «Cultural Conflict and Merger Failure: An Experimental Approach», Management Science, Jg. 49, Heft 4 (April 2003), 400–415.

124 Weber/Camerer, «Cultural Conflict and Merger Failure».

125 Vgl.http://www.straightdope.com/columns/read/634/why-do-the-british-drive-on-the-left sowie http://books.google.com.au/books?id=lyoDAAAAMBAJ&lpg=PA11&pg=PA37#v=onepage&q&f=false (beide zuletzt abgerufen am 6.10.2013). Einer weniger plausiblen Erklärung zufolge setzte sich der Rechtsverkehr im Großteil Europas durch die Französische Revolution durch. Demnach zwangen die mit Schwertern bewaffneten (und links reitenden Aristokraten) die Bauern auf die rechte Seite. Als die Revolution kam, hatte sich unter den Unterdrückten, die nun das Sagen hatten, also bereits der Rechtsverkehr als Norm etabliert. Die der Guillotine entgangenen Aristokraten wollten bloß nicht auffallen – also wechselten sie ebenfalls auf die rechte Seite. Den Rest erledigte Napoleon, der auf seinem Eroberungsfeldzug durch Europa den Rechtsverkehr durchsetzte, so auch in Deutschland, das ihn wiederum in Samoa einführte. Zumindest der letzte Teil dieser Geschichte stimmt. Das Standardwerk zum Thema ist offenbar Peter Kincaid, The Rule of the Road. An International Guide to History and Practice, Westport, CT, 1986.

126 Die Spieltheorie wurde auch ausgiebig für Strategien in wirklichen Spielen angewendet. Der Pokerstar Chris Ferguson – 2011 im Betrugsskandal um den Onlinepokerraum Full Tilt Poker angeklagt – brauchte für seine Promotion in Informatik auch aufgrund einer wachsenden Nebenbeschäftigung als Falschspieler dreizehn Jahre.

127 Robert Sutton, The No Asshole Rule: Building a Civilized Workplace and Surviving One that Isn't, New York 2007.

128 Ernst Fehr/Simon Gächtner, «Cooperation and Punishment in Public Goods Experiments», American Economic Review, Jg. 90, Heft 4 (September 2000), S. 980-994. In einer neueren Studie haben Forscher der Harvard University und der Stockholm School of Economics nachgewiesen, dass Kooperation ebenso sehr wie durch Strafen dadurch gefördert werden kann, dass man Menschen die Möglichkeit gibt, andere für gutes Verhalten zu belohnen. D. Rand/A. Dreber/T. Ellingsen/D. Fudenberg/M. Nowak, «Positive Interactions Promote Public Cooperation», Science 325 (2009), S. 1272–1275.

129 Insofern hatte Mahatma Gandhi nicht ganz recht mit seiner Behauptung, Auge um Auge bedeute, dass die ganze Welt blind werde – wenn alle wissen, welche Konsequenzen die Verletzung anderer hat, verliert erst gar niemand ein Auge.

130 Die Berichte der New York Times über das Unternehmen und das Grubenunglück können hier nachgelesen werden: http://topics.nytimes.com/top/news/business/companies/massey-energy-company/index.html (zuletzt abgerufen am 7.10.2013). Der Unternehmensbericht findet sich unter http://library.corporate-ir.net/library/10/102/102864/items/305025/Massey_CSR_sm.pdf (zuletzt abgerufen am 7.10.2013).

131 Vgl. dazu Naureen S. Malik, «The Best Value in Coal Country» (http://investorshub.advfn.com/boards/read_msg.aspx?message_id=23351598, zuletzt abgerufen am 7.10.2013).

132 Auch hier erweist sich allerdings die Strafandrohung als wirkungsvolle Ergänzung zum Altruismus. In einer Variante des Diktatorspiels darf der anonyme Empfänger entscheiden, ob der Diktator gerecht geteilt hat. Entscheidet er dies negativ, bekommen beide Seiten gar nichts. Die Möglichkeit einer (beiden Parteien schadenden) Rache bringt viele Diktatoren zu der Einsicht, dass Fairness in ihrem eigenen Interesse liegt.

133 Der klassische Beitrag dazu ist H. Tajfel/M. Billig/R. Bundy/C. Flament, «Social Categorization and Intergroup Behaviour», European Journal of Social Psychology, 1 (1971), S. 149-77. Tajfel führte allerdings viele solcher Experimente durch.

134 Verstöße und Höchststrafen in der US Army werden in den Artikeln 89 bis 91 des «Uniform Code of Military Justice» aufgeführt.

135 Weniger eindeutig ist dies bei Selbstmordattentätern, deren Familien im Falle eines erfolgreichen Anschlags eine ansehnliche Prämie bekommen und die fest daran glauben, dass sie für ihr Märtyrertum im Jenseits großzügig belohnt werden. John Easterbrook, «Salaries for Suicide Bombers», CBS News, 11.2.2009 (http://www.cbsnews.com/stories/2002/04/03/world/main505316.shtml, zuletzt abgerufen am 14.10.2013).

136 Robert Gibbons/Rebecca Henderson, «Relational Contracts and Organizational Capabilities», Organization Science, Jg. 23, Heft 5 (2012), S. 1350-1364.

137 Solche Geschichten mögen unwahr sein, aber darauf kommt es nicht an. Die Schneeketten-Anekdote wird hier als Legende entlarvt: http://www.snopes.com/business/consumer/nordstrom.asp (zuletzt abgerufen am 14.10.2013).

138 Bob Sutton, «Places That Don't Tolerate Assholes: Updated Honor Roll», Management Matters Blog, 22.7.2007 (http://bobsutton.typepad.com/my_weblog/2007/07/places-that-don-1.html, zuletzt abgerufen am 14.10.2013).

139 Eine ähnliche Logik veranlasste Regierungen in aller Welt dazu, ihre Ölgesellschaften, Stromkonzessionen, Wasserwerke und andere für privates Management und Anreize geeignete Staatsunternehmen zu verkaufen.

140 Hortons Anstrengungen, den Verwaltungsapparat von BP zu verschlanken, ging eine Mitteilung an die Beschäftigten voraus, in der ihnen eine «herausforderungsreiche Karriere» versprochen wurde – dann folgte in seiner zweijährigen, glücklosen Ära ein massiver Stellenabbau, der gelinde gesagt in der Tat berufliche Herausforderungen mit sich brachte, wie die meisten Mitarbeiter gewiss bestätigen könnten.

141 Vgl. zum Beispiel Joel Podolny/John Roberts/Andris Berzins, «British Petroleum: Focus on Learning», Stanford GSB Case Study, S-IB-16A, 1998.

142 Nach dem Ölleck in der Prudhoe Bay gründete BP gemeinsam mit Managementschulen des MIT 2008 die sogenannte «Operations Academy», um «die Kultur der ständigen Optimierung bei BP zu stärken» – im Wesentlichen ging es darum, die Lehren aus den Ursachenanalyen über die Raffineriekatastrophe in Texas zu ziehen. Vgl. die Presseerklärung des MIT: http://web.mit.edu/newsoffice/2008/bp-mit-0410.html (zuletzt abgerufen am 14.10.2013). Vgl. auch die Besprechung zweier Bücher über BP von Mattathias Schwartz, «How Fast Can He Cook a Chicken», London Review of Books, Jg. 33, Heft 19, 6.10.2011, S. 25f. (http://www.lrb.co.uk/v33/n19/mattathias-schwartz/how-fast-can-he-cook-a-chicken, zuletzt abgerufen am 14.10.2013).

143 Chemical Safety Board, «CSB Investigation of BP Texas City Refinery Disaster Continues as Organizational Issues Are Probed», 30.10.2006 (http://www.csb.gov/newsroom/detail.aspx?nid=215, zuletzt abgerufen am 14.10.2013).
144 Ganz stimmt dies nicht: Es wäre vorstellbar, Beinahekatastrophen zu verfolgen. Das könnte allerdings nur ein Anreiz für das Management sein, solche Vorkommnisse zu vertuschen.
145 Scott Adams, «The Dilbert Principle», The Wall Street Journal, 22.5.1995 (http://voxmagister.ifsociety.org/dilbert_principle.htm, zuletzt abgerufen am 14.10.2013).
146 Vgl. http://www.fbi.gov/philadelphia/about-us/history (zuletzt abgerufen am 14.10.2013). Wie Entführungen und andere Verbrechen, die mehrere Bundesstaaten betrafen, den Aufstieg des FBI förderten, beschreibt Brian Burrough, Public Enemies. America's Greatest Crime Wave and the Birth of the FBI, 1933-34, New York 2004.
147 Wie sehr dies Glück geschuldet war, lässt sich nicht beantworten. Eine informative Webseite über «20 Pannen, die den Atomkrieg hätten auslösen können» – die Hälfte davon ereignete sich in den fünf Tagen der Kubakrise – schildert nochmals den Fall eines defekten Computerchips und andere gruselige Geschichten darüber, wie beinahe die Welt untergegangen wäre (vgl. www.wagingpeace.org/articles/1998/01/00_phillips_20-mishaps.php, zuletzt abgerufen am 14.10.2013).
148 Während desselben Zeitraums von drei Jahren schrieb Posner noch zwei weitere Bücher und mehrere Dutzend wissenschaftliche Aufsätze, betrieb gemeinsam mit dem Wirtschaftsnobelpreisträger Gary Becker ein Blog und amtierte als Richter an einem Chicagoer Berufungsgericht. «Ich arbeite fast ununterbrochen», erklärt Posner. «Ich habe keine Hobbys. [Sofern nationale Sicherheitsanalyse nicht als eines gilt.] Ich sehe kein Fernsehen oder Sport.» Zit. n. Eric Herman, «Posner the Pragmatic», American Bar Association Journal (September 1990), S. 100.
149 Melanie W. Sisson, «The FB's 2nd-Class Citizens», Washington Post, 31.12.2005 (http://www.washingtonpost.com/wp-dyn/content/article/2005/12/30/AR2005123000994.html, zuletzt abgerufen am 14.10.2013)
150 So meint jedenfalls das Unternehmen selbst: www.hermanmiller.com/designers/propst.html (zuletzt abgerufen am 14.10.2013).
151 David Franz, «The Moral Life of Cubicles», The New Atlantis, Heft 19 (Winter 2008). Zur Geschichte des Action Office: Jerryll Habegger, Sourcebook of Modern Furniture (3. Ausg.), New York 2005; Leslie Pina, Classic Herman Miller, Atglen, PA, 1998.
152 Offen gestanden hört sich das für uns nicht nach einem Bootsausflug an, aber vielleicht lebt es sich so auf der Yacht der Winklers in Hyannis Port. Zit. n. John Tierney, «The Big City; By the Cubicle, The Dilberting of City Hall», New York Times, 4.1.2002.
153 Zu Nelson: Stanley Abercrombie, George Nelson. The Design of Modern Design, Cambridge 1995. Propst zit. n. Julie Schlosser, «Cubicles: The Great Mistake», Fortune, 22.3.2006 (http://money.cnn.com/2006/03/09/magazines/fortune/cubicle_howiwork_fortune, zuletzt abgerufen am 25.10.2013).
154 Abigail J. Sellen/Richard H. R. Harper, The Myth of the Paperless Office, Cambridge 2001. Vgl. auch «The Office of the Future», Business Week, 30.6.1975.

155 Sellen und Harper berichten in The Myth of the Paperless Office, dass die Einführung der E-Mail den Papierverbrauch von Unternehmen sogar um durchschnittlich 40 Prozent gesteigert hat.
156 Wir werden bald sehen, wie es läuft – während dieses Buch in den Druck geht, plant Columbia die Umstellung auf papierlose Kostenabrechnungen.
157 Venkatesh Rao, «The End of Pax Papyra and the Fall of Big Paper», Forbes-Blog, 13.3.2012 (http://www.forbes.com/sites/venkateshrao/2012/03/13/the-end-of-pax-papyra-and-the-fall-of-big-paper, zuletzt abgerufen am 24.10.2013).
158 Der Untertitel von Oldenburgs Buch The Great Good Place vermittelt eine Vorstellung seines Kerngedankens: Cafés, Coffee Shops, Community Centers, Beauty Parlors, General Stores, Bars, Hangouts, und How They Get You through the Day, New York 1989.
159 Gregory Dicum, «Hipster Hunting Ground», New York Times, 13.7.2008. Im Zuge einer aggressiven Expansion hat Starbucks, wie Schultz formuliert, «das Kundenerlebnis verwässert». Oder wie Kunden formulieren: Starbucks ist irgendwie ätzend. Wer unter zwanzig ist, wird sich kaum vorstellen können, dass Starbucks anfangs als «angesagt» galt. Das Zitat von Schultz stammt aus einem Memo, das dem Blog «Starbucks Gossip» zugespielt wurde: «Starbucks Chairman Warns of ‹the Commoditization of the Starbucks Experience›» (http://starbucksgossip.typepad.com/_/2007/02/starbucks_chair_2.html, zuletzt abgerufen am 24.10.2013).
160 Nicholas Bloom/James Liang/John Roberts/Zichung Jenny Ying, «Does Working from Home Work? Evidence from a Corporate Experiment», Stanford University Working Paper, 2012.
161 Dieselbe Dynamik stellte Bloom bei JetBlue fest, wo Mütter eingestellt wurden, die ihre Arbeit zwischen dem morgendlichen Fertigmachen der Kinder für die Schule und anderen täglichen Aufgaben und Besorgungen erledigten (private Kommunikation).
162 Mit ihren weitreichenden Prognosen mussten Leavitt und Whisler natürlich in manchen Fragen falsch liegen. Das gilt besonders für die Annahme, Computer würden zu einer stärkeren Zentralisierung von Macht in den Vorstandsbüros führen – viele Beobachter sehen einen Trend in die entgegengesetzte Richtung.
163 Oriana Bandiera/Andrea Prat/Raffaella Sadun/Julie Wulf, «Span of Control and Span of Activity», Harvard Business School Working Paper 12-053.
164 Auch die Vorhersage von Leavitt und Whisler, das mittlere Management werde durch Tabellen und IT-Systeme ersetzt, war zumindest teilweise richtig. Arbeitsökonomen führen die neuere Einkommensstagnation der relativ gut ausgebildeten unteren 99 Prozent wenigstens zum Teil darauf zurück, dass niedrigere Angestelltenjobs von IT-Systemen verdrängt wurden.
165 Nicholas Bloom/Luis Garicano/Rafaella Sadun/John Van Reenen, «The Distinct Effects of Information Technology and Communication Technology on Firm Organization», Center for Economic Performance Discussion Paper, 2009.
166 Teresa Fasanello, «Bloomsbury Has Highest Crime Rate but It's Blamed on the Truck Stop»,HunterdonDountyDemocrat,24.11.2010(http://www.nj.com/hunterdon-county-democrat/index.ssf/2010/11/bloomsbury_has_high_crime_rate.html, zuletzt abgerufen am 24.10.2013).

167 Selbstständige Trucker zu beauftragen, brachte allerdings ebenfalls Probleme mit sich. Ein Unternehmen wie Lowe's ist darauf angewiesen, dass die Trucker beim Be- und Entladen von Sperrholzplatten und Kanthölzern helfen – harte, zeitraubende Arbeit, bei der es auch zu Verzögerungen kommen kann, wenn der Trucker an der Laderampe auf Liefergut warten muss. Ein klassisches «Multitasking»-Problem – ähnlich wie beim Polizeibeamten, der seine Zeit dazwischen aufteilen muss, Mordfälle aufzuklären und Strafzettel wegen Falschparken zu schreiben. Bei selbstständigen Truckern konnte es passieren, dass sie sich vor solchen Arbeiten drückten, Elektrowerkzeuge kaputtmachten oder anderweitig Schaden verursachten. George P. Baker/Thomas N. Hubbard, «Empirical Strategies in Contract Economics: Information and the Boundary of the Firm», American Economic Review, Jg. 91, Heft 2 (2001), S. 189-194; dies., «Make Versus Buy In Trucking: Asset Ownership, Job Design, and Information», American Economic Review, Jg. 93 (2003), S. 551-572; Thomas N. Hubbard, «Information, Decisions, and Productivity: On Board Computers and Capacity Utilization in Trucking», American Economic Review, Jg. 93, Heft 4 (2003), S. 1328-1353.
168 Sebastian Rotella, «Al Qaeda Crosses the Ts in ‹Terrorist›», Los Angeles Times, 16.4.2008.
169 Charismatische Führer – Krieger, Propheten und andere Visionäre, darunter auch Politiker – konnten Weber zufolge dem stahlharten Gehäuse allerdings entfliehen.